含英咀华
凤翔九天

重庆市凤鸣山中学基于核心素养的
课程改革成果集 / 邓仕民 主编

HAN YING JU HUA
FENG XIANG JIU TIAN

重庆大学出版社

内 容 提 要

在新课改的背景下，重庆市凤鸣山中学积极探索，形成了独有的"魅力课堂"教学模式，产生了丰硕的物化成果，本成果集收录了近三年来的部分成果。本书共分为"魅力"之源、"魅力"之体、"魅力"之径三个部分。"源"即源头，侧重于厘清核心理念和模式内涵；"体"即"体制"，侧重于展现"魅力课堂"的组织建设——"雏凤共同体"建设；"径"即路径，侧重于"魅力课堂"的导学设计和操作流程，呈现了凤鸣山中学"魅力课堂"在实施过程中取得的成果。

本书分享了凤鸣山中学在课改探索过程中的一些思考，展示了凤鸣山中学"魅力课堂"改革的部分成果，给正在尝试新课改的教育教学工作者们提供了可资借鉴的第一手资料。

图书在版编目（CIP）数据

含英咀华，凤翔九天：重庆市凤鸣山中学基于核心
素养的课程改革成果集/邓仕民主编.—重庆：重庆大学
出版社，2017.6
　ISBN 978-7-5624-9772-1

　I.①含… II.①邓… III.①课堂教学—教学改革—
中学　IV.①G632.421

中国版本图书馆CIP数据核字（2016）第098874号

含英咀华　凤翔九天

——重庆市凤鸣山中学基于核心素养的课程改革成果集

邓仕民　主　编

责任编辑：陈　力　刘　刚　　版式设计：尹　恒
责任校对：贾　梅　　　　责任印制：邱　瑶

*

重庆大学出版社出版发行
出版人：易树平
社址：重庆市沙坪坝区大学城西路21号
邮编：401331
电话：(023) 88617190　88617185(中小学)
传真：(023) 88617186　88617166
网址：http://www.cqup.com.cn
邮箱：fxk@cqup.com.cn (营销中心)
全国新华书店经销
重庆共创印务有限公司印刷

*

开本：787mm×1092mm　1/16　印张：19.25　字数：412千
2017年9月第1版　　2017年9月第1次印刷
ISBN 978-7-5624-9772-1　定价：49.80元

序

　　捷克著名教育家夸美纽斯曾经说过:"教学就是为了寻求一种有效的方法,使教师因此可以少教,学生因此可以多学,学校因此少一些喧嚣与劳苦,多一些闲暇、快乐与坚实的进步。"积极践行"魅力课堂"改革的重庆市凤鸣山中学就在为找到这样一种教育方法而默默探索着。

　　"群凤和鸣,声震九垓。"2011年3月,学校确定了"四环节·问题导学式魅力课堂"的改革设想,这是一次为了追求优质化的教育过程并产生品质化的教育成果而进行的教育改革。它首先是基于人的发展,基于人在学习中的主动和自由发展,重点是解决学生学习的兴趣、热情、自信心、情感态度和学习动力等问题,然后才是解决知识学习的问题,切实体现了凤鸣山中学"不求一时之功利,但求学生终身之发展"的独特办学理念。

　　"志存高远,凤翔九天。"行进在课程改革路上的凤鸣山中学高瞻远瞩,始终站在培育人的高度来审视教育,发展教育,追求教育的"高品位"和"高境界",拥有并坚守自己的教育理想和风骨,注重培育学生的高远之志。努力进取的凤鸣山中学从一所"戴帽"初中发展到今天的市级重点中学、全国教育系统先进集体,享誉全国,发展的风中开始腾飞,骄傲的雏凤开始翱翔。

　　"天高地阔,凤举鸾翔。""魅力课堂"改革是在凤鸣山中学刮起的一缕春风:课堂教育观念的更新,课堂教育模式的改革,校园班级管理体系的重构……凤鸣山中学的课程改革将课堂教学与学校"智慧""高雅"的"凤"文化相融合,与学校"行而求雅,雅则弥佳"德育目标交相辉映。如今的风中为师生的发展提供了宽阔的舞台,进取的风中人创造了一项又一项辉煌的成绩:教师参加各级各类赛课屡获大奖,学校教育教学质量逐年大幅提升,体艺双飞声名远扬……凤凰高飞,鸾鸟回翔,凤鸣山中学通过课程改革,让玉石并雕而同光,凤鸾联翩而群起。

　　华东师范大学终身教授钟启泉先生有一段话说得好:"教育改革的核心在于课程改革,课程改革的核心在于课堂改革,课堂改革的核心在于教师的专业发展。"凤鸣山中学的"魅力课堂"改革已经走过了6个年头,辉煌的成绩背后站着的正是默默耕耘的风中人,他们咀嚼着课程改革中的点点滴滴,反思着课程改革中的经验教训,揣摩着下一步的行走方向。

　　为了进一步将学校的课程改革推向高远,凤鸣山中学出版了《含英咀华,凤翔九天》这本书。

　　本书回顾了凤鸣山中学在"魅力课堂"改革实践中的思索与心得,汇聚了改革过程中的部分成果,包括学校顶层设计的推进改革指导意见,学校理论探究中的课程改革课题研究报告,学校德育管理中的小组建设论文,学科导学案、学科课程改革论文等。这些文字来自于凤鸣山中学一线教师的真实体验和感悟,扎根于实际,凝聚了教师们课程改革过程中所思、所想、所研,映现出凤中人求真务实、不懈求索、奋进创新的感人风采。

　　这本书既是对教师们前期课程改革成果的肯定,也是对更多教师的鼓励,希望每一位志存高远的教师积极、深入地开展教育教学研究,养成总结与反思的习惯,从而更好地促进教师专业水平提升,推动学校内涵特色发展。也希望能给行走在课程改革路上的各位教育同人一些有益的借鉴作用!

编委会

目　录

第一篇　"魅力"之源

第二篇　"魅力"之体

第一篇 『魅力』之源

重庆市凤鸣山中学文件

渝凤中发〔2011〕01 号

关于推进"四环节·问题导学式魅力课堂"
改革的指导意见

　　课堂学习作为学生学习最核心的环节，是学生形成灵性知识与美好德行的沃土，在很大程度上决定着学生智慧和品格的未来走向。从这个意义上来说，课堂教学改革是新课程改革的核心。

　　本着"从事有道德的教育，打造有魅力的课堂，追求有良知的高效"的信念，凤鸣山中学抓住新课程改革的关键——课堂教学改革，积极推行"四环节·问题导学式魅力课堂"模式，着力改变课堂上"教与学"的方式，以提升学校教育质量，丰富学校特色内涵，实现学校快速发展和超越。

一、改革目标

　　课堂是学校一切教育活动的主要载体，是提高教学质量的主渠道。本次改革致力于以课堂教学改革为突破口，引领学校新课程整体改革。按照"系统设计、分步实施、整体优化"的原则，有序、积极、稳妥地推进改革，其改革的目标为以下四点。

　　1.解放学生，改变学生的学习状态

　　传统的课堂教学以知识为本位，以考试为轴心，以教师课堂讲授为基本形态，以学生被动学习为主要特征，学生学习兴趣不高，主动性差。学生学得苦、学得累，学习态度消极，学习效率低下。

　　学生是课堂行为的主体。苏霍姆林斯基说："在每一个孩子心灵最隐蔽的一角，都有一根独特的琴弦，拨动它就会发出特有的音响，要想使孩子的心同我讲的话发生共鸣，那么我必须同孩子的心弦对准音调。""魅力课堂"教学模式正是同学生的心弦对准音调,致力于把课堂真正还给学生,改变学生"被动消极、死水微澜"的学习状态,让学生动起来,让课堂活起来,引导学生在活动中"学会、会学、乐学、创学"。在大面积提高学生学习成绩的同时,改变学生的学习习惯、学习意识、学习态度和学习品质,激发学生的主动意识、协作意识、进取精神和创新精神,促使学生的自主性、能动性、独立性,不断生成、张扬、发展,使学生获得终身发展的不竭动力和能力。

2.解放老师,提高老师的生活质量

为了提高教学质量,教师们必须苦教,学生们必须苦学,这是中国当前学校发展的"通用法则"。在传统课堂中,教师居高临下,掌控流程,滔滔不绝,得出结论。一堂课下来,教师声音嘶哑、身心俱疲,效果却不尽如人意,常常产生严重的挫败感甚至职业倦怠感,生活质量受到严重影响。

我们能否找到一条新的路径,改变教师传统的工作方式,在提高学生学习成绩的同时提高教师的生活质量,让中学教育充盈一些浪漫的气息呢?"魅力课堂"改革正是基于这样的思考与探索,这种教学模式在引导学生主动学习、合作学习和探究学习方面有实质性的突破,倡导教师做学生学习活动中的组织者、交往者、合作者、评价者、激励者、引领者,倡导教师积极创设学生发展的教育环境,采用激励式、启发式、探究式、活动式等教学方法。这将大大减少教师在课堂上讲授知识的时间,使他们在促进学生发展的同时,焕发自身的生命活力,真正体验到职业的内在欢乐与尊严,从而提高教师的生活质量。

3.提升学校,改变学校的发展模式

传统的中学教育在考试的重压下已严重扭曲变形:为了追求考试的高分,不少学校对学生不惜"全时空占领,全方位轰炸",学校实际上已变成一个没有硝烟的战场,而教师也变成了和学生一起参与战争的"敢死队"。首都师范大学专家劳凯声先生甚至认为:"严格的等级制度、机械的记诵之学、压抑人性的教学方法导致了种种极其荒谬的结果。"为了改变这样的发展模式,凤鸣山中学以课堂教学改革为突破口,秉承"群凤和鸣,声震九垓"的办学理念,以"凤翔九天,志存高远"的学校精神为引领,全面启动学校的新课程改革工程,致力于走一条"内涵发展、特色兴校"的道路,打造特色名校,攀登教育高峰。

"魅力课堂"的推行,必将促进每一个教师和学生的共同发展,不断丰富学校内涵,凸显学校办学特色,为学校的主体性发展提供良好的发展环境,激发学校的发展潜力,形成学校自身的发展能力,最终让凤鸣山中学成为活力四射、魅力无限的"文化高地"。

4.改变教育,引领教育的发展方向

在应试教育条件下,很多学校留下来的只有一年年的高升学率,遗憾的是这些高升学率的背后却缺乏教育的"高品位"和"高境界",偏离了教育的本质。凤鸣山中学自觉追求"群凤和鸣,声震九垓"的美好境界,全力打造以"天高地阔,凤举鸾翔"为特征的课程文化。在这样的办学理念和课程文化的引领下,"魅力课堂"教学模式强调"自主学习"与"合作学习",引领凤中学子"求真""至善",回归教育的本真。

凤鸣山中学有自信创造中国课程改革的"示范"和"样板",引领中国基础教育的改革方向。从解放学生的课堂开始,解放学生被禁锢的心智,解放学生被束缚的思维,解放学生被驯化的天性,使学生僵化的头脑能够迸发奇思妙想,使学生被固化的人格能够大放异彩,让每一个生命都精彩绝伦,让教育找回迷失的人性;让教育执着于美丽星空下每一个生命的跳动,把美好的信念种植在人们心中;让教育之船能最终把人们载向理想的彼岸,从而获得真正的解放与自由。

二、模式解读

教育家夸美纽斯在《大教学论》中这样描述其理想的课堂:"找出一种教育方法,使教师因此可以少教,但是学生可以多学;使学校可以因此少些喧嚣、厌恶和无益的劳苦,独具闲暇、快乐及坚实的进步。"凤鸣山中学"四环节·问题导学式魅力课堂"所要实现的正是这样理想的课堂。

"四环节·问题导学式魅力课堂"模式的基本架构设计如下:

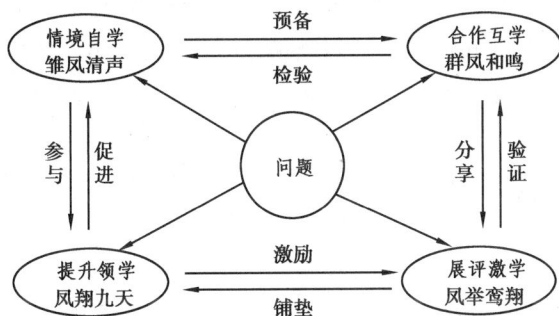

1.四环节

"四环节"是指"'四环两型'问题导学式魅力课堂"模式的四个环节,包括"情境自学——雏凤清声""合作互学——群凤和鸣""展评激学——凤举鸾翔""提升领学——凤翔九天"四个环节。

2.问题导学

"问题教学"最早是由苏联著名的教育科学博士马赫托夫提出。1975 年,他在专著《问题教学的理论和实践》和《问题教学·基础理论问题》中,首次提出了"问题教学"的理论。问题导学就是由问题教学演变发展而来的。"问题导学"即通过创设特定的问题情境,将知识目标化、目标问题化、问题思维化、思维层次化、层次梯度化、梯度渐进化,让问题成为学生学习的强大"引擎",引导学生在解决学习问题中,主动获取和运用知识,激发其学习的主动性和自主学习能力。

3.魅力课堂

在不少学校,所谓的"高效课堂"已经沦为追求每一分钟知识学习效率最大化的工具,学校为"应试教育"推波助澜,其价值追求已经庸俗化为一种新的"应试教育"形态。

"魅力课堂"的价值追求完全不一样,它是为了追求品质化的教育并产生优质化教育成果而进行的教育改革,它的改革首先是基于人的发展,基于人在学习中的主动和自由发展,重点是解决学生学习的兴趣、热情、自信心、情感态度和学习动力问题,然后才是解决知识学习问题。

肖川教授说过:"完美的教学一定能让学生感受到人性之美、人伦之美、人道之美;感受到理性之美、科学之美、智慧之美;感受到人类心灵的博大与深邃;感受到人类所创造的文化的灿烂与辉煌;能够唤起学生对于生活的热爱与柔情;唤起学生对未来生活的热烈憧憬与乐观、光明、正直的期待;能够以新的眼光审视生活,洞察人性物理。"这正是"魅力课堂"教学改革追求的核心目标。

第一,魅力课堂是在确保学生主体地位的前提下,以学生自主、合作、探究、展示为基本特征,关注全体学生发展,特别是关注学生在课堂上的学习机会和展示机会均等,引导教学走出"优生垄断"的误区,是有"宽度"的课堂。第二,魅力课堂是在确保一定教学容量的前提下,把握好教学内容的取舍、教学进度的快慢和教学节奏的张弛,力求获取最大化的整体教学效益,是有"密度"的课堂。第三,魅力课堂是在确保学生思维被激活的前提下,基于知识(主要是瞄准知识的重点与难点教学),超越知识,追求知识教学与能力培养相统一,追求思维深度和文化内涵相统一,是有"深度"的课堂。第四,魅力课堂是在尊重学生自主学习的前提下,通过充分的展示和互动交流,使教学充满吸引力和责任感,使课堂洋溢着生命激情和充盈着幸福体验,是有"温度"的课堂。概言之,亦即"魅力课堂=教育宽度+知识密度+学科深度+课堂温度"。

魅力课堂改革者相信学生是"天生的学习者",教师教学以"一切为了学生、高度尊重学生、全面依靠学生"为根本宗旨,学生在教师的引导下自由开放、自主探究地学习,不是简单和片面地追求每一分钟知识学习的最高效率,让学习有合适的闲暇气息,追求课堂学习中的快乐感受和体验。让学生在课堂学习过程中学会感悟、体验和思考,在合作探究中培养开朗的性格、阳光的心态、合作的意识、表现的激情和良好的素养,在与知识的"相遇"中,把知识融入生命,努力达到"丹心雅意,雏凤清声"的美好境界;让教师在"点化"学生的精神生命时也"点化"自己,真正引导教师"从事有道德的教育,打造有魅力的课堂,追求有良知的高效",让学生和教师在"魅力课堂"中共同提升生命质量。

凤鸣山中学"魅力课堂"教学模式,遵循"五主"原则,即"问题主导、思维主攻、自学主线、活动主轴、发展主动",将学习目标转化为具体的问题,通过学生的自主学习与合作探究活动,培养学生的创新思维,促进学生的主动发展和全面发展。这样的课堂教学必然而且应当:给人以智慧(知识,反省,思辨力);给人以眼界(深邃,多维,穿透力);给人以胸怀(博大,宽厚,自信力);给人以情感(向真、向善,审美力);给人以文化(思想、境界,升华力)。

三、理论依据

1.生本教育理论

《中庸》曰："天命之谓性,率性之谓道,修道之谓教。"其意为:人性其实是天赋而就,顺乎人性发展,人类表现出来的素质就是合乎大道的,所以让人类自己去发展自己,这就是"教"的本义。华南师范大学郭思乐教授认为："我们的学生,是人类亿万年发展的成果,承接了人类生命的全部精彩。而人格和智慧的提升都是生命自身的生长过程,绝对需要而且可能通过人的自身活动而实现。"这就是说,人符合自然之道的关键,是学习天性被刻进基因,人的教育问题解决的关键就在人自己的身上。学生本身自教与受教的因素,犹如"人体自有大药",与人俱在,它是保证人智慧发展的"官能团"。根据这一理论,"魅力课堂"模式设计的基点是指向学生的自学,相信学生自学、互学是学生发展的真正途径,从而使学生从传统被动的学习困境中摆脱出来,使学生习得的一切知识和智慧犹如大自然自由绽放的花朵。

2.需求层次理论

马斯洛把人的需求由低到高分为五个层次,即"生理需求""安全需求""社交需求""尊重需求"和"自我实现的需求"。五个层次的需求在人类价值体系中可以分为两类:一类是沿生物谱系上升方向逐渐变弱的本能或冲动,称为低级需求和生理需求;另一类是随生物进化而逐渐显现的潜能或需求,称为高级需求。当人在"生理""安全""社交"等需求得到满足时,追求"尊重需求"和"自我实现的需求"就成为人生活的主要意义。"魅力课堂"模式正是依据这一理论设计的,特别是其中的"展示"环节,为学生提供了一个个充分展示自己才华与智慧的平台,满足了学生的"尊重需求"和"自我实现的需求"。当学生在"展示"中发现自己这种最高价值时,就可能不断地在自己的内心强化这种价值需求,产生学习的高峰体验,并由此激发出强大的内驱力,推动学生"万马奔腾"地开赴学习的前线。

3.新课程教学论

卢梭说过:"教育就是唤醒。"新课程教学理念认为,学生不是接受知识的容器,而是可以点燃的"火把",是鲜活的生命个体。新课程标准积极倡导自主、合作、探究的学习方式,强调"改变课程实施过于强调接受学习、死记硬背、机械训练的现状,倡导学生主动参与、乐于探究、勤于动手,培养学生搜集和处理信息的能力、获取新知识的能力、分析和解决问题的能力以及交流与合作的能力"。"魅力课堂"模式正是以"自主、合作、探究"为基本特征而设计的教学流程,是在先进教育理念指导下所进行的方法论意义上的模式建构,是先进教育理论校本化和实践化的结晶。

四、操作流程

1."情境自学——雏凤清声"环节

本环节中"情境自学"是学习方式,"雏凤清声"是学习效果。

"凤"是凤鸣山中学的文化符号,它是凤中学子的精神图腾。"清声"本义为雏凤愉悦地鸣唱,此处比喻凤中学子在课堂上通过在一定情境下的独立自学,含英咀华,初步达成学习目标时的一种愉悦体验状态。

为何要强调一定情境下的独立自学呢?兴趣是最好的老师,是推动人们认识事物、探究真理的重要动机;人们对感兴趣的东西都会表现出巨大的积极性和关注度,而且目标越明确,关注度越高。为此,本环节创设一定的问题情境,可以激发学生的学习兴趣和求知欲望。同时,每个学生都有自己独特的内心世界、精神世界,有着不同于他人的观察、思考和解决问题的方式,都有其独特的个性体现。为了尊重学生的独特个性,本环节充分留给学生独立自学的时间,让他们独立完成学习任务,达成学习目标。

导学流程

(1)学科教师首先创设问题情境,导入课题,激发学生的求知欲望,增强学生学习知识的积极性。

(2)通过多媒体(或纸质文本)呈现本课题的学习目标。

(3)下发《导学案》(纸质文本或多媒体展示)。

(4)学生自学教材,完成《导学案》中的问题。一般来说,学生要围绕"导学设计"独立解决60%问题,找出"不会的"问题(学习困惑),为下一环节合作互学作准备(教师同步检查学生的自学进度和自学效果)。

导学要求

学生必须独立阅读教材,独立思考,独立完成学案,不允许相互讨论。

教师要加强巡视,督促学生集中注意力,帮助"学困生",给予"学困生"适时指导。检测学生"导学案"的完成情况,及时了解学情。对各小组的"自学"情况及时进行评价。

2."合作互学——群凤和鸣"环节

本环节中"合作互学"是学习方式,"群凤和鸣"是学习效果。

"鸣"就是"鸣唱",它代表了凤中学子的行为文化。"和"既是指"和谐共生",又是指"相互学习"与"同伴互助"的行为文化,"和鸣"既是凤中学子作为课堂主体的体现,又是凤中学子"合作、探究"精神的一种隐喻。

合作互学强调学生的全员参与和学生之间的相互合作,这不仅能满足学生学习和交往的需要,更有助于形成学生学习和交往的技能,促进学生学习能力和生活能力的发展。

本环节通过结对学、讨论或小组内互帮,让学生深入知识的内部,领会知识的内涵,发现知识生成的初步或基本的规律,基本达成学习目标。同时用集体学习的动机促进内化的方法,使知识与思维、情感、态度真正成为学生生命的有机组成部分。

导学流程

(1)学习对子互查《导学案》的完成情况,互相补充或质疑,互学解决对子在"情境自学"环节中不能解决的问题。

(2)由一名成员展示问题答案和学习效果。围绕困惑,合作学习,通过"对学"和小组互学,在组内合作解决成员"情境自学"环节中生成的"学习困惑"。

(3)合作解决小组成员在"互学"环节中生成的新问题。(此时也可以在组长组织下,以小组为单位在组内进行学习交流,称为组内"小展示","展示"学习成果与体会)教师检查合作互学的效果,把握共性问题。

导学要求

小组成员主动参与,热情帮助,大胆发言,敢于质疑。成员发言时仪态大方,声音清晰,使用普通话,语言规范,音量适中(既让同组成员听清楚,又不干扰其他小组)。

学科小组长做好组织工作,安排好成员发言的顺序,控制成员发言的音量和时间,并作好情况记录。

教师要加强巡视,督促各小组积极开展合作学习,对不主动参与的学生要进行规劝和督促;规范小组行为,对干扰其他小组学习的行为要及时制止,以确保课堂的正常秩序,使课堂"活"而"不乱";要适时参与各小组的合作学习,了解各小组"学习目标"的达成情况,对个别疑难问题进行及时点拨,收集各小组普遍存在和新生成的问题;对各小组的合作学习情况及时进行评价。

3."展评激学——凤举鸾翔"环节

本环节中"展评激学"是学习方式,"凤举鸾翔"是学习效果。

本环节是"'四环两型'问题导学式魅力课堂"实施的关键,在课堂上应给予充足的时间来予以保障。

优质课堂一定是学生展示才华的课堂,一定是师生追求幸福的课堂,一定是师生实现生命意义的课堂。每个人都有获得尊重和认可的需求,都有自我实现的需求。为了自己的"展示"能获得认可和好评,学生必将为此作好充分的准备,这就会大大激发学生"自学"和"互学"的积极性。在展示的过程中,成员之间、小组之间,相互讨论、质疑、对抗,学生之间智慧和知识的"广博性"和理解的"深刻性"相互感染,在分享同伴学习成果的同时,每个学生心里又充满了对学习的渴求和内化的强大动力。

这样的课堂就成为了一种引力巨大的学习场,它会生成许多震撼心灵的"凤举鸾翔"精彩场面,展现出凤中学子的青春风采,散发出"魅力课堂"的无限魅力。

导学流程

(1)展示小组选派一名成员上讲台对本小组的学习成果进行展示。

(2)展示小组其他成员为担任展示任务的成员提供帮助,并适时进行补充。

(3)其他小组对展示内容进行点评或质疑。

(4)小组间对质疑内容进行论辩、释疑,形成质疑对抗。

导学要求

（1）学生展示内容

展示的内容是多方面、多层次的：

A.成果分享，思路展示：可以是识记类知识学习成果与收获的展示，也可以是理解类知识解题思路的讲解，还可以是此类知识"一题多解"的策略性展示。

B.错误分享，问题展示：在学习中，可以让学生梳理"自学解题容易产生错误、合作互学彻底弄懂"的某些"典型题"，展示其中的"易错点"并在全班分享，把错误当成真正的教育资源。（此类展示可以适当"加分"激励）

C.拓展分享，变式展示：在学习中，学生在把握题型特点的基础上，可以展示由某一"典型题"引申出来的"变式"，并讲解其中的内在联系，拓宽解题思路。（此类展示亦可以适当"加分"激励）

……

（2）学生展示要求

展示任务要走出"优生垄断"误区，原则上鼓励本小组中该学科学力水平处于中下的成员担任。

展示的成员走上讲台，要求仪态大方，声音洪亮，表达清楚，观点鲜明，语言简洁，板书工整。

在展示过程中，所有成员保持安静，认真观察，仔细聆听。

在他人展示结束后，小组长及时组织成员进行有序的质疑或对抗。

（3）教师导学要求

A.教师要做好组织工作，尤其是对没有进行展示的小组做好秩序督导，要求全班把焦点集中在展示台上。

B.及时捕捉课堂敏感点，促成各小组间的质疑对抗。

C.对各小组质疑对抗尚不能解决的问题，要及时进行点拨。

D.对各小组的展示、质疑和对抗及时进行评价，通过有效的评价激发学生的学习热情，并与学科的魅力一起打动学生，使之逐渐变成一种从学生心底里流淌出来的积极力量。

4."提升领学——凤翔九天"环节

本环节中"提升领学"是学习方式，"凤翔九天"是学习效果。

知识都是从感性到理性、从个别到一般的发展，学生要达成学习目标，掌握有关知识，形成综合能力，必须对零散的知识进行总结、归纳，形成相对完整的知识体系。本环节主要是对本课的知识进行归纳总结，促使学生在领悟的基础上完成对知识生命的拓展，促使学生的认识在发现知识变化的规律后再次提升，让学生思维的深度和广度得到再次提高。只有知识体系得到建立，学习规律得到把握，学习能力得以提升，凤中学子才能"扶摇直上"，翱翔于朗朗九天。

导学流程

(1)每个课题中各个分知识点的总结归纳。

(2)课题结束后整个知识体系的构建。

(3)完成《导学案》中的巩固训练部分并实现"当堂清理"。

导学要求

(1)本环节的实施者可以是教师,也可以是学生。

(2)既可以是对本课题所学知识进行梳理,对普遍性的问题进行总结,对规律性的问题进行归纳,形成相关的知识链,完善学生的知识体系;也可以是对知识所蕴含的人文哲理进行总结、挖掘,引领和提升学生的情感态度及价值观。

(3)教师对各小组在本课题学习过程中的表现作出评价。

五、实施关键

1.观念更新是课堂改革的行为先导

(1)树立新的学生观

很长时间以来,教育者仅仅把学生当作教育的对象,很少人能认识到学生还是最丰富、最鲜活、最重要,事实上也是最能起决定作用的教育资源。我们要树立"学生是解决教学困难和问题的智慧之源"的新学生观,树立"有问题,找学生"的工作原则,重新认识学生,重新思考教与学的关系,自觉把过去"以教为主"的教育转向"主要依靠学生自主探索"的教育,大胆践行"先学后教、不教而教"的策略,实现教育的彻底变革。

(2)树立新的教师观

教师不仅是学生知识的传授者,更应该是学生学习的促进者和生命的牧者。教师的角色应该既是教育者又是受教育者,就像学生既是受教育者又是教育者一样,两者之间互换并实现教学相长,树立一种新型的师生关系。

教师由学生知识的传授者转化为学生学习的促进者,这是教师角色的一个本质转变。教师作为学生学习促进者有三个具体要求:

A.要求教师积极观察学生的学习表现。教师要设身处地地感受学生的所作所为、所思所想,随时掌握学生在学习中遇到的各种情况,考虑下一步该怎样指导学生学习。

B.要求教师要给予学生心理上的支持。教师要创造良好的学习氛围,采用各种适当的方式和激励性评价措施,给学生以心理上的安全和精神上的鼓励,使学生的思维更加活跃,探索的热情更加高涨。

C.要求培养学生的自律、自信与合作意识。教育学生遵守纪律、与同学友好相处。

(3)树立新的教学观

德国哲学家雅斯贝尔斯(1883—1969 年)曾指出,"1765 年康德给他的听众说过这样一段话:学生应该学的是思考活动,而不是思考的结果,……。因此(如果)有人说'……可以抱着一本书说,看吧,这里面有智慧和可靠的见解!'这是极端错误的。假如我们不去增强青年人的理解力,培养他们成为有创见的人,而把一套伪称是丰富的世界智慧的哲学知识教给他们,那我们就误用了教育制度。"

因此,教学必须要遵循"先学后教、先练后讲"的原则,把教学过程变为"学生主动、师生互动、发展联动"的交往过程。交往意味着参与和平等的对话,教师由居高临下的"权威发布"变成"平等中的首席",教学中一定要处理好一个主要的"矛盾",即"讲与不讲""教与不教"的矛盾。原则上,课堂的话语权要交还给学生,教师要少讲、精讲,要多点拨、少传授。

我们在这里确定一个"三精讲、三不讲"的课堂原则:"三精讲"——可以精讲"重点、难点和知识易错点",但精讲的时间一定要选择在学生学习之后;"三不讲"——凡是学生通过自己独立学习能解决的问题,教师不讲;凡是学生能通过合作互学方式解决的问题,教师不讲;凡是学生能通过生生相传的方式能解决的问题,教师不讲。

课堂讲解的时间和内容也有要求:教师课堂上讲解占用的时间原则上不能超过15分钟,讲解的内容不能直接告诉学生答案。师生之间要形成一个互动型的良好学习共同体,让教学过程成为师生共同开发课程、丰富课程的过程,让课堂真正成为民主的、动态的、发展的、师生富有个性的创造过程。

2.小组合作是课堂组织的基本形态

(1)学习小组的建立

小组建立。每个班级由班主任牵头,广泛征求科任教师和全班同学的意见,按照"组间同质、组内异质"的原则把学生划分为若干学习小组。每个学习小组由4名学生组成,每个学习小组内部又可以划分为两个2人一组的"帮扶对子"。在学习小组之上,班级还可以设立更高层级的"中心组",负责全班的管理协调工作。

合作文化。每个学习小组自行协商确定一个组名、一条组训、一份合作公约。组训是小组的共同信条,共同口号。合作公约包括全员参与、人人发言、自控守约、互相帮助、共同进步等内容,引导小组成员形成合作学习文化。

组长选聘。实行小组长负责制,每个小组可设置行政小组长和学科小组长。行政小组长主要协助班主任,全面负责小组的学习、纪律、清洁、出勤等方面的管理。学科小组长主要组织小组成员进行学科自学,完成学科导案;组织小组成员进行组内讨论,完成组内合作学习;指定小组成员代表小组在班级进行展示,组织其他成员为展示的成员作好相关准备、补充工作;收集小组成员在学科学习中生成的问题,积极反馈给学科教师。行政小组长可以由班主任直接指定,也可以采用竞选的办法产生。学科小组长由小组成员担任,每个小组成员至少担任一门学科的学科小组长。

(2)学习小组的功能

学习小组既是学生课堂学习的"共同体",也是日常行为管理的"共同体",更是成长和发展的"共同体"。所有学习小组的行政小组长形成班级的管理核心。班级成绩的考核评价、操行评价、日常行为评价、大型集会、课间操、研究性学习等都以学习小组为单位实行捆绑式管理评价。

3.导学设计是教学实施的主要载体

(1)《导学案》的设计

一份《导学案》主要包括"学习目标""预习学案""探究学案""检测学案"等部分。

《导学案》的编写一定要将学习目标问题化、问题层次化。《导学案》要将"教材问题化",将知识的传授和能力的培养具体化为一个个具体的问题,让学生在解决这一个个问题的过程中获得知识和能力。一般来说,导学案中设计的问题60%要便于学生自学完成,30%要便于学生合作解决,只有10%的问题由教师指导解决。问题的设计要注意层次性,以满足不同层次学生的需要。

问题设计要注意问题的宽度、深度、角度、精度和难度等诸多要素,提高问题本身的品质和有效性——问题的宽度:思考的范围,问题的陈述应该清晰、具体、完整,与课程的教学内容相联系;问题的深度:思考的层次,符合课程标准中对教学内容的目标层次要求;问题的角度:思考的方向,给予学生思维的定向与思维活动的路径选择;问题的精度:问题的精度是指问题表述的精确度,问题设计的语言要精确、明晰、严谨,逻辑严密;问题的难度:思考的力度,能引起学生的认知冲突,使学生感到有认知难度,但又不会超脱于其邻近发展区的认知域限;能引起学生的参与热情和学习动机,培养学习者的问题意识,拓展学习者的思维空间,培养学习者的思维品质。

(2)《导学案》的编写要求

集体备课。《导学案》的编写要充分发挥备课组的集体智慧,要充分了解学情。备课组可以由一名教师主备一个章节,其他教师补充、修订,然后实现资源共享。在使用的过程中,教师要根据所任班级的学科情况,对《导学案》作适当的调整。

基本类型。《导学案》可以是纸质文本,也可以是PPT教学文档。一般来说,应尽量采用PPT教学文档的形式来呈现问题,启动并组织教学。

4.有效评价是"魅力课堂"的动力系统

以学习小组为单位,课堂上对学生实施捆绑式评价,侧重小组合作学习过程的评价。每个环节分优秀、良好、合格、待努力四个等级。其具体要求为:

"雏凤清声"环节:小组成员独立阅读教材,独立完成《导学案》,独立思考,整理问题。不讨论、不交流。

"群凤和鸣"环节:小组成员全员参与,积极发言,互帮互助,没有游离于小组活动之外的,没有干扰其他小组的合作学习。

"凤举鸾翔"环节:主动展示,展示过程中小组团结协作(展示成员的学力越低,等级越高);敢于对展示小组进行质疑;敢于提出新思路、新观点;遵守课堂纪律,不做与学习无关的事。

"凤翔九天"环节:做好知识梳理,完成检测学案,实现知识的巩固和能力的提升。

学生学习的过程性评价是激发学生主动学习、主动展示、合作探究、智慧共享的有效方式。过程性评价应该及时和公平,可以分数的方式来表现,原则上一节课一次统计,一周一次小结,一月一次总结。根据学生每周或每月评分,班主任可以设置班级"每周卓越小组奖""每周合作引领奖""月度展示风采奖""月度展示进步奖"等各种奖项。高中学生以模块学习为单元进行学分认定,学分认定根据模块考试成绩和学习过程的评价进行综合认定,而学分又作为学生综合素质评价的主要依据之一。

　　重庆市凤鸣山中学是重庆市首批重点中学,又是重庆市高中新课程改革的样本示范学校。一所真正的优质学校,一定要拥有自己独特的文化理想和价值追求,并由此生成有自己特色的做事方式和进步状态,这其实也是一种学校的文化追求。从文化的角度看,优质学校的基本标准是:具有广泛认同的目标和价值观,持续学习和改进的标准;具有对全体学生负责的义务感和责任感;同学之间保持一种合作的伙伴关系,为群体反思、集体探究和分享个人实践提供机会。

　　如果让我们对重庆市凤鸣山中学的未来作一个确切判定的话,我们认为,这将是一所具有高质量教育水平,并且能够充分认识自己的定位和前进方向的学校;这将是一所能将学校的潜力不断转化为显性进步和自身能量的学校。"魅力课堂"改革的制度设计和实践追求,是学校整体变革的"突破口"和"引爆点",是对自己的位置和资源充分认识后所选择的发展策略。这所学校的魅力不仅在于它未来高质量的发展成果,还在于它不断地、有效地前进的过程。明确并坚持改革的方向,采取有效的学校变革策略,登高望远,静待花开,这所学校一定能够抵达理想的彼岸。

二〇一一年三月

主题词:魅力课堂　改革　指导意见

重庆市凤鸣山中学党政办公室　　　　　　　　2011 年 3 月 1 日印

"以问题为中心的探究式课堂"教学模式研究

物理组

一、课题的提出

（一）时代的需求

进入 21 世纪,世界各国为抢占科技制高点,纷纷把目标投向教育。目前,世界范围内的教育改革运动取得了一系列令人可喜的成果。各国采取各种措施加强了理科教育改革。如美国的"2061 计划",是一份关于科学、数学和技术知识的研究报告,其目的在于改进美国的科学(理科、数学及技术)教育,力争使美国教育在 21 世纪中叶取得重大成就。日本的中小学教育也在 20 世纪末进行了改革。他们把高度统一的课程设置向多元化的方向发展,强调重视学生掌握本质的基础内容和个性发展,以适应国际化、信息化社会发展的需求,为学生创新能力的培养提供了有效的教育支持。我国也不例外,从高考改革看,不再只注重考查学科知识,而是越来越突出对学生创新能力的考查,现在正在进行基础教育改革,改革本着"教育要面向现代化,面向世界,面向未来"的教育宗旨,强调"以人为本,全面发展",使基础教育更适应信息时代科技的迅猛发展。改革的目标是努力使学生成为有创新精神,实践能力、科学和人文素养完整且能和谐发展的人,为终身教育奠定基础,课堂教学作为教师施教、学生求学的主阵地,理应成为培养创新精神和实践能力的主渠道。

（二）现实的需要

由于长期受应试教育的影响,学生的学习似乎只是为了"考试",教师考虑最多的也是"教什么",很少顾及学生"学什么、怎么学",忽视了学生的主观能动性,限制了学生的主动性和创造性的发挥。现在,是一个以知识经济为主题的时代,是一个以创新为核心的时代,教师陈旧的教育思想、落后的教学手段,学生被动的学习方法,越来越不适应时代的需求。我们知道,21 世纪国际竞争的关键在于人才素质,而人才素质的优劣则体现在其创新能力上。培养学生的创新精神和实践能力是当今物理教学中的重大课题,因此,我校物理组全体教师参加学校的"魅力课堂"教学改革实践,构建了"以问题为中心的探究式课堂教学模式",体现了物理学科的特点,旨在抓住课堂教学这一主渠道,为课堂中如何培养学生的创新精神和实践能力探索途径、寻找方法。为此,本校物理教研组进行了长期的研究,取得了可喜的成绩。

二、实验的性质和研究目标

实验性质:以物理课堂教学为研究载体的课堂教学模式改革的实验。

研究目标:创立形式独特、适应新时期要求的新型课堂教学模式,为培养学生的创新精神与实践能力探寻出一条新道路。

三、"以问题为中心的探究式课堂教学模式"的构建

(一)模式的理论依据

1.素质教育的基本理论

国家教育方针:教育必须为社会主义现代化建设服务,必须与生产劳动相结合,培养德、智、体、美等方面全面发展的社会主义事业的建设者和接班人。

素质教育的指导思想:邓小平同志提出的"三个面向"和江泽民同志提出的"四个统一"。

素质教育的目标:提高国民素质。

素质教育的重点:培养学生的创新精神和实践能力。

2.认知依据

当代瑞士心理学家皮亚杰的"发生认识论"认为"儿童的认识来源于活动",在活动的基础上建立起图式,他强调:教师应注重"自我发现",认为只有儿童自我发现的东西,才能积极地被同化。美国心理学家布鲁纳主张:教学过程中,学生在教师指导下,围绕一定的问题,依据教师和教材提供的材料,通过积极的思维活动,亲自探索和主动研究,并让学生亲自把事物整理就绪 ,使自己成为发现者。

3.探究式教学的依据

探究式教学是美国教育学家布鲁纳在借鉴杜威的学习程序理论的基础上首先提出的,其主要分为两类:①引导发现式:创设情境→观察探究→推理证明→总结练习;②探究训练式:遇到问题→搜集整理资料并建立假说→用事实和逻辑论证→形成探究能力。其特征是以解决问题为中心,注重学生独立钻研,着眼于思维和创造性的培养,充分发挥学生的主观能动性,仿照科学家探求未知领域知识的途径,通过发现问题,提出问题,分析问题,创造性地解决问题、掌握知识,从而培养创新精神,提高实践能力。

(二)模式的概念界定

1."问题"的界定

以问题为中心的探究式教学模式的关键,首先必须界定什么是"问题"。"问题"在英语里有两个词相对应:"Question"和"Problem"。Question 的意思是问题、疑问、不确定议题,是指一些问答式的问题,它具有陈述性和简单性,例如:"推力有多大?""有几个力作用在物体上?""重力加速度与离地面高度有什么关系?",等等。Problem 的意思是问题,疑难问题,令人困惑的事(或人、情况等),难以处理的事情,是指一些求解式的问题,它具有程序性和复杂性,必须通过周密的思考,借助某些特定的有效程序,经过主观努力才能完成。Question 是学生学习或回忆陈述性知识,而 Problem 能使学生在知道陈述性知识的前提下,学习程序性知识或集中体现陈述性知识向程序性知识黑心化。从许多调查情况发现:教师课堂提问次数很多,但从类型上看,事实性问题太多而理解性问题极少,应用与综合性的问题几乎没有。这样的教学不是以问题为中心的教学,究其原因,是教师没有搞清楚什么是"问题",才造成课堂中的学生对"问"的思考力度不够,所以我们研究模式中的"问题"是指 Problem。

2.情境的本质

情境是指与某一事件相关的整个背景或环境,是复杂因素的聚合体。先于学习事件的情境是影响学生学习的需要、动机、情感和认知准备等因素,促进学生从消极旁观者转变为积极参与者;学习中的情境则直接涉及影响学习兴趣、动机、理解、态度、方法的种种因素,帮助学生从厌学到愿学,从愿意学习到善于学习。

3."以问题为中心的探究式教学模式"的内涵

本模式是根据教学内容的特点及要求,由师生共同创设问题情境,以问题为中心,情境开路,认识相随,以学生发现问题、探究和解决问题来激发学生的求知欲、创造欲和主体意识,培养学生的创新精神并提高学生的实践能力的一种教学模式。

提出的问题应具有一定的难度和趣味,但不能够太难,当然也不能太易,否则就显得无趣,以学生"跳一跳"就能"够得着"为最佳。教师应充分考虑学生的认知水平,创设的情境应具有新奇性、启发性、时代性。新奇性指情境富于变化,有新鲜感,有助于学生稳定地注意到认知对象;启发性指创设的情境要蕴含哲理,而不是为情而情。学生探究的过程应在教师的指导下完成,教师发挥主导作用,启发学生针对要研究的课题设计实验方案,然后进行实验,适时点拨,证实假设,得出规律。简言之,教师要在课堂上发挥执行性控制评价和管理学习过程的作用。

4.本模式的特点

(1)情境是教学的准备,创设的学习情境与日后知识应用越相似,越有助于学习迁移,尤其是技能的迁移。因此,教师在进行教学设计时,要尽量为学生设置与实际情况相似的情境,促使学生头脑中产生有指向性的疑问。

（2）问题是教学的开端，其存在本身就可以激发学生的求知欲和探究欲，这对教学活动的开展和创造性思维的启动十分有利。爱因斯坦认为："提出一个问题往往比解决一个问题更重要、更困难"，由此可见，"问题"是创造性劳动的开始。

问题是教学的主线。波普曾说过："问题能激发我们去学习、去发现、去实验、去观察。"它不仅是激发学生求知欲和创造冲动的前提，而且是学生吸收知识、锻炼思维能力的前提。问题应存在于整个教学过程中，使教学活动自始至终围绕着问题的探究和解决展开。

（3）问题是教学的归宿。教学的最终结果不应是用所授知识去消灭问题，而应是在初步解决问题的基础上引发新的问题。这些新问题出现的意义，不仅在于它能使教学延伸到课外，而且还在于它能最终把学生引上创造之路。问题是教育的起点，也是教育的终点；知识是产生问题、解决问题的手段。让学生带着问题走进课堂，通过学习新知识，带着更多的问题走出课堂，这是大力提倡素质教育的今天，课堂教学改革应该追求的目标。

（三）模式的结构

（四）模式的概述

这是一个以问题为开端和主线、以探究为核心、以问题为终结的开放式课堂教学模式。

教师根据教学内容的特点和要求，带领学生创设各种问题情境，启发学生产生疑问，提出问题，并根据问题确定探究思路，制订探究方案，然后进行探究。学生在探究过程中，借助实验和观察去学习和研究。探究问题的本质在于，解释物理现象，树立物理概念，探寻物理规律，获取物理知识。在探究的分析、总结、反思过程中，发现新的现象，激发新的求知欲，产生新的创造冲动，提出新的问题，进入更深层次的探究活动。也即，在问题中探究，在探究中寻找问题，步步为营，层层深入，从而提高分析问题、解决问题的能力；培养实事求是的科学态度和敢于创新的科学探索精神。

问题是中心，它贯穿于整个课堂教学过程中；而探究是核心，是课堂教学的主旋律。这是本模式的主要特征。

这里的"探究"，是以与教学相关的实际问题为载体，学生在教师指导下，有目的且相对独立地进行探索、研究的过程。它没有固定的概念界限，其含义较宽泛，涵盖着各种学习、研究过程。它既是"提出问题→猜想与假设→制订探究方案→实验与探究→分析与总结"这样一般的科学探究过程，也是学生整个学习过程中观察、分析、思考、研究的学习过程。其探究形式及过程可以是多样化的。因此，它是将科学探究的基本内容渗透于学生的各个学习环节的学习过程。

(五)模式的操作程序

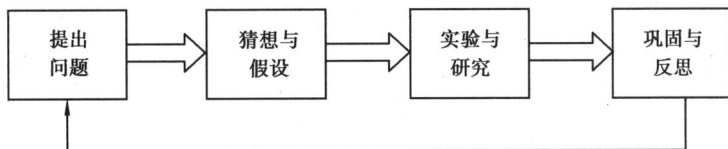

```
┌──────┐    ┌──────┐    ┌──────┐    ┌──────┐
│ 提出 │ ⟹ │ 猜想与│ ⟹ │ 实验与│ ⟹ │ 巩固与│
│ 问题 │    │ 假设 │    │ 研究 │    │ 反思 │
└──────┘    └──────┘    └──────┘    └──────┘
   ↑                                     │
   └─────────────────────────────────────┘
```

分述如下:

1.提出问题

教师精心设计,创设各种问题情境,使学生产生认知冲突,激起疑问、发现或提出问题。具体可以从如下几个方面入手:①从"激趣"入手;②从学生的自学、阅读中入手;③从生产、生活、科技入手。问题的提出,可以是教师根据教学需要提出,也可以是学生提出。

2.猜想与假设

学生提出问题后,教师启发学生对所提的问题进行较广泛的猜想,鼓励学生提出大胆的假设,并展开讨论,分组(或全班集体)设计研究方案(包括实验仪器、器材的选择,实验的操作,公式的推导,题目怎么计算等)。

3.实验与研究

这是整个探究活动的核心部分,可分为如下几个环节:

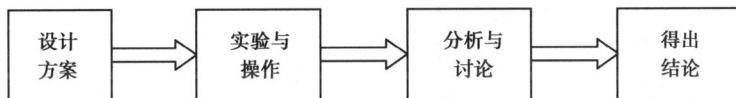

```
┌──────┐    ┌──────┐    ┌──────┐    ┌──────┐
│ 设计 │ ⟹ │ 实验与│ ⟹ │ 分析与│ ⟹ │ 得出 │
│ 方案 │    │ 操作 │    │ 讨论 │    │ 结论 │
└──────┘    └──────┘    └──────┘    └──────┘
```

实验可以是教师演示实验、学生实验,也可以是一个模拟实验。研究可以是根据实验现象的数据分析或总结、一个模拟实验的设计与研讨、一个公式的演算与推理,也可以是一道习题的研究与分析。

通过研究分析,判断问题的假设是否正确,揭示问题的本质,得出正确的实验结论或物理规律,建立物理概念,总结探究方法。

4.巩固与反思

学生在运用获取的物理概念或规律等知识,解释物理现象,解答物理习题的过程中,巩固和深化物理知识。在总结、回忆、反思过程中,不仅总结探究过程的思想和方法、困惑和喜悦,同时还会引发出新的疑问,产生更多、更广泛的问题,于是,新一轮的探究过程又将开始。

四、模式的运用与研究

模式的运用与研究分四步进行。

(一)组织学习,更新观念

教育改革的关键在于教师的教育观念。陈旧的教育观念是教育改革的最大障碍。观念不更新,教育方法就不可能从根本上改变。为此,我们用了近一学期的时间组织学习,更新观念。

1.把握时机,及时"充电"

21世纪,新的技术革命和信息革命已引发了"知识爆炸",对未来的教育提出了新的挑战。教育必须改革,势在必行,这是时代的呼唤。目前,正值中华人民共和国成立以来第八次基础教育改革全面启动时期,其改革步伐之大,速度之快,实在是催人奋进。我们也深深感受到了扑面而来的滚滚改革浪潮。

"学习、'充电'刻不容缓"是全组教师的共识。在每学期初,我们都制订了学习、"充电"计划。我们把《现代教育理论》《物理教育学》《课堂教学论》《学习策略研究》作为首选必读书目。学习方法采用集中辅导学习与分散自学相结合。集中学习期间,我们请了物理学界的知名专家唐果南教授、沙坪坝区进修校校长和进修校教研员为我们作专门的理论学习指导。学习中,大家畅所欲言,并结合自己的教学实际,谈体会、谈想法,找差距、寻方法。大家深有感触地谈道:"近年来,我们取得了一定成绩,教学质量不断提高,但提高的程度与大家的辛勤劳动不相称,犹如老牛拉破车,总有赶不上趟、不尽如人意之处"。其根本原因在于,一些教师的教育思想陈旧,观念落后。改革教学方法,必须从改变观念入手。只有树立新的人才观、质量观、课程观,才能实现真正的角色转换。

如今"充电""洗脑"已经成了大家的口头禅。有教师风趣地把教研活动称为"充电"。

2.消除顾虑,勇于实践

实验操作之前,大家最大的顾虑是实验的研究会影响高考、中考升学。为此,我们对中考和高考改革扩大趋势,高考大纲以及中考考试说明,新出台的《课程标准》以及近年来全国各地的中考、高考试卷作了五次专题研讨。通过研讨,大家认识到,搞课题实验研究与升学并不矛盾,至少是可以调和的。一方面,随着高考"3+综合"的实施,新课程改革思想在中考中的渗透,升学考试在形式和内容上发生了很大的变革,对学生的能力、知识面、生产生活、科技应用等方面提出了更高的要求。对于这些要求,仅靠题海战术和一般的应试手段是不可能达到的。尤其是近几年的中考、高考,题目花样翻新很大,涌现出大量的新题型,其中许多是研究型和探究型题型。这些题型的完成需要一定的科学探究能力和创新能力。提高这些能力不是靠做题和练习就能实现的,而是靠平时和长期的先进教育思想与先进的教学手段对学生进行潜移默化的影响和逐渐培养才能实现。因此,开展教育改革实验研究,实施新的教学手段是当前教育改革的需要,也是升学考试的需要。另外,我们的教育改革实验模式研究,不能游离于课外,而应是课内的补充和延伸。目前物理课堂一个重要的改革趋势是重视探索、重视研究,强调把科学探究作为获取知识和认识自然的一种方法。通过学生的动手实践,使学生体验探索自然的方法和快乐。这正是高考、中考新精神的体现。可见,开展模式的研究,对中考、高考都是有益的。

对学生的适应能力持怀疑态度,始终放心不下,这是实验操作初期在实验教师中普遍存在的第二个顾虑。如一位教师在一次青年教师优质课大赛前的几次试讲中,始终没法跳出"满堂灌"的框框。全组教师努力帮他出主意、想办法。开始大家在教学方法、教学设计上提出了许多改进意见,但发现这位教师在实际操作中仍不尽如人意。是教学习惯问题,还是这位教师的素质问题呢?大家进一步帮他诊断、把脉。后来才发现,问题仍然出在教育观念上:这位教师过于看重自己"教"的作用,而忽略了学生这个"学"的主体,对学生始终放心不下。不敢放心地让学生去做、去讨论,而是处处包办代替。于是,我们又一次组织了教育观念的学习和讨论。大家进一步认识到,教师的权威将不再建立在学生的被动与无知的基础上,而是建立在教师借助学生积极参与,促进学生充分发展的能力之上。教师应在组织和引导的基础上,充分相信学生蕴藏着巨大的积极性和创造潜力,并把它们开发出来。教研组告诫这位教师:放下顾虑,放心大胆地干。通过这次帮助,这位教师进步很大,他的实践与探索深深地教育了大家。

通过学习,大家统一了思想认识,消除了疑虑,解放了思想,增强了信心。

(二)学习理解模式,初步尝试模式

这是模式的试行阶段。

1.认识、理解模式

为了使模式的认识和理解深入人心,我们成立了"模式宣讲三人小组",组织了六次专题学习和研讨。小组重点学习了查有梁的《教育模式》和《课堂教学模式简介》,并在模式的提出、历史背景、现实的需要;模式的理念、蕴含的基本思想;模式的内容和操作程序等方面,对大家进行了培训和指导。使大家从理论上提高了对模式的认识,理解了模式要义。大家感到目的更加清楚,方向更加明确,操作更加自如了。

2.尝试、运用模式

模式的试行是模式实施最难的一个环节。这是因为,传统教育观念的转变和"应试"模式下的传统教学习惯的改变都有一个过程,很难在短时间内从根本上发生变化。这些旧思想和旧习惯,禁锢了教师的教学设计思维空间,制约了先进教学方法的运用,也在一定程度上压抑了学生发展。

为使模式的实施有个良好的开端,大家通过集体研究,找到了起步的切入点:

①从教案编写的规范要求入手。在学习课堂教学模式理论及示范教案的基础上,我

们要求实验教师的"研究课""示范课"和平时教学中的新课一律按统一的格式编写。其中必须包含创设问题情境、学生提出问题、猜想与假设、实验与研究、教师点拨、巩固与反思几个环节的基本操作步骤。与此同时,我们采取检查的手段,确保模式的运行在课堂教学中有章可循,有"法"可依。

②从个别人入手。以年级组为单位,献上 1~2 节"示范课",促使各年级组按照模式的要求去共同研究,集体备课。使各年级组均有一到两位教师率先走在前头,成为实验研究的骨干。

③从个别年级入手。起点年级(初二、高一)率先进入模式试行阶段。他们先从典型的"实验课""新课"课型入手,进行试行研究,然后在各种课型中全面铺开。

④从内容和时间控制上入手。教研组对各节"示范课"提出了具体的内容和时间控制的要求,如强调内容突出重点,学生读得懂的坚决不讲,且一堂课教师讲的时间不得超过 25 分钟,否则视为不合格的研究。

⑤从教研组的集体研究入手。我们不仅组织了带有针对性的"研究课",还组织了"说课"研究,要求人人"说",人人"评"。

通过部分教师近一年的试行和教研组的集体研究与交流,大家基本上摸到了模式的一般操作规律,形成了一定的操作格局。

(三)全面铺开,初具规模

通过一年的试行摸索,模式实施的全面铺开时机已成熟。于是模式实施进入第三步:在各年级、各班全面铺开。

各年级备课组根据学生的学情、学习内容以及各种不同的课型,分别在各个班进行了切实、具体的研究,体现出各自不同的个性和特色。

初二年级组在模式应用于兴趣物理教学、实验教学、新课程教学方面作了扎实的研究。他们提出"一课一趣"兴趣物理课程资源有效利用的研究,总结出"提问探究"式教学方法。在模式操作过程中,初二年级组就如何落实《新课标》精神,发挥教师在课堂教学中的指导作用总结出一些成功的经验,上出了水平较高的实验研究课。如汪林才老师在区级研究课——"蒸发"一课上,将演示实验改为学生实验,带领学生提出问题,层层探索。学生在探索的过程中,犹如身临其境,真切地感受到科学家的探索历程、探究问题的乐趣,有效地培养了学生的创新精神和实践能力。周艳老师在"科学探究——滑动摩擦力"一课中,进行独特的课堂设计构思,成功运用了"一课一趣"模式,得到专家、评委的高度评价,该课荣获全国目标教学优质课大赛一等奖。

五、研究成果

三年来,"以问题为中心的探究式课堂教学模式"的实验研究效果是显著的。

1.教学质量有所提高

各年级在保持较高的巩固率与合格率的基础上,升学率逐年上升。高中和初中两个年级的实验班和对比班成绩分析表明,采用"以问题为中心的探究式课堂教学模式"的实验班有明显的优势,教学效果好。

我们将创新学习应用于每节课的课堂教学,并且收效显著。我校高中物理连续五年在重庆市主城区二诊考试中均超过重庆七中。以下是我校近两年二诊成绩对比统计。

高 2014 级二诊成绩对比表(1)

学校	参考人数	物理上线人数	物理上线率/%	物理双上线	物理集中度/%	总分上线人数	总分上线率/%
凤中	503	218	43.34	161	93.06	173	34.39
七中	518	172	33.20	110	76.92	143	27.61
全区综合	1 662	426	25.63	283	83.98	337	20.28

高 2014 级二诊成绩对比表(2)

学科	学校	最高分	最低分	平均分	标准差	优生率/%	及格率/%	差生率/%
物理	凤中	108	2	62.8	22.65	12.13	53.08	21.87
物理	七中	101	6	60.98	19.22	5.79	47.68	18.53
物理	全区综合	108	1	54.63	22.2	5.66	35.74	31.53

高 2015 级二诊成绩对比表(1)

学校	参考人数	物理上线人数	物理上线率/%	物理双上线	物理集中度/%	总分上线人数	总分上线率/%
凤中	465	229	0.492 5	147	0.875	168	0.361 3
七中	684	198	0.289 5	144	0.666 7	216	0.315 8
全区综合	1 763	516	0.292 7	315	0.757 2	416	0.236

理科三分四率

学科	学校	最高分	最低分	平均分	标准差	优生率/%	及格率/%	差生率/%
物理	凤中	106	9	68.84	17.07	10.54	64.09	9.25
物理	七中	101	0	61.79	17.15	3.51	47.22	14.47
物理	全区综合	106	0	61.14	18.21	4.42	46.23	17.36

2.学生的学习兴趣明显增强

在不作任何暗示的情况下,调查组分别在初二一个班和初三两个班进行了实验研究。在初二采取的是单组前测、后测实验,初三采取的是不等控制组的前测、后测实验。实验测查的依据是信度、效度较高的《中学生物理学习兴趣测量表》。

测量结果见下表。

表1

人 数　　项 目　　班 次	参加人数	废卷人数	测量有效人数	测量分值范围		
				80分以上	60~80分	60分以下
四班(前测)	53	6	47	4	6	37
四班(后测)	52	7	45	8	9	26

表2

人 数　　项 目　　班 次	参加人数	废卷人数	测量有效人数	测量分值范围		
				80分以上	60~80分	60分以下
八班(前测)	8	9	39	5	10	24
八班(后测)	8	6	42	5	19	18

注:总分值设为 M,$M \geq 80$ 为兴趣浓;$60 \leq M < 80$ 为感兴趣;$M < 60$ 为不感兴趣。

无论是单组的前测、后测,还是不等控制组的前测、后测,结果都表明,通过一年的模式运用,学生学习物理的兴趣都有所提高。无兴趣的人数平均下降了14%,感兴趣的人数也有所增长,平均增长14.5%。由感兴趣降为不感兴趣的,甚至更讨厌物理的人数几乎为零,尤其是差生表现出很大的兴趣。

3.学生的自主能力大大增强

在实验前和实验后,我们对实验班学习行为的几个方面作了综合评估。统计表明,学生上课的注意力明显增强,在课堂上主动提问,勇于探究,思考的积极性大大增强。

4.学生的素质、能力有很大的提高

这一变化在初二(5)班的学生中体现得较为明显。在过去,学生自主意识淡薄,"等、靠、要"的惰性思想相当严重,绝大多数学生连预习的习惯也没有,任何新知识的学习总是等着老师"灌"。后来,模式教学的开展使学生不得不去做好自主学习、探究工作。随着时间的推移,学生慢慢地从不习惯到习惯,从习惯变为有意识地自觉学习,最终使他们认识到自己的主体作用。

从学生的课堂反应、各次学习情况测试、阶段性考试以及各次竞赛都可以看出,学生的自学能力、自我反思能力、创造性地解决问题的能力、表达能力、综合概括能力、科学研究能力等均有很大的提高。

三年来,我班学生发表论文5篇,完成小论文58篇,小制作48件。我班学生竞赛获奖人数也逐年增加。

学生竞赛获奖情况

时 间/年	年级	全国级奖	市级奖	区级奖
2010—2011	高中			26
	初中	4人	6人	13人
2011—2012	高中			13人
	初中	1人	3人	3人
2013—2014	高中			13人
	初中	4人	12人	6人

另外,从我校网站的《消息报道》中也可以明显感受到学生素质的变化。

2003年,我校物理组两位教师带领初中二年级的3名学生,代表学校参加中央电视台《异想天开》栏目,并成功设计与制造了"海空两用船",受到中央电视台摄制组的高度赞扬。该节目于2003年6月在中央电视台第10频道滚动播出。

5.教师素质、能力大大提高

与实验前比较,教师的教育思想、教育科研能力、教学水平都发生了很大的变化。

①教师观念得以转变。参与教改,投入课题实验研究成为大家自觉的行动。

②教改科研能力增强。15名教师共撰写论文数十篇,其中11篇公开发表在报纸杂志上;获奖论文14篇,其中国家级2篇,市级9篇,区级3篇,校级3篇。

③教师教学能力增强。青年教师参加市、区优质课大赛,成绩喜人。获全国奖2人次,市级奖2人次,区级奖8人次。

六、问题与思考

1.教学质量提高了,但优、差生的差距扩大了。这是因为优生、差生都在不同程度进步了,但优生的进步幅度大于差生。从另一方面来讲,出现这种状况是模式实施的一种正常反应。解决这个问题可以采取如下操作方法:

①依靠学生的互帮互学。学生与学生有共同语言、共同障碍,因此依靠优生帮助差生是最好的解决办法。在课堂上加强学生的合作学习,可将学生分成若干个小组,为学

生帮学生提供更多的机会。

②教师的教学要有强烈的针对性,多关注差生。学生与学生、学生与教师要有良好的合作。要有一个宽松、和谐的环境,使学生的主体性得到充分保障。

2.我们研究发现,有的知识单元或某些课型实验效果不太理想。一般来讲,起点年级(高一或初二)实验效果较好,随着时间的延长,效果更明显;而单独的一节课实验效果很不明显。究其原因,主要是我们的精力和时间显得不足,缺乏一个连续、综合的研究。

3.按照模式操作,实验教师普遍感到教学时间不够,教学任务完不成。原因是高考和中考压力太大,需要一定的"应试"手段强化学生的"应试"训练。因此,模式在初三、高三两个毕业年级运作较困难。如何解决两个大考的"应试"和模式运行之间的矛盾,一直是我们感到最难解决的问题。

4.本实验的实验班和对比班的学生相对固定,但教师却不够稳定,受学校工作安排的影响。如初中组三年来就有两位教师换了两个年级,还有一位教师换了三个年级。这些无关因子的干扰,使得实验的信度受到严重影响。

七、结论

1.中学生的心理具有好奇、好问、好动、好胜等特点。模式的实施也利用了学生这一心理特点,让学生全员参与,在各种探究活动中去发现问题,提出问题,并解决问题,从而点燃学生思维的火花。因此,"以问题为中心的探究式课堂教学模式"具有很强的适应性和可操作性。

2.模式的运行营造了民主、和谐、宽松的学习氛围,使课堂教学建立了学生和学生,学生和教师的良性互动关系,并且实现了信息的多向传导,使不同学习程度的学生的能力在原有基础上都得到发展,从而培养了学生的创新精神和实践能力。在此,我们总结了不少经验,取得了可喜的成绩,发挥了一定的示范作用,因此,"以问题为中心的探究式课堂教学模式"具有一定的适用性。

3.模式符合现代教学规律,符合中学生的认知心理特征,有助于培养学生的主体意识、科学素养以及综合素质和创新能力,因此,"以问题为中心的探究式课堂教学模式"不失为当前课堂教学改革的一种有效方式,有一定的推广价值。

八、结束语

由于我们的理论水平有限、实践经验不足,致使实验中存在这样或那样的问题没能很好地解决。我们将继续不断地研究,在实践中努力探索,在理论上加以突破,使我们的模式得到日趋完善和发展。

附：学科案例

案例1：科学探究——滑动摩擦力

【创设问题情境】

1.教师同学生一起做游戏：看谁能用一本书把另一本书粘起来。

2.学生阅读、思考。

【学生提出问题】

滑动摩擦力与哪些因素有关？

【学生提出猜想】

与重力、质量、面积、压力、速度、接触面的粗糙程度、斜面的倾斜程度有关。

【实验与研究】

1.设计方案

①研究什么？根据现有的实验器材讨论可以作哪些研究。

②怎么研究？原理：$F_拉 = f_摩$　　方法：控制变量法。

③制订记录表。

2.进行实验并记录实验数据

3.分析实验数据

4.得出实验结论

【巩固与反思】　提出新的问题

1.摩擦力只与压力大小和接触面的粗糙程度有关吗？

2.假设没有摩擦，世界将变成什么样子？

【课后探究】　布置作业

初三年级组将模式应用于初三中考复习和学生"应试"能力培养，总结出"一看""二回""三精做""四开展"的探究式中考复习方法。如谭智勇老师在"热现象"一课的研究中，带领学生收集、整理笔记，归纳每章的知识体系，展示自己创新的归纳成果。启发学生在归纳的过程中，反思、总结，提出问题。学生在充分活动的基础上，完成了探究式复习过程。为模式在复习课型中应用的可行性提供了可靠的实验依据。郑月刚老师在青年教师优质课大赛上，按照模式操作程序，创新地设计了初三"焦耳定律"一课，加上他出色的讲解，独树一帜，力挫群雄，成功地获得沙坪坝区第一名，重庆市二等奖。

案例2：焦耳定律

【创设问题情境】

模拟"电线燃烧引发火灾"现象。

【学生提出问题】

火灾是由什么原因引起的?

【教师讲解】

燃烧的原因是电线上发热过多,其温度超过了电线的着火点。

【学生提出问题】

电流产生的热与哪些因素有关呢?

【学生猜想】

与电流的大小、电阻、电线的材料、通电的时间、电压的大小有关。

【实验与研究】

1.设计方案

①研究什么?研究电流产生的热与什么因素有关。

②怎么研究?设计实验电路图,确定实验方法:控制变量法。

2.进行实验:发现电流产生的热与电阻、电流、时间的定量关系。

3.得出实验结论:电流产生的热与电阻、电流、时间有关,且随着电阻、电流、时间的增加而增加。

【教师讲解】

物理学家焦耳用了40年时间做了大量的实验,精确地研究出电流产生热与电阻、电流、时间的定量关系。

焦耳定律:$Q = I^2 Rt$,用欧姆定律推导焦耳定律。

【巩固与反思】

1.练习:用焦耳定律计算。

2.提出问题:

为什么电能全部转化为内能时,焦耳定律才可以用欧姆定律推导?

【课后探究】　布置作业

1.调查:你家里哪些电器是直接利用电阻丝发热来工作的?

2.研究对比用天然气和电炉烧同样一壶水,哪个更费时,哪个更花钱。写出研究报告。

高一年级组在探究式学习方式、指导发现学习、独立发现学习方面作了较深入的研究。使高一年级的多数学生形成自觉探索、独立发现、尝试解决问题的探究习惯。

廖郭莉老师在一次习题课的研究中,创设情境,启发学生独立思考,带领学生去自我发现问题,寻求答案。尤其是针对一道题设置的一系列思考问题,启发学生深入探索、思考,形成一题多解、多解一题的思维模式,其独特性、创新性使听课的教师深受启发。课后学生也谈到,尝到了探究、发现的甜头,在内心深处产生出一种成功的美感和愉悦感。

案例3：超重和失重

【创设问题情境】

1.展播VCD：宇航员在太空中的失重画面。

2.问：你见过宇航员在宇宙中飘忽移动的情景吗？

【学生提问】

什么是超重？什么是失重？

【实验探索】

1.弹簧秤挂着钩码突然由静止向上运动。

2.弹簧秤挂着钩码突然由静止向下运动。

【学生提问】

难道质量变了吗？

【习题探究】

如右图所示，弹簧秤上挂着一个 10 kg 的物体。

下列 4 种情况下，弹簧秤示数各是多少？

A.弹簧秤以 2 m/s 的速度匀速上升

B.弹簧秤以 2 m/s^2 的加速度匀加速上升

C.弹簧秤以 2 m/s^2 的加速度匀加速下降

D.弹簧秤以 2 m/s 的速度匀速下降

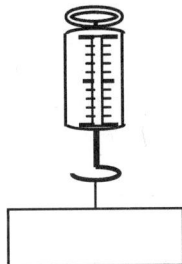

【教师指导】

1.评价、帮助学生完成练习。

2.启发提问：对弹簧秤而言，哪种情况下物体好像变重了？哪种情况好像变轻了？物体的质量果真发生变化了吗？变化的是什么？

【学生讨论】 得出正确答案

评议：

通过习题对问题进行探究，使学生对超重和失重现象进行感知、同化，并通过学生的探究性学习过程，培养了学生的分析和解答问题的能力、语言表达能力、合作交流能力，同时培养学生的学习习惯。

高三面临的是高校人才的选拔。如何提高课堂效率，提高升学率，是高三教师议论的中心话题。因此，在模式应用过程中，他们提出"优化课堂结构，提高学习效率"研究。研究中，他们在贯彻因材施教原则，调动学生积极性、激发学生创新思维以及改进教学方法，为学生发现问题、探究问题、运用知识解决问题创设条件方面取得了一些成功的经验。如谭俊贤老师在培养课堂思维能力方面颇有建树，提出"归纳专题规律，建立思维模式，提高审题效率"的实验研究构想。他曾撰写论文在《兰州大学学报》上发表。徐江涛老师关于在物理教学中如何培养学生的创新能力，提出了自己的独到见解。他指出：

①加强探索实验教学;②重视设计性实验教学;③鼓励学生自制教具,参加"小发明""小制作"活动。

案例4:楞次定律的课堂教学设计

【设疑提问】

1.产生感应电流的条件是什么?

2.教材的三幅图中,感应电流方向是如何判定的?

【实验探索】

1.选择装置。

2.设计记录表格。

3.分析数据。

4.归纳总结,得出结论。

【巩固与反思】

1.阅读教材进行演绎分析验证规律,并试作演绎解释。

2.总结出判断电流方向的步骤:

①明确研究对象;

②$B_原$的方向及磁通量变化$\Delta\Phi$;

③阻碍:由$B_感$与$B_原$的同向或反向得出$B_感$的方向;

④由安培定则得出$I_感$的方向。

【提出问题】

1.练习:如右图所示,A和B都是很轻的铝环。A环是闭合的,B环是断开的。用磁铁的任意一极来接近A环,会产生什么现象?把磁铁从A环移开,会产生什么现象?磁极靠近或远离B环时,又会产生什么现象?

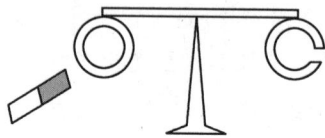

2.思考这一现象是否符合能量守恒定律?阻碍的含义具体表现在哪些方面?

初中英语"魅力课堂"教学模式

英语组

我校实施的"四环节·问题导学式魅力课堂"中的"四环",即课堂教学活动中的四个环节或四个组成部分,可具体阐述为:在基础教育新课程改革背景下,为提高课堂教学中小组合作学习的有效性,落实"学生主体、问题主导、思维主攻、自学主线、活动主轴、发展主动"原则,围绕问题核心而开展课堂教学活动的四个环节或部分,具体包括:情境自学、合作互学、展评激学、提升领学(见图1)。

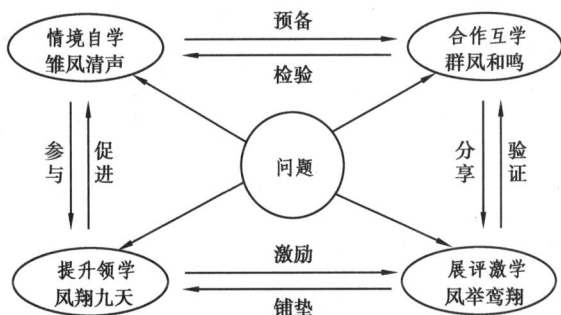

图1

"自学、互学、展学、领学"贯穿于整个教学活动过程,相互交融,是达成"知识与技能、过程与方法、情感态度与价值观"三维教学目标,指导学生"分析问题、解决问题、自我实现、发现新问题、分析新问题、解决新问题……超越自我"的循环往复的思维性学习过程。

"问题导学"是由"问题教学"演变发展而来的,即通过创设特定的课堂问题情境,在学生明确教学目标的基础上,将"知识与技能、过程与方法、情感态度与价值观"三维目标融入学习内容当中,实施知识目标化、目标问题化、问题思维化、思维层次化、层次梯度化、梯度渐进化,让问题成为课堂教学活动的核心,使其成为学生学习的强大"引擎",引导学生在"分析问题、解决问题、发现新问题、再去分析解决问题……"这一循环往复的思维性学习过程中,主动获取知识并运用知识,激发思维活动,调动其学习的主动性,提升运用知识去分析解决问题以及发现问题、积极探索的创新精神与创新能力,达成教育教学目标。

英语魅力课堂表现在以下几个方面:①学生的英语知识认知上,从不懂到懂,从少知到多知,从不会到会;②情感上,从不喜欢到喜欢,从不感兴趣到感兴趣;③思维活动上,从不动脑到要动脑,从不喜欢思考到愿意、积极探索。备课组针对英语教学中常见的课型作了以下归纳,希望能对英语教学的教育宽度、知识密度、学科深度和课堂温度起到作用。

教学流程	说　明
第一部分:自学探究——雏凤清声 一、预习词汇 　　布置学生预习词汇,能够根据音标读出并写出单词和短语及汉语意思即可,培养学生自主学习词汇的习惯。 　　二、课前朗读 　　朗读本课新单词、新短语等,同时巩固预习效果。建议注重内容、形式的多样性和实用性,并持之以恒。 　　三、检查词汇预习情况 　　有布置、有检查,采用多种形式检查学生对词汇的预习情况,如学生结对、小组互查和小组向全班展示。	单词方面,学生能做到课前读译即可,更高的要求需要视学生水平而定。预习内容不要过多、过难;有布置,就一定得有检查,并根据小组完成情况打分进行评价。
第二部分:拓展探究——群凤和鸣 一、新课导入 　　1.展示新句型:教师通过创设情境,导入本课的新句型。 　　2.专项练习:结合本课新单词对新句型进行专项练习,并为后面教学环节的展开扫清障碍。可采取学生个人、结对、小组合作等形式,以机械性操练为主,遵循单句、问答、对话,低起点、多层次,由易到难的原则。 二、听力训练 　　教师先简要介绍听力素材的相关信息,如人物、背景等。 　　1.多层听:根据听力素材内容和学生实际水平,深入挖掘素材,活用素材,设计由易到难、多层次的听力练习(如配对、判断正误、选择、问答、填空等),使学生得到扎实有效的听力训练。 　　2.听后说:根据听力素材的内容和相关信息,结合本课的新知识,引导学生进行简单的说的训练,可采取造句、对话等活动形式进一步巩固对新知识的掌握,并为对话学习做好铺垫。 三、对话处理 　　1.读前听:根据对话素材内容和学生实际水平,深入挖掘素材,活用素材,设计由易到难、多层次的听力练习,使学生基本掌握对话的主要内容,并能得到相应的听力训练。 　　2.听后读(阅读):学生默读对话,进一步理解对话内容。可以根据对话素材设计多层次的阅读任务,引导学生进一步掌握素材信息。 　　3.读后学:学习和突破对话中的知识点等,采取精讲多练的形式,使学生会造句并能灵活运用所学新知识。 　　4.学后读(朗读):学生跟读对话,结对或分角色朗读对话,为说的开展打好基础。 　　5.读后说:根据对话内容和所学新知识,设计低起点、多层次的说的训练项目,遵循短句—长句—短对话—长对话的循序渐进原则,采取个人独立完成、结对练习或小组合作练习等形式。	对新句型的专项练习,要充分利用本课新词汇,让学生理解词的意义和用法。本部分如果不需要成为独立部分,可以与第三部分的读后学部分结合起来。 　　听力练习除了常用的判断、选择、连线外,还尽量设计有听后写的形式。本环节需要根据听力素材的难易度和学生水平进行合理设计和运用。 　　本环节要求同上。如果本对话作为听力素材有困难,可以跳过。 　　本环节类似于阅读理解,需要根据素材的难易度和学生水平进行合理设计和运用。 　　掌握知识点必须辅以充分的练习。

教学流程	说　明
第三部分:检测提升——凤翔九天 1.学生运用所学知识组织自己的对话,以小组合作形式向全班进行展示。 2.设计书面练习,综合运用本课所学的知识,起到巩固检测的作用。发现问题及时解决,并对本课所学知识进行小结,帮助学生理清知识脉络。 课后活动 1.复习巩固:复习当天所学内容,整理课堂笔记,掌握新词汇、新语法知识等并辅以巩固练习。 2.分层作业:作业内容可以分层次,分为必做与选做;也可以将学生按照不同学习水平布置内容不同的作业;还可以布置探究性作业,为以后的学习与发展铺垫。 3.预习任务:预习相关词汇、语法等知识,或查阅相关人物、事件等的背景资料。	引导学生借助课本对话素材进行部分替换等练习,逐步减少对课本现成材料的依赖,以机械性操练和半机械性操练为主。 说明:以上各环节是一般情况下听说课的基本流程,具体到某一节课,教师需要根据素材的难易度和学生实际水平灵活把握,不要僵化执行,以免影响课堂实效。

读　写　课

教学流程	说　明
第一部分:自学探究——雏凤清声 一、预习词汇 布置学生预习词汇,能够根据音标读出并了解汉语意思即可,培养学生自主学习词汇的习惯。 二、课前朗读 朗读本课新单词、新短语等,同时巩固预习效果。建议注重内容、形式的多样性和实用性,并持之以恒。 三、复习检测 1.检查词汇预习情况:有布置、有检查,采用多种形式检查学生对词汇的预习情况,如学生结对、小组互查; 2.采用多种形式对听说课的学习内容进行复习。 (上述两条也可结合在一起进行)	单词方面,学生能做到课前读译即可,更高的要求需要视学生水平而定。预习内容不要过多、过难;有布置,一定还要有检查。

教学流程	说　　明
第二部分:拓展探究——群凤和鸣 一、读前导入 　设计情境,激发学生阅读的兴趣或简介文章内容,导入阅读。 二、多层阅读(默读) 　1.根据阅读素材和阅读规律,深入挖掘素材,设计多层次的阅读任务(如判断正误、选择、问答、填空等),引导学生逐步掌握文章信息,并训练处理信息的能力。 　2.对较长篇幅的文章可采用总—分—总的形式。 三、精读足练 　1.学生先自主精读课文,找出疑难问题,然后结对或在小组内进行交流,不能明确的问题,由教师点拨或指导。(可以借助导学案等材料,使学生明确) 　2.精讲知识点,辅以造句、对话等多种形式的充分练习,使学生掌握并能灵活运用。 　3.复述课文,根据关键词的提示,尝试复述课文(或部分段落),进一步熟悉课文素材,理解知识点的运用。 　4.朗读课文。(或部分段落) 第三部分:检测提升——凤翔九天 一、写作训练 　1.写作训练遵循词组—短句—长句—短篇—长篇的循序渐进原则; 　2.写作形式可以先引导学生根据课文素材进行仿写、改写,然后运用所学知识进行独立写作,以达到从语言的输入到输出,由学到用的目的。 二、课后 　1.复习巩固:复习当天所学内容,整理课堂笔记,掌握新词汇、新语法知识等并辅以巩固练习。 　2.分层作业:作业内容可以分层次,分为必做与选做;也可以将学生按不同学习水平布置内容不同的作业;还可以布置探究性作业,为以后的学习与发展铺垫。 　3.预习任务:预习相关词汇、语法等知识,或查阅相关人物、事件等的背景资料。	温故而知新,注重知识的复现和衔接。对上节课后布置的巩固训练内容进行检查。 　导入的内容宜简洁明了,旨在激发学生读的愿望。 　本环节应为默读,重在指导学生阅读方法,练习设计要形式多样、科学合理。 　学生必须先自主精读课文,才能找出问题;教师注意引导和点拨,不要逐句翻译、讲解。 　学生对知识点的掌握必须通过大量的造句训练,反复运用,避免只讲不练,没有实效。复述课文采取连词成句—连句成篇的思路,旨在引导学生掌握有效的学习方法。 　写作要坚持循序渐进的原则,指导学生根据课本素材仿写、改写,然后再独立写作。让学生感觉有写的、写得出。 　说明:以上各环节是一般情况下读写课的基本流程,具体到某一节课、某一环节,教师需要根据素材的难易度和学生实际水平灵活把握,不要僵化执行,以免影响课堂实效。

写 作 课

教学流程	说　明
第一部分：自学探究——雏凤清声 一、复习词汇 布置学生的复习词汇,能够按照写作需要总结出该单元写作所需词汇。 二、复习句型 布置学生复习写作需要的基本句型,能够根据要求完成相关翻译练习。 三、复习检测 检查复习练习:有布置有检查,采用多种形式检查学生对词汇的预习情况,如学生结对、小组互查等。	复习词汇和句型时,学生能做到课前正确总结运用即可,更高的要求需要视学生水平而定。复习内容不要过多、过难;有布置,一定还要有检查。

第二部分：拓展探究——群凤和鸣

一、写作前导入

设计对话让学生排序;或用短文填空等形式让学生对即将训练的写作话题感兴趣,并体验文章的衔接和文章的结构。

温故而知新,注重知识的复现和衔接。对上节课后布置的巩固训练内容进行检查。

二、初写作文

1.根据写作要求完成英语作文。

2.小组内或小组间交换评价作文。

评价 项目	评价内容
要点	□齐全□不齐全(差要点＿＿＿＿＿＿)
结构	□完整□不完整(□开头 □主体 □结尾)
条理	□清晰□不清晰(□ 连接词　□顺序)
语法	□正确□错误(□人称□时态 □句子结构)
拼写	□正确□错误(□少 □多)
书写	□规范□不规范(□大小写 □标点 □字迹)

导入内容宜简洁明了,旨在激发写作的愿望。

学生必须先自主完成写作前练习,才能感知文章结构;教师注意引导和点拨。

学生独立根据写作要求完成作文,教师提醒注意要点、结构,以及写作时间的把握。

三、展评所改作文

1 学生先评价所改作文,找出问题,然后结对或在小组内进行交流,不能明确的问题,由教师点拨或指导。

2.请学生展示所改作文并讲解评价依据。

第三部分：检测提升——凤翔九天

一、修改习作

1.学生根据其他同学的批改意见再次修改作文。

2.完成后再次展评。

互评时老师要巡视。

在学生展示所批改作文的过程中教师要点评,进行表扬或提醒遗漏,从而让学生对写作的要求体会更深刻。

续表

教学流程	说　明
二、课后活动 　　1.复习巩固:复习当天的写作收获,整理课堂笔记,掌握新词汇、新语法知识等并辅以巩固练习。 　　2.分层作业:作业内容可以分层次,分为必做与选做;也可以将学生按不同学习水平布置内容不同的作业;还可以布置探究性作业,为以后的学习与发展铺垫。 　　3.预习任务:预习相关词汇、语法等知识,或查阅相关人物、事件等的背景资料。	说明:以上各环节是一般情况下写作课的基本流程,具体到某一节课、某一环节,教师需要根据素材的难易度和学生实际水平灵活把握,不要僵化执行,以免影响课堂实效。

语　法　课

教学流程	说　明
第一部分:自学探究——雏凤清声 一、复习准备 　　布置学生复习与本语法项目相关的知识,做相应的认知练习,为新语法项目的顺利学习做铺垫。 二、课前朗读 　　朗读本模块的新单词、新短语等,同时巩固预习效果。建议注重内容、形式的多样性和实用性,并持之以恒。	本课型为前置语法课。 　　单词方面,学生能做到课前读译即可,更高的要求需要视学生水平而定。预习内容不要过多、过难;有布置,一定还要有检查。
第二部分:拓展探究——群凤和鸣 一、情境导入 　　1.教师通过创设情境,引出本课要学习的新语法知识,展示句型结构。 　　2.引导学生观察、总结,使学生对该语法知识的结构和运用有初步了解。	借助已学过的词汇等知识或本模块的新句型引出新语法项目,让学生感觉理解不困难。鼓励学生自主思考,发现规律。
二、精讲规则 　　教师在学生初步总结的基础上进行点拨和补充,简要介绍语法规则,突出本语法的主要特征,使学生易于接受、乐于接受,并对该语法知识形成进一步明确的认识。 三、专项练习 　　1.针对语法规则和句型结构,设计专项练习,重点、难点各个击破,并进行强化训练,使学生初步掌握并能运用。 　　2.专项练习可采取先说后写的形式。说的练习建议以学生个人、结对、小组合作等形式进行;写的练习可以设计多层次、多种形式,可以先由学生自主完成再结对互评或小组互评。 　　3.通过学生在小组内交流发现问题,先组内解决,不能解决的由教师点拨、指导。	教师对学生的归纳进行补充、强调和点拨,使学生进一步明确语法规则。

教学流程	说　明
第三部分:检测提升——风翔九天 　　一、综合运用 　　1.在专项强化训练的基础上,设计综合练习,使学生将本课学习的语法知识进行灵活运用,达到掌握和学以致用的目的。 　　2.可以采用先由学生自主完成再结对互评或小组互评等形式。通过学生在小组内交流发现问题,及时加以解决,并对本课所学知识进行小结,帮助学生理清知识脉络。 　　二、课后活动 　　1.复习巩固:复习当天所学内容,整理课堂笔记,掌握新词汇、新语法知识等并辅以巩固练习。 　　2.分层作业:作业内容可以分层次,分为必做与选做;也可以将学生按不同学习水平布置内容不同的作业;还可以布置探究性作业,为以后的学习与发展起作用。 　　3.预习任务:预习相关词汇、语法等知识,或查阅相关人物、事件等的背景资料。	某些语法项目中还包括若干具体内容,需要各个击破,以保证学习效果。专项练习的设计要紧扣主题,突出重点,扎实有效。 　　完成上述专项练习后,学生对该语法项目应有总体认识,设计综合类练习,旨在达到掌握和学以致用的目的。

复 习 课

教学流程	说　明
复习课是教学的重要组成部分,它不应该是简单的重复,而是学生对知识认知的继续深化提高和对所学知识体系的查漏补缺。因此,复习课应把复习过程组织成学生的再认识过程,从更高的层次、更新的角度,进一步掌握、理解已学过的知识和技能,进而提高学生的学习能力。 　　自学探究——雏凤清声 　　一、复习词汇和句型 　　布置学生复习词汇、句型和语法,要求"四会",培养学生复习的习惯。 　　二、课前朗读 　　朗读本模块所学的单词、短语和重点句型等,同时巩固复习效果。建议注重内容、形式的多样性和实用性,并持之以恒。 　　第二部分:拓展探究——群凤和鸣 　　一、明确目标 　　向学生说明本节课的复习内容、复习方法以及达到的要求,使学生明确复习任务。 　　二、自主复习 　　学生根据复习任务,结合教材、笔记等相关学习资料进行自主复习,并记录疑难问题。	有布置,一定还要有检查。督促学生,形成习惯。 　　教师简要介绍,目标要求要明确、具体,学生能做。

续表

教学流程	说　明
检测效果 　1.教师根据布置的复习任务,检测自主复习效果,针对本模块的基础知识和重难点,设计专项练习,各个击破,进行检测、巩固和强化训练。练习的设计应体现低起点、多层次、实用高效的原则。 　2.采取结对、小组互评等形式。 　三、重点突破 　1.根据学生自主复习和检测效果环节出现的主要问题,先在小组内交流,然后提出在全班交流。 　2.教师对本单元的重难点内容和学生有困惑的问题进行重点处理,精讲多练。 　第三部分:检测提升——凤翔九天 　一、反馈矫正 　1.设计综合练习,检测复习效果,考查学生综合运用本单元所学知识的能力。 　2.通过综合练习发现问题,及时加以解决,可采取结对、小组互评等形式,并对本课复习进行小结,强调重难点,帮助学生进一步理清知识脉络。 　二、课后活动 　1.复习巩固:复习当天所学内容,整理课堂笔记,掌握词汇、语法知识等并辅以巩固练习。 　2.分层作业:作业内容可以分层次,分为必做与选做;也可以将学生按不同学习水平布置内容不同的作业;还可以布置探究性作业,为以后的学习与发展起作用。 　3.预习任务:预习相关词汇、语法等知识,或查阅相关人物、事件等的背景资料。	要求学生自主进行,并有时间限制。教师巡视,个别答疑。 　检测设计应针对性强,侧重基础知识。要求复习什么就检测什么,让学生感到课前复习和自主复习环节有效。 　本环节旨在解决重要的疑难问题,避免只讲不练,要有突破措施。 　在掌握基础知识的前提下,才能进行综合运用训练。

讲　评　课

教学流程	说　明
讲评课是教学的重要组成部分,其目的在于发现问题、查漏补缺、规范解答、开阔思路、提高能力,但现在的试卷讲评课普遍采用教师逐题对答案,一讲到底的方式,往往就题论题,面面俱到,目标不明确,重点不突出,这严重影响了讲评课的课堂教学效益和教学质量。 　第一部分:自学探究——雏凤清声 　一、测试概况 　1.教师简要介绍本次测试的基本情况。 　2.典型问题:对于面上比较典型的问题进行展示、强调,并附有巩固训练。	

教学流程	说　明
二、自己改错 1.学生自己浏览试卷,对本次测试的总体情况进行分析。 2.对每个错题进行分析,查明原因,改正错误。 　学生自评可使学生思维更加有针对性,目的明确地去处理自己的错题和不会做的题。	给学生观察、思考、反思、纠正的时间和机会。能自己订正的先修改,不能的做上标记。教师要巡视并控制时间。
第二部分:拓展探究——群凤和鸣 一、合作探究 1.学生自己不能改正或明确的题目,在小组内交流、讨论。 2.小组内还不能解决的问题,集中请教师指导。 　学生互评有利于调动学生的再次思维——认同与自己相同的方法,发现、思考、判断不同于自己的思路,以此求同存异,获得思维上的升华。 二、归类点拨 　教师根据学生小组提交的问题,先让能解决问题的学生来讲解;如果学生们解决得不彻底或者解决不了,教师再讲评。对测试中的问题按照知识体系进行归类点拨,重点讲解或强调,并辅以相应的练习。	学生互助研究问题,了解彼此的学习状况,互相鞭策鼓励。让学习较优秀的学生帮助相对落后的学生并解决大部分组内错题。 　根据教学计划和进度,采取不同的评卷形式或多种形式相结合。
第三部分:检测提升——凤翔九天 一、巩固训练 　对上述问题以及本次测试中出现的重点问题进行变式训练,进一步巩固、内化。 二、数据统计 　数据统计是一项复杂的工作,但是大多数教师都省略了这一重要环节,或者仅仅简化为统计某一题目的出错人数。为了保证统计工作的及时有效和可操控性,可采取学生互评过程中以举手形式统计和收取试卷后教师逐一翻看、分析、记录的方法。 三、课后活动 　1.复习巩固:复习当天所学内容,整理错题笔记,掌握词汇、语法知识等并辅以巩固练习。 　2.分层作业:作业内容可以分层次,分为必做与选做;也可以将学生按不同学习水平布置内容不同的作业;还可以布置探究性作业,为以后的学习与发展起作用。 　3.预习任务:预习相关词汇、语法等知识,或查阅相关人物、事件等的背景资料。	对于出错较多的题目,教师应高度重视,分析原因,提出有效的解决办法。 　避免单纯说教,应辅以实例、练习等,加强效果。 　本环节必不可少,变式训练使学生进一步学会运用所学知识,旨在将知识的掌握落在实处。 　测试的目的在于发现问题,制订整改措施,因此与学生沟通时,要讲究策略,勿施加压力。

政治学科"魅力课堂"教学模式

政治组

··· ❧❧❦❧❧ ···

　　课堂学习作为学生学习最核心的单位,是学生形成灵性知识与美好德行的沃土,在很大程度上决定着学生智慧和品格的未来走向。从这个意义上来说,课堂教学改革是新课程改革的核心。教育部《关于全面深化课程改革 落实立德树人根本任务的意见》提出"核心素养"一词,明确学生应具备的适应终身发展和社会发展需要的必备品格和关键能力,突出强调个人修养、社会关爱、家国情怀,更加注重自主发展、合作参与、创新实践。《意识》指出政治学科的核心素养是:政治认同、理性精神、法治意识与公共参与,而提升政治学科素养主阵地在思想政治课堂。中学政治课就本质而言是一门智育与德育相统一的显性德育课程。因此,思想政治课教学要体现知识、能力、觉悟三者的统一。

　　基于我校"魅力课堂"的宏观框架,在此基础上结合思想政治学科的特点对其进行了变通。教学中充分挖掘文本及时政资源,使课堂体现时代的特色,顺应历史的潮流,合乎社会的需要,彰显个性的风采。本着"生活教育"的政治学科新课程理念,努力构建以生活为基础、以学科知识为支撑的课堂,形成"以生活情境创设为契机,以问题为纽带,以师生互动为特点"的政治课堂,积极推行"四环节·问题导学式魅力课堂"教学模式,着力改变政治课堂"教与学"的方式,以提升每个学生的精神品质,追求学生的可持续发展,以提升政治学科的教学实效。

理论基础

　　我校的"魅力课堂"是基于"生本教育理论""需求层次理论""新课改教学论"的理论而构建的,这些是政治学科教学模式必不可少的理论支撑,同时,基于政治学科的实际,特别强调"生活教育理念"。教育的逻辑起点是生活,教育家陶行知说:"生活即教育""教育只有通过生活才能产生作用并真正成为教育。"教育是生活的需要,其源于生活又以生活为归宿。在新一轮课程改革中,新教材编写是以生活主题为基础统筹教学内容,新教材的这一特点呼唤生活化的政治课堂,让政治课堂回归生活。本着"回归生活、感知生活、享受生活、发展生活"的政治新课改理念,教学中紧紧抓住"生活"这一主题,通过"生活导入—生活提升—生活回归"把生活问题政治化、政治问题生活化,让学生在生活中学习,在学习中践行,在践行中体验,在体验中发展。

模式诠释

"四环节·问题导学式魅力课堂"是一种理念上具有前瞻性、实践上具有操作性、方法上具有借鉴性、效果上具有推广性的课堂。其基本模式为：

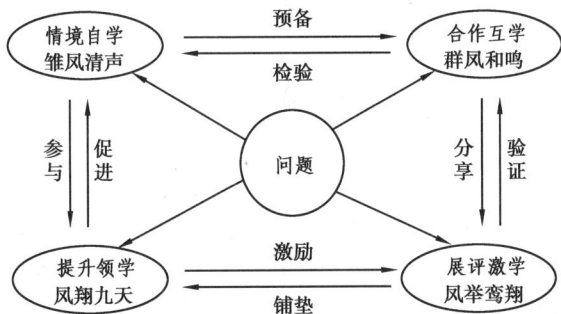

（1）"四环" 是指"问题导学"的四个环节，即"情境自学——雏凤清声""合作互学——群凤和鸣""展评激学——凤举鸾翔""提升领学——凤翔九天"。

（2）"问题导学" 即通过创设特定的问题情境，将知识目标化、目标问题化、问题思维化、思维层次化、层次梯度化、梯度渐进化，让问题成为学生强大的学习"引擎"，引导学生在解决问题中，主动获取和运用知识，发展自主学习的能力。

（3）"魅力课堂" 是指通过"问题"导学，激发学生积极主动的学习思维，在单位时间内高质量、高效率地完成教学任务，学生在知识与技能、过程与方法、情感态度与价值观三维目标上全面地获得发展的课堂。概言之，亦即：魅力课堂＝课堂温度＋教育宽度＋知识密度＋学科深度。

"课堂温度"体现了教学驱动力，"教育宽度"体现了教育公平力，这二者共同呈现出教育引摄力；"知识密度"体现了目标执行力，"学科深度"体现了思维创新力，这二者共同呈现出教育突破力。这种充盈着教育引摄力和教学突破力的课堂就是"魅力课堂"，"教育引摄力"让学生"乐学"，"教学突破力"让课堂"高效"。

操作程序

（一）"情境导入——引凤来仪"环节

1.生活情境，我思我悟（从生活中引入）

政治知识来源于社会实践，具有较强的生活性。政治新课程要求教育要贴近现实，贴近学生，贴近生活，把"小课堂"与"大社会"结合起来。用政治生活中的一些热点问题创设情境能使学生感到新鲜，有吸引力，如以贴近学生生活实际的事例、以耳闻目睹的身边事件、以社会热点话题、以具有轰动效应的国际爆炸新闻引入,引领学生感悟生活,感受现实,引发思考,在此基础上提出问题、导入课题。

2.导学流程

(1)学科教师首先创设问题情境,导入课题,激发学生的求知欲望,增强学生学习知识的积极性。

(2)然后通过多媒体呈现本课题的学习目标及学习重点,明确本节课的学习任务。

(二)"自主学习——雏凤清声"环节

1.任务驱动,提炼新知(从文本中学)

由生活回归课堂,由时政转向文本。思想政治教材本身突出了与社会实际、学生实际的联系,具有较强的现实性和时代性,同时教材通俗易懂,由浅入深,与学生的认识能力、基础知识,与学生的观察、思考问题的范围和能力变化过程是一致的。教材的这些特点决定了思想政治课教学比其他学科更适合学生自学,教师应认真钻研教材,挖掘教材,借创设的问题情境把教学内容设计成一条问题链。教师在政治课堂教学中注重引领策略是培养学生政治核心素养有效途径。在问题与思维引领下,使学生有的放矢,引导学生自求有得,立足文本、思考和提炼知识。

为了尊重学生的独特个性,本环节充分留给学生独立自学的时间,让他们独立完成学习任务,达成学习目标。

2.导学流程

(1)多媒体展示自学问题。让学生根据教师所展示的自学问题读书自学,边读边思考,边找出重点和答案。

(2)针对自学中的问题,学生借助原有知识,自学教学内容,依靠自己的努力解决一些简单的问题。找出"不会的"问题(学习困惑),为下一环节合作互学作准备(教师同步检查学生的自学进度和自学效果)。

3.导学要求

学生必须独立阅读教材,独立思考,独立完成自学内容,不允许相互讨论。

教师要加强巡视,督促学生集中注意力,帮助"学困生",给"学困生"以适时指导。检测学生"导学案"的完成情况,及时了解学情。对各小组的"自学"情况及时进行评价。

(三)"合作互学——群凤和鸣"环节

1.模拟生活,激活难点(从情境中学)

"课堂教学不是为了把学生'教死',而是为了'激活'"。思想政治课程实施的实践性和开放性,要求教学中切实加强"实践"环节,精心组织形式新颖、吸引力强的"模拟实践"活动,给学生呈现一个真实的世界,使他们具有走进社会、面对挑战、规划人生的真实本领。通过模拟生活也有助于提升学生主动有序参与社会公共事务和国家治理、承担公共责任,践行公共精神的意愿与能力,从而达到政治核心素养提高的目标。为此,本环节以解决适合探究的问题为主线,根据一课的教学重难点,教师根据社会时政热点或模拟生活情境设置,挑选并设置一个主题情境,由主题出发充分挖掘其教育价值,创设一组有层次、有梯度的问题,形成"探究链",引导学生的智能、情感层层跃进。学生和学生之间就可以形成一种动态的问题生成与探究过程。通过学生与学生间相互启发、相互激励、互疑互问以及教师与学生间相互交流,在课堂内掀起一个又一个新的认识冲突,促进学生自主建构知识结构,培养学生创新思维能力。

本环节通过结对学、讨论或小组内互帮,让学生深入知识的内部,领会知识的内涵,发现知识生成的初步或基本规律,达成学习目标。同时用集体学习的动机促进内化的方法,使知识与思维、情感、态度真正成为学生生命的有机成分。

2.导学流程

(1)对自学问题,互相补充或质疑,通过生生互动,相互启发、相互补充,使一些探究性较强的问题得以解决。

(2)由一名成员展示问题答案和学习效果。围绕困惑,合作学习,通过"结对学"和小组互学,在组内合作解决成员"情境自学"环节中生成的"学习困惑"。

(3)合作解决小组成员在"互学"的环节中生成的新问题。(此时也可以在组长组织下,以小组为单位在组内进行学习交流,"展示"学习成果与体会称为组内"小展示")

3.导学要求

学生要求:小组成员主动参与,热情帮助,大胆发言,敢于质疑。

学科小组长做好组织工作,安排好成员发言的顺序,控制成员发言的音量和时间,并作好情况记录。

教师要求:

首先,探究内容不应该囿于教材。教师一方面要对现行教材进行"二次"创造,包括对教学内容的改造、充实和重组;另一方面要充分利用和发掘教材外的生活资源。

其次,创设的生活情境要真实可信、针对实际、生动有趣、启迪思维、情感升华。

再次,在这一环节做到"三关注":关注学科组长作用的发挥程度;关注各小组成员的参与程度;关注学生对问题答案的讨论程度,尤其是对错误答案要及时予以更正并把握共性问题。

(四)"展评激学——凤举鸾翔"环节

1.分享收获,共同成长(在舞台上"秀")

展学是要给学生一个舞台。课堂展学是最具特色、最富活力的核心环节。展学环节是学生互相分享、碰撞、提升的过程,为学生提供发表、呈现的舞台,调动学生积极性,有利于提高学生的综合素质。这个过程实际上是对本节课所学内容的重点强调和难点突破,为了防止过于追求展示形式,使课堂成为"秀"场,需要对展示内容、展示方式进行科学规划和合理调控。政治课通常选择的展学内容如下:一是知识层面的——自学、互学中知识的疑点和难点,以加深印象。二是情感层面的——思维、道德上的价值冲突和对抗。在展示的过程中,成员之间,小组之间相互讨论、质疑、对抗,学生之间智慧和知识的"广博性"和理解的"深刻性"相互感染,在分享同伴学习成果的同时,每个学生心里又充满了对学习的渴求和内化的强大动力。

2.导学流程

(1)展示小组选派一名成员对本小组的学习成果进行展示。

(2)展示小组的其他成员为担任展示任务的成员提供帮助,并适时进行补充。

(3)其他小组对展示内容进行点评或质疑。

(4)小组间对质疑内容进行论辩、释疑,形成质疑对抗。

3.导学要求

(1)学生展示内容

展示的内容是多方面、多层次的:各小组成员对讨论的结果进行展示,自学内容的展示可以随机抽取2~3名同学进行展示,由其他同学点评。对于合作互学探究题的展示应全面,并加以提炼、总结、升华。这部分的问题与自学中的问题设置要有层次、梯度,要有所区别,各有侧重。前者侧重双基,后者侧重知识整合、能力提高、思维激活。

(2)学生展示要求

展示的成员要求仪态大方,声音洪亮,表达清楚,观点鲜明,语言简洁,板书工整。

在展示过程中,所有成员保持安静,认真观察,仔细聆听。

在他人展示结束后,小组长及时组织成员进行有序的质疑或对抗。

(3)教师导学要求

A.教师要给出明确的展示导向信息,让学生明确展示规则。

B.及时捕捉课堂敏感点,促成各小组间的质疑对抗,为防止学生出现群体盲点,教师要参与质疑。

C.对各小组质疑对抗尚不能解决的问题,要及时进行点拨,给予正确价值观的引领。

D.对各小组的展示、质疑和对抗及时进行评价,通过有效的评价激发学生的学习热情,并与学科的魅力一起打动学生,使之逐渐变成一种从学生心底里流淌出来的积极的力量。

E.凡是学生讨论展示过的问题要通过幻灯片等形式给出一定的知识提升或思维过程,将生活语言转化为学科术语。

（五）"提升领学——凤翔九天"环节

1.回归生活,升华情感(到生活中做)

情感目标是政治课教学的重要目标,同时,学生的情感又是政治课教学走向高效的重要推力。政治课教学如果不注重学生情感的唤醒、鼓舞,政治课的育人目标就难以实现。让来自生活的政治再回到生活中去,拓展价值引导,领航学生思想力。通过寻找生活中积极的素材来传递正能量。遵循"内化于心,外显于行"的道德教育规律,以达到"润物无声,育人无痕"的效果。既让学生思维的深度和广度得到再次提高,知识体系得以建立;又通过联系生活实际促进学生自我体验、自我超越,实现情感态度与价值观的升华。

2.导学流程

(1)播放视频或图片,并用语言进行情感升华。

(2)对本节课的知识点要进行系统的归纳、梳理,对重难点知识要及时强调,对高频考点要予以提醒,及时发现学生存在的知识漏洞。

(3)完成当堂检测。

3.导学要求

(1)本环节的实施者可以是教师,也可以是学生。

(2)既可以是对本课题所学知识进行梳理,完善学生的知识体系,又可以是引领和提升学生的情感态度价值观。

总之,高中政治是一门表面枯燥单调,内涵却极其丰富的学科,教学中要充分挖掘生活资源,巧设问题,从而以"导"为主线,在"独思、互学和展学"中充分调动学生学习的兴趣以激活课堂。根据我校魅力课堂"四环节·问题导学"的总体模式,结合政治学科实际,政治组在教学中力求做到"基于生活进行导学,问题驱动进行互学,基于疑难点进行展学"构建"生活课堂"来激励唤醒、鼓舞学生的主体意识,把课堂演变为"引力场""思维场"和"情感场",进而提升政治课堂教学的实效性。

附：学科案例

"加强思想道德修养和科学文化修养"教学设计

【教材分析】

本框是文化生活的落脚点,是全书的落脚点。本框题设计突破传统的道德教育,更强调直面生活中的道德冲突以及解决问题的方法,让道德准则内化为学生的一种自觉行为。

【学情分析】

学生通过对前一个框题的学习,明确了社会主义思想道德建设在中国特色社会主义文化建设中的地位和作用,本框题将明确每一个人都应该在履行公民基本道德规范的基础上,不断追求更高的思想道德目标。文科班学生的基础较好,在教学过程中,从生活中他们常遇见的现象入手,结合书本的知识更能激发学生的学习兴趣,培养学生思考问题,解决问题的能力。

【教学目标】

目标1:识记思想道德修养和科学文化修养的含义,了解思想道德修养和科学文化修养的内在联系,正确理解当代中国青年如何追求更高的思想道德目标。

目标2:通过正确分析当今社会生活中存在着的思想道德冲突,提高学生辨别是非的能力;通过对"两个修养"的学习,培养学生比较分析问题的能力。

目标3:通过提高自身的知识文化修养,特别是积极参加各种有益的社会活动,不断提高自己的思想道德水平,不断追求更高的思想道德目标,成为一个道德高尚的人、一个有益于国家和人民的人。

【教学重点难点】

重点:思想道德修养与科学文化修养的关系

难点:阐述产生道德冲突原因及日常生活中的道德冲突,如何在遵守基本行为准则基础上追求更高思想道德目标。

【教学过程】

一、情境导入——引凤来仪：生活情境，我思我悟

关注生活，关注社会，首先请观看视频

视频内容简介：

留美女双博士后被遣返"除了学习,啥都不会"

来自大西北的女孩儿兰某——当地最有名的学霸，从初中起一路被保送，在北京最好的一所学府读到博士后，去美国一所著名大学又拿了个博士后，2015年4月23日下午，30多岁的留美女双博士兰某回国，这次不是衣锦还乡，而是被两个高壮的美国警察押解遣返了回来，没有行李，只有一盒治疗精神分裂的药。兰某的专业是地质科学，跟着导师在美国黄石国家公园摸爬滚打搞研究，成绩突出，又被推荐到了企业。在企业里，她不擅与人打交道的劣势被彻底放大了。因为除了学习什么也不会，最终流浪街头并精神失常。

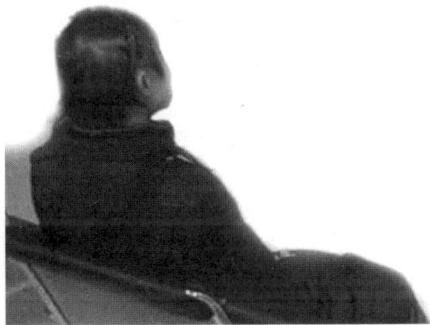

(视频截图)

设问：看过这段视频，你有什么感受？

教师引导：一个曾经的有名学霸，读了双博士后的优秀人才，如今竟然被美国遣返，甚至患上了精神分裂症。一个30岁的人，看上去却是个老太太模样，实在出乎我们的意料。在我们的想象中，读书这么棒，工作也是很棒的，在美国也会是受欢迎的，即便是在美国混得不好，在中国也是大受欢迎的，为何混到这般地步？其实，所有问题根源在于放在她嘴边的一句话——"除了学习，我什么都不会。"这启示我们不仅要提高科学文化修养，也要提高思想道德修养，做一个全面发展的人，才能有能力让自己幸福，让社会发展。今天我们来共同探究"思想道德修养与科学文化修养"的相关问题。

二、"自主学习——雏凤清声"：任务驱动，提炼新知

多媒体展示学习目标：

1.识记思想道德修养与科学文化修养的含义。

2.理解思想道德修养与科学文化修养的关系。

3.理解追求更高的思想道德目标是一个过程。

展示自主学习问题：

1.什么是思想道德修养与科学文化修养？

2.如何理解思想道德修养与科学文化修养的关系？

3.生活中有哪些道德冲突，如何追求更高的思想道德目标？

教师引导语：请结合文本自主学习，边读边思考，边找出重点和答案，时间5分钟。

自学效果检测（师）：同学们，自学完成了吗？我们来检测一下自学效果。让学生回答基础性问题1。（在回答中对思想道德修养与科学文化修养的方式进行比较）

区　别	科学文化修养	思想道德修养
方　式	自我教育、自我提高	自省、自律
内　容	自然科学、社会科学	提高思想道德认识、判断水平、陶冶情感，养成习惯，树立三观、理想

教师引导语：由于第2个和第3个问题是本课重点、难点，在此就不做展示了。接下来让我们通过生活镜头一一探究。

三、"合作互学——群凤和鸣"：生活镜头，激活难点

镜头一：根据调查，分析未成年在押人员的犯罪原因，首先是文化素养普遍较差，初中毕业的不足17%，大多数是小学毕业，还有近20%连小学都没毕业。而且他们中近40%是辍学或被学校开除、劝退人员，绝大部分初进看守所时不会写信，甚至连明信片都不会写。除此之外，大部分未成年在押人员的一个共同特点就是崇尚金钱，奉行拜金主义。

探究一：上述材料主要说明了什么？给我们什么启示？

设计意图：解决自主学习2中思想道德修养与科学文化修养的关系问题。

教师过渡：掌握了较多知识，是否意味着思想道德修养较高？

镜头二：复旦大学投毒案始末（视频）

视频简介：2014年11月27日，上海市第二中级人民法院公开开庭审理"复旦大学投毒案"，被告人林某与黄某均为复旦大学学生，居住在同一寝室内。林某因琐事与黄某不

和,逐渐对黄某怀恨在心。2013年3月底,林某决意采取投毒的方法杀害黄某。

探究二:"复旦大学投毒案"事件说明了什么问题? 给了我们什么启示?

设计意图:解决自主学习2中思想道德修养与科学文化修养的关系问题。

镜头三:林某因故意杀人,被判处死刑、剥夺政治权利终身,之后,他委托辩护律师提起上诉。2014年5月,该案进入二审程序。但在上海市高级人民法院开庭审理前,一封由复旦大学177名学生联合签名的《关于不要判林某"死刑"请求信》被寄往上海市高级人民法院,吁请放被告人林某一条生路。在求情信中,学生们列举了家境贫寒的林某在汶川地震后捐款800元等事例,认为他不是"极为凶残的人",希望国家、社会、法院综合考量,慎重量刑,能给林某一个重新做人的机会,让他为受害者父母尽孝、赎罪。

探究三:(1)如果你是林某的同学,你会参与吁请放被告人林某一条生路吗?

(2)你能列举一些发生在身边的道德与法律两难的现象吗?

(3)这些"道德与法律两难"的现象出现的原因是什么? 如何解决?

设计意图:解决自主学习3生活中的道德冲突及追求更高的思想道德的目标问题?

教师总结引导:在急剧变化的社会生活中,人们在告别传统生活方式的同时,我们常常遭遇思想道德上的"两难选择",如何判断选择,体现人们的价值观、道德观。这种两难选择是由于社会主义市场经济发展,社会转型时期不同的价值观反映到人的思想观念中,形成了多元化的道德选择标准。

四、"展评激学——凤举鸾翔":分享收获,共同成长

对于镜头一、镜头二、镜头三的内容,问题逐渐呈现,各小组探究完一个题目进行展示分享,教师进行适时追问并对知识点进行总结提升。通过幻灯片形式给出一定的知识提升,将生活语言转化为学科术语。

探究一结论:

良好的科学文化修养能够促进思想道德修养:①缺乏科学文化修养,就容易是非不分,善恶难辨,甚至走上违法犯罪道路;②加强科学文化修养,反对迷信,崇尚科学,有助于树立正确的思想道德观念,作出理性的行为选择,养成良好的行为习惯,明辨是非。

探究二结论:

加强思想道德修养可以促进科学文化修养:①不注重思想道德修养,即使掌握了丰富的知识,也难以避免人格的缺失,甚至危害社会;②只有加强思想道德修养,才能运用掌握的科学文化知识为社会造福。才能坚定理想信念,更自觉、更多地掌握科学文化知识,提高科学文化修养水平。

探究三结论:

1.道德冲突存在的原因。

2.解决道德冲突的重要途径:在社会主义精神文明建设的实践中,加强自身的科学文化修养和思想道德修养,不断追求更高的思想道德目标。

3.追求更高的思想道德目标,要求:

①不断提高知识文化修养和思想道德修养,不断追求更高的思想道德目标。

②在遵守公民基本道德规范的基础上,追求更高的思想道德目标,不断改造自己的主观世界。学习马列主义科学理论,坚定中国特色的社会主义共同理想,树立共产主义理想,形成正确的世界观、人生观、价值观。

③脚踏实地,不尚空谈,重在行动,从我做起,从现在做起,从点滴小事做起。

五、"提升领学——凤翔九天":回归生活,升华情感

用多媒体动态展示生活中德才兼备模范人生的图片如钱伟长、黄志强、袁隆平等(配以音乐),传递正能量。

(伴随着音乐)教师结语:德者,才之主;才者,德之奴。有才无德,如家无主而奴用事矣。几何,不魍魉猖狂。愿同学们在未来的人生中以德为先,以能为重,不断加强自身的思想道德修养和科学文化修养,追求更高的道德目标,让自己生活幸福,促进社会和谐。

同时展示:本课知识框架。

根据时间完成课堂〈创新设计〉上的当堂检测。

【板书设计】

道德冲突——解决途径 { 加强思想道德修养和科学文化修养(区别、联系)
追求更高的思想道德目标(原因、要求)

第二篇 『魅力』之体

重庆市凤鸣山中学文件

渝凤中发〔2014〕17号

关于建设"雏凤共同体"的指导意见

"雏凤共同体"是"四环节·问题导学式魅力课堂"的基本组织形式,它既是凤中学子课堂学习的共同体,更是凤中学子成长和发展的共同体。

共同体建制能充分发挥组织作用、氛围作用、激励作用和帮扶作用,确保学生自主学习和合作学习的顺利实施,还有助于学生自治精神、团队精神和归属感的培养,促进学生健康而全面地发展。

一、"雏凤共同体"的构建

1.原则

班主任按照"组间同质、组内异质"的原则,广泛征求科任教师和学生的意见,充分考虑学生的成绩、性别、性格以及兴趣爱好等因素,将学生分成若干个共同体。

"组内异质"为共同体成员之间互相帮助提供了较大可能;"组间同质"为各共同体之间的公平竞争奠定了良好基础。

2.规模

每个共同体由4名学生组成,共同体内两两结对。

3.机制

(1)组长负责制

全班设置一个由班长牵头的行政管理团队和一个由学习委员牵头的学习管理团队。每个共同体设置一名行政小组长和若干名学科小组长。"事事有人做,人人有事做"。每名共同体成员至少要担任一个学科小组长。

（2）组内互学帮扶

共同体内部两两结对帮扶，开展互学互助。

（3）组间合作竞争

共同体之间组建对口组，开展合作竞争。

4.文化

每个共同体要树立"组强我荣、组弱我耻"的团队观念，确定一个积极向上、富有个性的组名；制订一条具有凝聚力、能激发进取心、反映共同体信条的组训；制作一个代表小组个性的组徽；制订一份严格细致、切实可行，并具有约束力的"组规"；确定一个共同体的发展目标。共同体文化由成员群策群力，自行协商，自行制订，自行实施。

二、"雏凤共同体"的职责

1.班长：协助班主任全面负责本班各项日常管理事宜

（1）协助班主任组建"雏凤共同体"，做好共同体文化建设布置工作。

（2）协商拟订共同体行政小组长职责，并负责培训行政小组长。

（3）组织行政小组长形成班级的核心管理层，营造开展共同体之间的良性竞争与合作的氛围。

（4）每天督促行政小组长做好小组管理的过程记录并检查，每周组织召开"管—学"联席会，做好数据统计并报班主任及学校相关部门。

（5）组织班级各种级别的优秀管理小组及优秀个体评优工作，做好记载并报班主任及学校相关部门。

（6）不定期向各小组长收集"雏凤共同体"的管理意见与建议，及时反馈给班主任。

（7）认真参加学校的各级培训，做好班级其他事务。

2.行政小组长：全面负责本共同体的日常行为规范管理工作

（1）团结组员，民主协商制订本共同体的组名、组训、组徽、组规以及发展目标等共同体文化建设的相关事宜。

（2）每天如实认真作好共同体常规管理过程评价的记录，并及时将本共同体管理情况及意见反馈给班主任。

（3）对本组成员的日常行为规范：如出勤（课堂和集会）、清洁（教室、寝室、公区）、仪容仪表、纪律（课堂、集会、自习、就寝、静校纪律）等进行全面管理。

（4）对违纪现象进行规劝阻止，对后进生进行帮扶，并作好相应记录，及时反馈给班长。

（5）每周整理收集好共同体的管理资料及反馈意见，重视并认真参加"管—学"联席会。

（6）做好本小组的评优统计及推荐工作。

(7)认真参加学校的各级培训,作好笔记整理,做好班级其他事务。

3.学习委员:协助班主任全面做好"雏凤共同体"学习的管理工作

(1)协助班主任做好分组工作,做好本班共同体建设,营造浓厚的学习氛围。

(2)定时汇总各个共同体的学习情况,做好统计记录并报班主任及学校相关部门。

(3)每周组织各科代表开好"管—学"联席会,如实填写学生评教信息反馈表并报班主任及学校相关部门。

(4)负责向科代表收集学生对各学科的学习意见和建议,及时反馈给班主任及科任教师。

(5)定期召开科代表会议,组织做好全班各层级的学习小组及个人评优工作。

(6)考试成绩公布后,联席班长、行政组长做好各共同体成绩的整体统计评分工作并报班主任。

(7)认真参加学校的各级培训,做好班级其他事务。

4.学科长:协助学科教师,全面负责本学科共同体的学习与管理

(1)负责布置学科的预习任务,收交作业,检查各学科小组长的学习情况。

(2)每周负责汇总各共同体的课堂学习情况,记录各共同体在课堂上的发言情况,及时反馈给学科教师。

(3)负责汇总各共同体在学习中生成的问题,组织学生合作解决,或反馈给学科教师,配合科任教师做好本学科共同体的评优工作。

(4)每周认真参加"管—学"联席会,收集学生对本学科的意见建议,做好学生评教工作,并及时将意见反馈给学科教师。

(5)定期召开学科小组长会议,对班级本学科的学习进行阶段性研讨。

(6)考试成绩公布后,组织学科小组长统计班级学科成绩的各项数据并呈报给学科教师。

(7)认真参加学校各级培训,做好班级其他事务。

5.学科小组长:全面负责小组本学科的学习与管理

(1)组建共同体内的学科学习"对子",对共同体内学困生给予适当的帮扶。

(2)组织共同体成员自学时独立思考,独立完成学习任务,注意提醒组员保持安静。

(3)组织共同体成员进行"结对"互学,完成共同体内的合作学习,注意提醒组员集中精力,不要转移话题,控制音量,不影响其他共同体的学习。

(4)选派共同体成员参加班级展示,并组织其他成员给予帮助、补充,出现冷场时,要带头发言。

(5)协助科代表收交、检查共同体成员的学科作业,做好登记,及时汇总共同体课堂生成的新问题,反馈给科代表或科任教师。

(6)定期召开共同体成员会,对共同体本学科的学习进行阶段性总结,考试成绩公布后,统计共同体的各项数据上交科代表。

（7）积极参加并组织好学校的评教、班级的共同体评优工作，认真参加学校各级培训。

三、"雏凤共同体"的评价

从"日常行为规范"和"学科学习"两部分对"雏凤共同体"实行捆绑式整体评价。

（一）日常行为规范

1.出勤：包括早晚自习、课间以及各种集会（课间操、升旗仪式）。

分迟到、早退、旷课等三种情况。三次迟到、早退算一节旷课。

迟到、早退一人一节次扣1分，旷课一人一节次扣3分。

2.清洁：包括清洁的完成情况和值日的保洁情况，含教室和寝室。

教室个人不做清洁不维护清洁的扣1分。

寝室清洁评分和教室整体清洁评分以学生处的检查结果为依据。

3.纪律：包括集会纪律、课堂纪律、寝室纪律、静校纪律。

集会纪律：两操（课间操、眼保健操）完成情况，大课间活动，升旗仪式，其他集会。无故不参加集会的，一人次扣2分。

课堂纪律：课堂包括所有自习课。在课堂上不做与学习无关的事情；服从教师和小组长管理，不顶撞教师或小组长。做与学习无关的事情，违者一人次扣1分，情节恶劣的扣3分；自习课私自下位、换位、离开的，一人次扣1分；不服从管理，顶撞小组长甚至教师，与同学发生冲突的一人次扣3分；小组长违反纪律的加倍扣分。

归寝纪律：以寝室生活教师和值班教师的检查结果为依据，一人次扣2分。

静校纪律：以值班教师的检查结果为依据，一人次扣2分。

严重违纪，受到学校行政处分的，按照学校违纪等级相应扣5~25分。

4.仪容仪表：以学生处、学生会的检查结果为依据，一人次扣1分。

（二）学科学习

1.课堂表现：以每堂课的评价结果为依据。

（1）"情境自学——雏凤清声"环节

独立思考，学习专注，高质量地完成学习任务，不交流、不讨论，保持课堂安静，加1分。

此环节有交流、讨论的，一人次扣0.5分。未完成学习任务或完成情况非常糟糕，态度不端正的，一人次扣0.5分。小组长不组织、不督促、不规劝的扣0.5分。

（2）"合作互学——群凤和鸣"环节

共同体内成员热情互助，主动交流，发言有序，互学有效，共同体加 1 分。生成了新问题的视问题价值加 1~3 分。

有游离于合作互学之外的，一人次扣 0.5 分，小组长不组织、不督促、不规劝的扣 0.5 分。讨论音量过大，干扰其他共同体学习，不听规劝的扣 0.5 分。

（3）"展评激学——凤举鸾翔"环节

展示态度积极，语言规范，声音洪亮，条理清晰，板书工整的加 1 分；共同体准备充分，配合默契，积极提供帮助，补充及时的加 1 分；在其他共同体展示时，认真倾听、记笔记、被教师表扬的，加 1 分；学力较弱的组员展示加 2 分；学力最弱的组员展示加 3 分；思路拓展分享展示加 2 分；错误分享展示加 2 分；积极质疑的，一人次加 1 分；通过质疑生成了新的问题，视问题的价值加 1~3 分。

在本共同体展示时，不积极提供帮助、补充的，一人次扣 0.5 分；在其他共同体展示时，不认真倾听，不尊重人、起哄的一人次扣 1 分；小组长放纵组员违纪的扣 1 分；小组长带头违纪的扣 2 分。

（4）"提升领学——凤翔九天"环节

能归纳总结本课题所学知识，形成完整的知识体系的，加 2 分。

不认真倾听同学或老师的归纳总结，不作好记录的，一人次扣 0.5 分。

2.学科作业：完成态度（是否及时完成，是否有抄袭现象），完成质量（科任教师的评价）。

不按时完成作业的，一人次扣 1 分；抄袭他人作业的，一人次扣 2 分，监督者所在小组加 1 分。

考试成绩：以每次考试学科年级名次为依据，实施增值性评价。

单科排名年级前 1/3 者，每上升 5 名加 0.5 分；排名年级 1/3~2/3 者，每上升 10 名加 0.5 分；排名年级后 1/3 者，每上升 15 名加 0.5 分。（小组得分为成员得分总和）

总分排名年级前 1/3 者，每上升 5 分加 1 分；排名年级 1/3~2/3 者，每上升 10 加 1 分；排名年级后 1/3 者，每上升 15 名加 1 分。（小组得分为成员得分总和）

单科成绩每增加一个有效人数，所在小组加 2 分；总分成绩每增加一个有效人数，所在小组加 5 分。

四、"雏凤共同体"的管理及结果运用

（一）管理

"雏凤共同体"实行"两条线"的管理模式：行为规范管理——管理联席会，学习过程管理——学习联席会。

1.行为规范管理——思想文化建设、日常行为规范、大型结队集会、文明礼仪……

行政小组长每天参照评价细则,管理共同体成员,如实做好记录。

班长定期收集、整理各共同体行为规范管理记录,及时公示,并上报给班主任与学校学生处。每周组织召开管理联席会议,总结本周各共同体的管理情况,及时向班主任汇报并在班会上向全班同学通报。每月组织召开一次全班会议,根据过程表现评优,将结果交班主任审查后报学校相关主管部门审核。

2.学习过程管理——课堂共同体整体表现、课后作业、辅导、考试……

学科小组长每节课负责组织好共同体的学科学习,并做好情况记录。

学科科代表每节课根据课堂教学教师评价情况,参照评价细则,如实做好记录。

学习委员每周收集、整理共同体学习过程记录表,如实做好记录。每月完成一次共同体学习情况统计,在班级公示并上报学校课程中心。每周组织召开一次科代表会议,总结本周各共同体的学习情况,分析问题,提出措施,汇报班主任并利用班会课通报全班。每月组织一次对学科教师的评价,做好记录并上报学校课程中心。每月组织召开一次全班会议,根据过程表现评优,将结果交班主任审查后报学校课程中心审核。

(二)结果运用

1.科任教师应对学生课堂评分每周进行一次统计,每月进行一次小结,每期(或每个模块学习结束后)进行一次总结,其结果作为学生"学分认定"的基本依据和学生综合素质评价的相关依据。

2.班主任根据各小组每周(或每月)的评价结果,组织班级核心管理层及科任教师评选班级每周(或每月)优秀小组和个人,并上报年级及学校参加年级及校级优秀小组评选。

3.学生处根据评价结果,每月评选年级优秀管理小组和校级优秀管理小组;课程中心根据评价结果,每月评选年级优秀学习小组和校级优秀管理小组。

4.学期末,学生处组织班主任根据评价结果,评选优秀个人或优秀团队。

优秀个人奖项参考:"智慧领学之星""学习进步之星""文明礼仪之星""纪律规范之星""健康运动之星""文体积极之星""最佳小组长"等。

优秀团队奖项参考:"最佳自学效果团队""最佳合作互学团队""最佳展示团队""最佳管理团队""最佳进步团队"等。

主题词:雏凤共同体　指导意见

重庆市凤鸣山中学党政办公室　　　　　　2014 年 10 月 10 日印

论小组合作学习中的冲突与调适①

邓仕民,黄晓辉,熊元红

摘要:小组合作学习存在认知性、情感性和程序性等冲突现象。导致冲突的原因主要有人格、沟通方式、认知基础和能力结构等个体性因素差异,教师忽视合作奖励结构和学生缺乏合作技巧。因此,化解小组合作学习中的冲突问题,需要优化小组文化建设、培养学生合作学习的习惯,并完善小组评价方式。

关键词:小组合作学习;冲突;调适

合作学习(cooperative learning)可追溯到人类纪元初期,经过两千多年的发展,到 20 世纪 70 年代在美国兴起了现代合作学习理论[1],也是目前在世界范围内普遍采用的富有创意和实效的教学理论与教学策略体系[2]。在小组合作学习过程中,合作是主旋律,然而冲突也在所难免,"绝大多数冲突都是发生在合作过程中"[3]。小组合作中的冲突同时具有正向和负向的功能,其正向功能在于它能够在群体成员间的意见交流和碰撞中,推动认识的提升和合作的深入,但如果不加调控,则可能成为课堂教学发展和合作学习的障碍。因此,需要摸清小组合作学习中存在哪些主要的冲突,剖析冲突形成的原因,进而对小组合作学习中冲突提出调适策略。

一、小组合作学习中的冲突现象

(一)互动与冲突

小组合作学习是学习者以小组的方式围绕共同的目标而构建知识的过程,它能够有

① [基金项目] 重庆市教育科学"十二五"规划 2011 年度普通高中新课程实验研究专项重点课题"'四环节·问题导学式魅力课堂'理论与实践研究"(课题批准号:2011-KG-120)。

作者简介:邓仕民(1968—),男,重庆开州人,重庆市凤鸣山中学书记、校长,中学高级教师,主要从事教育管理研究;

黄晓辉(1971—),男,四川广安人,重庆市凤鸣山中学课程中心主任,中学高级教师,主要从事语文学科教学研究;

熊元红(1967—),男,重庆秀山人,重庆市凤鸣山中学教师,中学一级教师,主要从事政治学科教学研究。

效地激发学生的自我意识,引导学生主动承担小组责任,培养学生的主动参与意识和合作精神,使个体在集体生活中获得学习、交往、品德等综合素质的发展。在小组合作学习中,成员之间的互动是经常性的学习活动,通过互动维系和促进小组内成员形成稳定的社会关系,即小组结构。在小组结构中,各成员之间形成一套目标、环境、角色、地位、规范、权威结构。成员明确自己的地位和扮演的角色,并按照一定的规范表现出行为,最后指向目标系统。互动可以分为合作性互动、竞争性互动和冲突三种。[4]合作性的互动以和谐的方式产生正面的积极影响;竞争性互动则通过竞争产生激励性作用;而冲突则通过分歧、对立、抵抗等多种形式的紧张关系实现小组成员之间新的平衡。通过多种形式互动,小组结构在调整变化中,实现不断地发展和平衡。

在合作学习中,D.W. Johnson 和 R.T. Johnson 这样定义"冲突":"当某人的观点、信息、结论、理论或意见与他人的不一致,而两者又试图达成一致时,冲突产生。"[5]施利承等也认同合作学习中的冲突是认识的冲突,而非情感上的冲突。[6]笔者认为,合作学习虽然是以知识的学习为主要内容,认知上的冲突也是学习过程中普遍而广泛存在的现象,合理范围内的认知冲突具有创造性和积极意义。然而,小组合作学习的过程是综合性的学习活动,它应该具有培养认知、情感、社会交往能力、态度和价值观等多元目标。这个过程不只是知识上的学习活动,因而其冲突也不仅局限在认知层面上。基于培养学生多元发展,融各种素质培养于小组合作学习中,既符合小组合作学习兴起的初衷之一——解决种族隔离,促进学生交流与融合,这一目标是社会性的,而绝非单一的认知取向的目标,同时又符合未来学生创新精神和合作精神的培养取向。因此,笔者在论述时更倾向于多维的冲突,即"冲突是个人或群体内部、个人与个人之间、个人与群体之间、群体与群体之间互不相容的目标和认识或感情,并引起对峙或不一致的相互作用的任何一个状态。"[7]这里所说的群体特指教师设计好小组学习任务后,对学生进行分组后形成的学习团体。

(二)三类冲突现象

由于学生各自的知识基础、涉猎领域、感知和思维方式等个体的固有因素,以及对小组合作学习的目标、合作技巧、途径与步骤等认识上的差异,使小组合作学习遭遇认知性冲突。认知性冲突是课堂中蕴含着建设性的冲突,经过合作学习中的讨论和争论,学生已有的知识结构和认知方式受到冲击,产生认知上的不协调。为解决认知矛盾,小组成员需要查阅资料、请教教师,在掌握新知识的基础上再次碰撞观点,从而在知识的认知上得到提升。Cazden 等发现,"在课堂里的建设性冲突,提高了某人观点正确性的不确定性,促使团队成员去重新思考他们最初的观点,强化了对更多信息的好奇心,可以增强内在的、持续的动机,提高观点采择能力和积极的人际沟通能力,学生因此也会取得更好的成绩。"[8]因此,认知性冲突蕴含着积极的意义,然而,这种情况不会总是发生,它需要教师设计和编排组内成员,并对小组合作学习进行指导。因为在长期的磨合和较量过程中,组内学生在遇到认知冲突时,会倾向于组内知识权威者的意见,而不愿意再花费时间进行多角度的思考与讨论,而直接将学习优秀者的答案作为自己与小组的集体意见。一旦小组内成员的地位、角色固化,形成成员默认的规则,不同学习水平的学生重复扮演某些角色,就会形成优等生的"学霸现象"、中等生的"打酱油现象"和学困生的"边缘人现象"。

情感性冲突是不以解决问题为基础的冲突,而是来自人际关系上的冲突,由人与人之间相互抵触引起的情感反应所产生的冲突,伴随着不和、吵骂、猜疑等破坏合作关系的情绪与行为。情感性冲突不具有正向意义,是小组合作学习中应该避免的冲突形式。触发情感性冲突的因素是多种多样的,个人的讨论技巧、小组合作学习者之间的任务分配与配合、教师的奖励方式等均可能引发情感性冲突。情感性冲突将对问题的争论转化为人身攻击,赢得自己观点的胜利重于共同目标的实现,负面情感充斥于小组成员交往中。情感性冲突实则是关系冲突,小组内的学生缺乏面对地处理异己意见的能力,没有掌握沟通和合作的技巧,无法化解在合作学习中的对立和敌意。情感性冲突具有一定的破坏力,它不利于小组形成合作的氛围,破坏组内合作关系,阻碍学习活动的进展,耗损学生的时间和精力。

程序性冲突发生在小组成员的讨论过程中,有小组成员打断他人陈述,而急于表达自己的观点而产生小组讨论的停滞现象。程序性冲突的引发者不是因为个人情绪上的对抗,也非认知意见的差异,而是破坏了小组合作学习的规则,是技术层面的冲突。信息分享与合作机制不确定、学生未认同和执行合作学习规则均是造成程序性冲突的原因。这种冲突使小组合作的秩序混乱,分享、交流、讨论的学习活动变成了无序的争吵和声音的较量。小组成员之间没有接收到完整的信息,或者陈述者的信息被误解,出现了"自说自话"的局面。这从根本上讲,已经偏离了合作的本意。

二、小组合作学习中产生冲突的原因

小组合作学习是一种协作性的活动,其冲突是小组成员不协作状态的反映。造成不协作状态的原因既包含合作者本身的价值观、能力、知识、合作技能等主观原因,也包含合作环境、外部激励措施、规则与秩序制订与维系措施等客观原因。

(一)个体之间有差异

小组合作学习的过程是多主体的活动,个体之间存在差异既是合作学习的基础,也是导致小组合作学习冲突的潜在因素。学生在知识基础、智力水平、认知风格、思维方式、性格、兴趣、自我期望等方面不尽相同,每一个成员不会对同伴所说、所做的每一件事都表示赞同。个体人格差异、沟通差异、认知差异、能力结构差异等是几种常见的形式。个体自身的特质和价值观系统对个体合作特征起着根本性的影响。由于每个学生的成长经历、家庭环境不同,他们在成长中所形成的个性特征和价值观千差万别。这些差异会反映在小组合作学习中,持有相反价值观的学生之间会隐藏着冲突的可能。它不仅表现为小组成员之间的冲突,当个体的价值观、个性特征等个体文化与小组普遍的文化规则不匹配、不协调时,对于个人来讲,这种冲突也是反用于自身的。不懂得倾听、回应方式的学生,要么采取激烈的对抗方式,要么以沉默接受的方式,使小组互动过程中断,产生语义困难、误解以及沟通噪声等对抗性的交流形式,因此沟通方式的差异也是导致小组合作学习冲突的因素。个人知识基础不同,获取信息的范围和深度、看待问题的角度和方式、个体所处的环境、个人经验、个体知识结构等存在各种各样的差异性,就会对同一问题产生不同意见和需求。在小组合作学习过程中,如果小组内成员之间的能力结构差异悬殊,那么很容易发生低能力者对高能力者的盲从现象。如果学生的能力结构差异小,则产生冲突的概率就越大。

(二)教师奖励结构不恰当

奖励结构既是运用何种方式强化学习行为的结果,它包括奖励类型、奖励频数、奖励的接受性与奖励的对象;也是人际间奖励的互赖性,它包括负性(否定)的奖励互赖关系和正性(肯定)的互赖关系。[9]小组合作学习通过社会群体结构的变化带动教学的权威结构、任务结构和奖励结构的变化。"对策困境"的研究表明:在个人奖励结构(每个人达到一定指标均可获奖)和竞争奖励结构(只有得分最高的前几名可得奖)情境下,集体取向者合作行为多于个体取向者;而在合作奖励结构(以组为单位达到最高分可得奖)情境中,个体取向者的合作行为不少于集体取向者。[10]因此,合作奖励结构更容易增加学生的合作行为。教师的奖励结构应当引导和鼓励学生开展小组合作,而非鼓励个人之间的竞争。在学生展示环节,教师对小组内某些表现出色的学生进行加分、表扬或物质性的奖励,直接刺激学生个体的竞争。如果过分强调竞争性的评价,会迫使学生更多地自我介入而不是任务介入,更多地关注行为表现目标而不是学习性目标。

(三)学生合作技巧缺乏

小组合作学习不仅是学习者共同建构知识的过程,更是学习者社会交往的过程。因此,如果缺乏必要的合作和分享技巧,就很容易阻碍小组学习活动的持续开展。有学者认为,"课堂合作的基本技能包括听取、说明、求助、反思、自控、帮助、支持、说明、建议、协调。"[11]学生不会交流和表达自己的想法,语言表达拖沓,讲不出重点,会让倾听者失去理解的机会;同样,随意打断小组内同学讲话的行为,也会引发理解上的冲突。教师对合作学习的本质和自己承担的角色认识不足,疏于对学生培训和指导,对小组的发言技巧、展示规范等普遍缺乏培训,就容易造成学生之间角色分工不明确,合作学习中断或产生冲突。

三、小组合作学习冲突的调适策略

对小组合作学习冲突的调适,要从宏观的文化建设入手,培养学生基本的合作学习习惯,完善小组合作学习的评价方式。建设小组文化,为学生认同并学习合作提供环境基础,培养学习习惯为小组合作学习奠定技术基础,完善评价方式为小组合作学习提供激励和导向。

(一)开展小组文化建设

文化的实质是认同,学校开展小组文化建设,使学生认同小组文化。小组文化分为有形文化和无形文化两种,有形文化包括组名、口号、标志等,无形文化包括组内的制度建设和班级活动。鼓励小组成员讨论决定小组的组名、口号等有形的文化符号,通过这一文化形式,使小组成员达成共识,增强小组成员的归属感和身份感。充分利用班级的成果展示区,将各小组的口号、目标、成果等以多样形式展示,以此激励小组成员形成团结一致的心态。班主任要组织各小组开展组内制度建设,制订奖惩机制,制约或激励小组成员。开展活动提升小组文化,以小组为单位进行活动评比和成果展示。教师在小组建设过程中,要发挥统筹协调的作用,既不能让各小组之间势不两立或互不交往,也不能让小组内部过于松散。在小组集体进步和个人个性发展之间形成均衡,不能让小组成为个人发展的枷锁,也不能形成一盘散沙。教师应发挥主题班会活动的作用,对学生进行集体主义教育和心理辅导,使每一位学生在小组合作学习过程中恰如其分地扮演好角色,共同取得学习和交往上的进步。

(二)培养学生合作学习习惯

学生合作学习习惯是日积月累形成的,除了学生自身要修炼学习习惯、交往能力外,教师还应当有意识地加强合作学习习惯的培养。在作业与任务设置上,多布置需要小组协作才能完成的任务;在小组设立上,尊重学生的差异并加以利用,建立多元合作的小组,一般包括"协调员、活跃分子、实施者、资源开拓者、引导者、监测/评估员、合作者、完成者和专家9类"[12],使每个人都能在合作学习中找到自己不可或缺的位置,为合作学习奠定组织基础;在制度建设上,引导小组制订适合各小组的规则,约束小组成员的不良学习习惯,奖励有优秀合作习惯者。

(三)完善小组评价方式

根据小组评价细则,制订小组评价体系,形成个人评价与小组集体评价相结合的方式。教师应注重学习的过程性评价和结果性评价相结合,既要考虑小组整体的成果,又要考虑小组学习合作过程中的合作态度、方法、参与程度、协作、倾听、交流等合作技巧和合作精神的评价。教师应注重奖励策略,有意识地采取多种奖励方式,采取合作鼓励结构,激发学生发掘潜能,培养合作意识,提高合作技能,促进共同学习。

本文参考文献

[1] 王坦.合作学习导论[M].北京:教育科学出版社,1994.

[2] 张文秀.富有创意和实效的教育理论——合作学习研究[J].江苏社会科学,2007(2): 72-74.

[3] M. Afzalur Rahim(ed.). Managing Conflict：An Interdisciplinary Approach[M]. New York ：Praeger, 1989.

[4] 陆士桢,王玥.青少年社会工作[M].北京:社会科学文献出版社,2010.

[5] Karl Smith, David W. Johnson, and Roger T. Johnson. Can Conflict Be Constructive? Controversy Versus Concurrence Seeking in Learning Groups[J]. Journal of ducational Psychology, 1981, 73(5)：651-663.

[6] 施利承,杜卫玉.认知冲突:合作学习中的多边对话[J].教育学术,2008(1):85-87.

[7] 邱礼俊.组织行为学[M].长春:东北师范大学出版社,2012.

[8] Cazden, Courtney B.; What Goals Should Schools Be Trying to Meet? Essay Review of Psychological Theory and Educational Reform:How School Remakes Mind and Society by David R. Olson. Human Development, Vol 47(5), Sep-Oct 2004. pp. 327-330.

[9] 高有华.课程基础理论及其应用[M].镇江:江苏大学出版社,2011.

[10] 顾明远,靳希斌,张厚粲.20 世纪中国学术大典:教育学、心理学[M].福州:福建教育 出版社,2012.

[11] 王坦.合作学习的理念与实施[M].北京:中国人事出版社,2002.

[12] 陈向明.小组合作学习的组织建设[J].教育科学研究,2003:5-8.

重庆市教育学会第七届
（2012—2014年）基础教育科研立项课题
"小组有效合作学习的实践研究"
研 究 报 告

课题组　陈洪龙,等

一、问题的提出及研究的目的和意义

（一）问题的提出

1.新课程改革的背景

为积极应对科技进步和社会发展带来的新挑战,在分析我国基础教育现状和借鉴世界各国课程改革经验的基础上,教育部作出了推行新课程改革的重大决策,2001年伊始,全国拉开了新一轮课程改革的大幕。按照教育部新课程改革的整体规划,重庆市于2010年秋季起全面进入普通高中新课程实验阶段,沙坪坝区普通高中起始年级全部执行《重庆市普通高中新课程实验课程设置及实施指导意见》的决定,所有学科同时使用普通高中新课程实验教材。在此背景下,我校拉开了"魅力课堂"教学改革的序幕。

2.课改必先"改课"

课堂教学作为学生学习的最核心环节,是学生形成灵性知识与美好德行的沃土,在很大程度上决定着学生智慧和品格的未来走向,从这个意义上来说,课堂教学改革是新课程改革的核心。而改变传统的教学方式,组织学生开展小组有效合作学习,更是课堂教学改革的关键所在。

长期以来,在传统教学的影响下,"教师教、学生学"的学习方式严重制约着学生的主体地位和扩散性思维的发展,致使学生学习兴趣不高,滋生厌学情绪,学习主动性差,对教师的依赖性增强,学习方法不科学,甚至还停留于死记硬背;受传统教学思维和教学方式的影响,课堂上教师讲授过多,"记忆型课堂"和讲授型模式不利于学生自主学习和思维的开发;"教师讲得清清楚楚,学生听得明明白白"的教学,使学生缺失应有的自主、合作、探究的学习过程;以知识为本位、以考试为轴心,教师重视教的过程,忽视学生学的过程;学生课堂自主活动整体缺失——学习内容的强制性、认知活动的受动性、思维过程的依赖性、课堂交往的单向性;教学活动缺失支持创新学习的心理卫生环境——快乐、民主、和谐,以及高评价、高激励。

3.对高效课堂的反思

小组有效合作学习是基于对高效课堂教学改革存在的部分问题予以思考的基础上提出来的。我们认为,高效课堂存在的问题包括:第一,以打造高效课堂为名,行应试教育之实,使其演化为替应试教育推波助澜的工具;第二,高效课堂存在着理论上的缺失。高效课堂的理论基础是三个关键词:效果、效率、效益,但事实上人们最为关注和可以量化的只有效率,因此必然将高效课堂与知识学习的高效率等同起来。这种考量与认同势必导致三种结果:一是"大容量、高密度、快节奏"的教学增加了学生负担;二是很多课堂被要求"堂堂清",导致"急功近利"与"拔苗助长",违反了教育规律与人的成长规律;三是从课堂延伸到课外,所谓"高效课堂"与"高效管理"相匹配,学校实际上已变成一个没有硝烟的战场。

与高效课堂相比,小组合作学习却蕴含更高的价值追求,即以追求过程的品质化而促成结果的优质化而进行的课堂教学方式变革。它的改革首先是基于人的发展,基于人在学习中的主动和自由的发展,重点是解决学生学习的兴趣、热情、自信心、情感态度和学习动力问题,然后才是解决知识学习问题。

4.突破"魅力课堂"教学改革瓶颈

2011年10月,我校独立承担了重庆市教育科学"十二五"规划2011年度普通高中新课程实验研究专项课题"'四环节·问题导学式'魅力课堂理论与实践研究"。经过多年的实践与探索,初步构建起"四环节·问题导学式魅力课堂"教学模式及其实践操作手册,取得了较为丰硕的科研成果,且在市内外产生了极大的影响,为提升学校教育教学质量作出了卓越的贡献。但在深化课堂教学改革、推进课题研究向纵深发展的过程中,我们切身感受到小组合作学习的方式与途径及其组织策略等问题,特别是合作学习的有效性、持续性问题成为制约的瓶颈和障碍。为此,我们将合作学习从该重点专项课题中剥离出来,集中对有效合作学习进行探索与实践研究。

(二)课题研究的目的和意义

本课题研究的根本目的在于改变传统的学习方式,构建全新的、顺应时代客观需要和回归教育本质的学生学习方式。其意义在于:

1.解放学生,改变学生的学习状态,让学生学得愉快

小组有效合作学习使学生的心弦对准音调,致力于把课堂真正还给学生。目标是为了改变学生"被动消极、死水微澜"的学习状态,让学生动起来,让课堂活起来,引导学生在活动中"学会、会学、乐学、创学";在大面积提高学生学习成绩的同时,改变学生的学习习惯、学习意识、学习态度、学习品质,激发其主动意识、协作意识、团队意识、进取精神和

创新精神,提高学生的自主性、能动性,让独立性不断生成、张扬、发展,使其获得终身发展的不竭动力和能力。

2.解放教师,提高教师的生活质量,让教师教得轻松

以课题研究促进教师更新观念,树立新的教学观,改变传统的教学方式、工作方式和学生的学习方式,在提高教学质量的同时提高教师的生活质量。把教师从"满堂讲、满堂灌"的传统教学模式中解放出来,做学生学习活动的组织者、合作者、评价者、激励者、引领者;在促进学生发展的同时,焕发自身的生命活力,真正体验到职业的内在欢乐与尊严,从而提高教师的生活质量。

3.提升学校,改变课堂学习方式,形成校园师生主体性发展环境

通过推行小组有效合作学习方式,不断丰富课堂教学内涵,凸显学校办学特色,为学校师生的主体性发展提供良好环境,激活学校的发展潜力,形成学校自身的发展能力,让学校成为活力四射、彰显个性、魅力无限的"文化高地",促进每一个教师和学生的共同发展。

4.改变教育,引领教育的发展方向,使其更加关注教学过程的品质化

小组合作学习强调"自主学习"与"合作探究",不再把知识学习的结果是否高效作为唯一追求目标,而是更加关注学习过程的品质,让莘莘学子摆脱"学海无涯苦作舟"的痛苦过程,以过程的品质化促成结果的优质化,最终引领学子"求真""至善",回归教育的本真。

二、理论基础与依据

(一)生本教育理论

《中庸》曰:"天命之谓性,率性之谓道,修道之谓教。"其意为:人性其实是天赋而就,顺乎人性发展,人类表现出来的素质就是合乎大道的,所以让人类自己去发展自己,这就是"教"的本义。华南师范大学郭思乐教授认为:"我们的学生,是人类亿万年发展的成果,承接了人类生命的全部精彩。而人格和智慧的提升都是生命自身的生长过程,绝对需要而且可能通过人的自身活动而实现。"这就是说,人符合自然之道的关键,是学习天性被刻进基因,人的教育问题解决的症结就在人自己的身上。学生本身自教与受教的因素犹如"人体自有大药",与生俱来,它是保证人智慧发展的官能团。根据这一理论,小组合作学习方式设计的基点是指向学生的自学,相信学生自学、互学是学生发展的真正途径,从而使学生从传统被动的学习困境中摆脱出来,使学生习得的一切知识和智慧犹如大自然自由绽放的花朵。

（二）需求层次理论

美国心理学家亚伯拉罕·马斯洛于1943年在《人类激励理论》论文中所提出的"需求层次理论"（Maslow's hierarchy of needs），亦称"基本需求层次理论"，是行为科学的理论之一。他把人的需求由低到高分为五个层次，即"生理需求""安全需求""社交需求""尊重需求"和"自我实现的需求"。五个层次的需求在人类价值体系中可以分为两类：一类是沿生物谱系上升方向逐渐变弱的本能或冲动，称为低级需求和生理需求；另一类是随生物进化而逐渐显现的潜能或需求，称为高级需求。当人在"生理""安全""社交"等需求得到满足时，追求"尊重需求"和"自我实现的需求"就成为人生活的主要意义。小组合作学习方式正是依据这一理论设计的。在互学与激学展示过程中，为学生提供了一个充分展示自己才华与智慧的平台，满足了学生的"尊重需求"和"自我实现的需求"。当学生在帮助他人与激学展示中发现自身这种存在意义时，就可能不断地在自己的内心强化这种价值需求，产生学习的高峰体验，并由此激发出强大的内驱力，推动学生"万马奔腾"地开赴学习的前线。

（三）新课程教学论

卢梭说："教育就是唤醒。"新课程教学理念认为，学生不是接受知识的容器，而是可以点燃的"火把"，是鲜活的生命个体。新课程标准积极倡导自主、合作、探究的学习方式，强调"改变课程实施过于强调接受学习、死记硬背、机械训练的现状，倡导学生主动参与、乐于探究、勤于动手，培养学生搜集和处理信息的能力、获取新知识的能力、分析和解决问题的能力以及交流与合作的能力"。小组合作学习方式正是以"自主、合作、探究"为基本特征而设计的课堂学习流程，是在先进教育理念指导下所进行的方法论意义上的学习方式的重新建构，是先进教育理论校本化和实践化的结晶。

三、核心概念界定

1.合作学习

合作学习指以学习小组为基本形式和载体，系统利用教学中动态因素之间的互动，促进学生的学习，以团体的成绩为评价标准，通过师生之间、生生之间的多维交流，共同达成教学目标的教学活动。它是以学生自主、合作、探究、展示为基本特征，通过问题导学和教师引领以及学生积极主动的学习思维，在知识与技能、过程与方法、情感态度与价值观多维目标上全面发展的学习活动方式。其包括独学、结对学、群学、激学等学习方式，以及独立思考、合作探究、激情展示、对抗质疑等环节与步骤。

2.有效合作

有效性是指完成策划的活动和达到策划结果的程度。有效合作学习强调合作学习过程的效益，即不把知识学习的结果是否高效当作唯一追求的目标，而是更多地关注学习过程的品质,让"学会"与"慧学"有机结合,以学习过程的品质化促成学习结果的优质化,追求"教师教得轻松、学生学得愉快、考试考得理想"境界,实现过程品质化与结果优质化的和谐统一。

3.实践研究

本课题研究以苏联著名教育科学博士马赫穆托夫提出的"问题教学"(《问题教学的理论和实践》《问题教学·基础理论问题》)为理论基础,在"魅力课堂"教学理念指导下,对新课程改革背景下合作学习小组的设置与建设、合作学习的方式与途径、合作学习的评价与激励、学生综合素质的培养与提升等问题进行研究。其方法可以概括为通过对研究对象进行具体的实践,获取客观材料,从个别到一般,归纳出事物的本质属性和发展规律的一种研究。

四、文献综述及国内外研究现状

对于学习方法的探索与研究,古今中外早已存在,且取得了丰硕成果。但对学习方式进行系统化、理论化的研究却根源于教学模式的研究,作为教学模式理论体系的重要组成部分而存在于教学模式的研究过程中,并逐步从教学模式研究中分离出来,形成一个相对独立的研究领域。这种研究大致可以划分为三个阶段:一是20世纪80年代以前,基于传统、被动、接受、封闭的学习方式研究;二是20世纪80年代到2000年前后,倡导自主、探究、开放、实践的学习方式研究;三是2000年以后,以学习小组为基本形式与载体,自主学习与合作探究为基本特征的学习方式研究。

(一)教学模式研究现状

最早将教学模式引进教学论研究的是美国学者乔伊斯和威尔,他在1972年出版的《教学模式》一书,被认为是教学模式理论研究开始的标志。20世纪80年代以来,世界各国都在改变传统、被动、接受、封闭的学习方式,倡导自主、探究、开放、实践的学习方式。当代国外课堂教学的基本模式有:有意义接受学习模式、发现学习模式、问题教学模式、交往教学模式、"非指导性"教学模式、建构主义教学模式等。

我国正式对教学模式的研究始于1981年,大体经历了四个发展阶段:第一个时期(1981—1988年),以教学模式的介绍与引进为主的研究时期;第二个时期(1989—1994年),以教学模式的理论探讨为主的研究时期;第三个时期(1995—2000年),以新型教学模式的建构为主的研究时期;第四个时期(2011年至今),教学模式研究的全新发展阶段,主要关注四个方面的内容:关注学生需求和兴趣的教学模式,如"成功教育"教学模式、主体教学模式、创新教学模式、合作学习模式等;关注教师成长的教学模式,如反思性教学模式、微格教学模式等;关注知识结构的教学模式,如分层(分组)教学模式、问题解决教学模式等;关注师生关系的教学模式,如"导学型"教学模式、"双主"教学模式等。

（二）学习方式研究现状

在全国近十余年课程改革形势下,先行省市在积极探索新的教学模式与教学实践过程中,展开了对合作学习有效性的研究,其扎实工作为我们提供了众多有益经验,为我们提供了可资借鉴的成功理念和先进思想。

1.新课改背景下的教学模式探索现状

目前国内许多学校在课改中积极探索并提出一些新的课堂教学模式,部分教学模式在实践中取得了一定实效并得以推广。影响较大的课堂教学模式有:杜郎口中学的"三三六"自主教学模式;洋思中学的"先学后教,当堂训练";昌乐二中的"271法则";棠湖中学的"三段教学"等。它们在探索新的教学模式过程中,也努力探索其学习的有效性。但真正在新课程实验背景下的有效课堂教学模式,仍然缺乏实践说服力,其学习有效性及体现程度有待于进一步提升。

2.西方社会学习方式的研究现状

西方国家对学习方式的研究历来有多种观点和做法,归纳起来主要是从教育心理学和学习风格理论两个角度展开研究。相对于西方国家而言,我国对于学习方式的研究起步较晚,其研究主要集中在对接受式学习和发现式学习的研究上,其理论和实践已经十分成熟。另外,国内研究者对于超越式学习的研究也正在深入。新一轮基础教育课程改革以来,国内研究的热点聚集于自主学习、合作学习和探究学习的研究上。对于如何实施这三种学习方式,我国不少地方进行了试验和研究,并取得了一系列成果。

3.合作学习的研究现状

小组合作学习是目前世界上许多国家普遍采用的一种富有创意的教学理论与方略。由于其实效显著,被人们誉为近十几年最重要和最成功的教学改革。各国的小组合作学习在其具体形式和名称上不甚一致。如欧美国家称为"合作学习",在苏联称为"合作教育引导"。在我国,有些地方称为"探究式学习",也有些地方称为"小组合作探究"等。目前国内对于合作学习的研究,除上述创新教学模式的地区和学校以外,山东潍坊的新教学理论、北京朝阳区的教学实验、天津滨海新区的实验教学等,都在对如何提升其合作学习的有效性进行研究与实践。

4.学习有效性研究现状

2008年江苏省常熟市教育局教科室承接省级"教育科学'十一五'规划重点课题——学生学习方式有效性缺失与对策研究",对学习方式有效性进行研究,在研究报告中提出:在新课程改革背景下构建现代学习方式研究的基础上,在更高、更深的层次上集中对学生学习方式进行全面、系统的理论探索和实践研究,探讨从根本意义上进行改革学生学习方式的教学研究,力图改革目前的形式主义倾向,切实提高教学质量。

2012年江苏省昆山市承担省级"十二五"主课题《有效课堂教学行为与策略的研究》,在研究报告中提到:旨在一切从学生的实际需要出发,积极探索高效教学途径,营造有效教学氛围,着手改进学生的学习方式,以便更好地发挥学生的主体性、能动性和创造性作用,杜绝低效课堂,提升课堂效率,进而帮助学生形成终身学习的能力。

湖南大学高等教育研究所姚利民、邓菊香老师在其论文《提高学生评教有效性的对策研究》中提出:从完善评教指标体系、过滤评教主体的"情绪"影响以及评教结果的使用三个方面探讨提高学生评教有效性的对策。

2009年河南疃镇总校部课题组承接科研课题"学生多元学习方式和学习有效性的研究",在其报告中阐述道:运用多元智能理论能有效改变学生的学习方式,指导我们如何去辨别学生的学习类型,如何针对学生的学习类型进行教学设计,并寻找适合各类学生的学习方式,调动学生运用多种感官、多种智能学习。探索出农村学校教育教学新模式,促进基础教育不断发展,从而提高学习有效性,为每个学生终身发展打下基础。

目前,国内外对于合作学习及其有效性的研究,主要体现在四个方面:一是教学策略上的有效性研究,突显教师在教学活动中的主体地位;二是学习方式的有效性研究,体现了新课程背景下学生在教学活动过程中的主体性(即生本意识),从学习的方式方法上探索教学的有效性;三是从学生的生理心理因素及其外部环境影响的角度,来探索教学的有效性问题;四是具体学科教学有效性的策略与方法研究。这些研究都在其各自领域取得了丰硕的成果,构建起了形式多样、内容丰富的教学模式和学习方式体系,为我国基础教育的发展以及推进新一轮课程改革发挥了巨大的作用。但是,如何以学习过程的品质化促成教育结果的优质化,最终实现过程与结果的和谐统一,既让学生"学会"又让学生"慧学",这样的研究还有待于探究。

五、研究目标与研究内容

1.研究目标

①确立班级学生组建合作学习小组的原则、方法,丰富合作学习小组的思想文化内涵,提炼培养学生综合素质与能力的途径、策略。

②构建促进有效合作学习的基本模式及操作流程。

③建立有效合作学习的评价体系及持久开发学生思维潜能的激励机制。

2.研究内容

①合作学习小组的组织与建设,包括合作学习小组的组建、管理及其文化建设。

②小组有效合作学习的方式与途径。

③小组有效合作学习的评价与激励机制。

六、研究对象与范围

(一)研究对象

基础教育阶段高初中非毕业年级学生、教师及其学习行为与教学行为。

（二）研究范围

初中 2014 级、2015 级；高中 2014 级、2015 级（四个非毕业年级的教学、学习及管理）。

七、研究方法及运用

1.文献法

在研究过程中，课题组广泛浏览大量中外文书籍，详细阅读重要文献资料，尤其是关于教学理论、教学方法、教学行为、教育心理学等方面的文献，如：美国学者乔伊斯和威尔1972 年出版的《教学模式》；苏联著名教育科学博士马赫穆托夫的著作《问题教学的理论和实践》《问题教学·基础理论问题》；华南师范大学郭思乐教授著《教育走向生本》、《教育激扬生命：再论教育走向生本》；西北师范大学教授李秉德、李定仁著《教学论》；人民教育出版社科研部副主任兼中国教育学会教育学分会课程专业委员会（全国课程专业委员会）秘书长任长松著《走向新课程》；西南大学教授徐仲林著《基础教育课程改革理论与实践》；美国心理学家亚伯拉罕·马斯洛所著论文《人类激励理论》；湖南大学高等教育研究所姚利民、邓菊香老师合著论文《提高学生评教有效性的对策研究》等。全方位关注教学有效性研究、小组合作学习、探究学习方式的最新动态，以确保本课题建立在前人研究成果的基础上，并有所创新，实现继承性和创新性的统一。

2.行动研究法

在小组建设、合作学习、教学创新、评价改革等研究中，坚持"以学生学习为本、学生发展为本"的"生本"理念，边实践，边探索，边检验，边提炼，不断反思、调整、总结，解决小组有效合作学习研究中存在的实际问题，寻找最佳方案，以达到研究目的。

（1）合作学习小组设立与建设（设置原则与方法）的探索

在充分吸取先行省市及学校成功经验的基础上，我们提出了"组间同质、组内异质"的组建原则，每个学习小组分三个层次设置 6~8 人。但对于"质"却缺乏科学的认识，8人小组是否合理也有待验证。

经过一个学期的实践与探索，我们基本确定了 6 人学习小组的合理性（A—A、B—B、C—C，且 A→B，B→C，A→C），既包含同层次之间的学生互动，也包含不同层次之间的学生互助。根据学科特征，基本确立了以不同"质"组建学习小组：初一年级主要以数学、英语学科为基准，初二年级增加物理学科，初三年级增加化学学科；高一年级以数学、英语学科为基准，文、理分科以后，文科增加政治、地理，理科增加化学、生物学科，且充分考虑学生的性别、性格、心理健康状况等因素进行调整。在此基础上，班级管理者每一周期（半学期左右，以保证小组成员的相对稳定和凝聚力），根据学生的发展变化适时微调，以确保各小组之间的均衡、健康、有序进步。这一组建原则与方法在今后的实践中的有效性还有待进一步的验证和提升。

同时,课题组还探索出以合作学习小组的名称、标志、共同目标、小组公约、座右铭等为主要内容的小组文化建设,丰富小组文化内容、提升团队凝聚力。

(2)有效合作学习的基本流程与模式创新

2012年秋,我校在总结专项课题"'四环节·问题导学式'魅力课堂理论与实践研究"成果时,提出了"四环两型问题导学式"的合作学习基本流程与模式(见图1),确立了合作学习的四个基本环节:"情境自学——雏凤清声、合作互学——群凤和鸣、展评激学——凤举鸾翔、提升领学——凤翔九天",强调了合作学习的四种基本方式:自觉、互学、展示、领学,以及所产生的学习效果:雏凤清声、群凤和鸣、凤举鸾翔、凤翔九天。

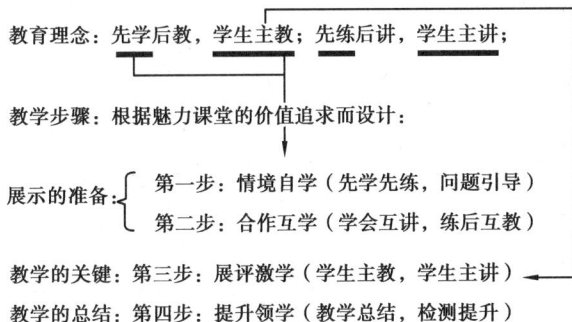

教育理念:先学后教,学生主教;先练后讲,学生主讲;

教学步骤:根据魅力课堂的价值追求而设计:

展示的准备:
第一步:情境自学(先学先练,问题引导)
第二步:合作互学(学会互讲,练后互教)

教学的关键:第三步:展评激学(学生主教,学生主讲)

教学的总结:第四步:提升领学(教学总结,检测提升)

图1

但其线性结构使得合作学习显得僵化、效率低下,无法突出"问题"这一核心和生生互动、师生互动。课题组认真总结近一年的实践经验,创造性地提出了"四环节·问题导学式"循环性性合作学习基本流程与模式(见图2),突出了"问题核心",强调生生互动、师生互动,更加符合"认识、实践、再认识、再实践"的认知与发展规律,进而提升了合作学习的有效性。在当下的课堂教学实践中,坚持"以学定教"原则,灵活开展合作学习活动,打破按部就班、环环递进的学习进程,部分环节呈现出隐性特征。

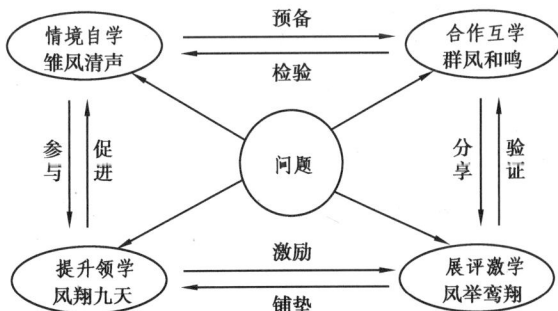

图2

(3)合作学习教学路线图的开发

为提升小组合作学习效率,我们借鉴先行省市及学校的成功经验,设计、开发了独具凤文化特色的教学路线图,即:《导学案(单)》(见表1),且借寓中国书法传统技艺(临帖→创新或入格→出格)开展对一线教师的教学实践操作培训。在使用过程中,其缺陷逐步显现:一是难以将备课组集体智慧与教师的个性化教学风格予以融合;二是缺乏一定的灵活度,针对不同层次的学生或班级难度把握"度"的标准,进而制约合作学习效率的发挥。

表1 重庆市凤鸣山中学_____年级_____魅力课堂导学案

课题:_____ 设计者:_____ 审核者:_____ 日期:_____

学习目标: 学习重点: 学习难点:	第二部分:拓展探究——群凤和鸣	
	第三部分:检测提升——凤翔九天	
第一部分:自学探究——雏凤清声		导学(学习)反思

经课题组与教研备课组集体会商、探索,在原有模板基础上开发出第二代《导学案(单)》(见表2),且以《学校指导意见》方式出台,提出三个方面的改进:一是使其目标更具体,强调三维目标(知识与能力、过程与方法、情感态度价值观);二是集集体智慧与个性化教学于一体;三是增设"知识小结及板书设计",使其更丰富、完善。

表2 重庆市凤鸣山中学"魅力课堂"导学案

年级、学科		设计者		审核、使用者	
课题				课时	
三维学习目标	(知识与能力、过程与方法、情感态度价值观)				
	学习重、难点:				

集体备课资源	教师个人备课完善及过程反思
第一部分:自学探究——雏凤清声	
第二部分:拓展探究——群凤和鸣	
第三部分:检测提升——凤翔九天	
知识小结及板书设计	

（左侧竖排：学习过程设置）

经过人格、临摹、发展、创新四个阶段的教学实践,一线教师已能熟练运用且根据合作学习的实践需要自行制作具备个性化风格的教学设计。当下,课题组正转入"情境营造"与"导学问题"设计的合理性、科学性、思维性与层次性的探索过程中。

（4）完善评价与激励机制

①小组合作学习过程评价表的开发

课题研究初始阶段,课题组设计、开发出"各小组课堂表现一周学习记录表（一个学科）"（见表3）和"各小组课堂表现一月学习统计表（所有学科）"（见表4）,在课程中心培训、指导下由学科科代表和学习委员分别填写,将每个学习小组的课堂学习状况及其大致周期（一个月）的学习状态以量化考核的方式展示出来,作为评价、激励学生学习,进而提升学习效率的重要依据。课程中心由专人对材料进行收集、管理、考核,并对其存在的问题向课题组提出改进建议。

表3　各小组课堂表现一周学习记录表（一个学科）

班级：_____　学科：_____　科代表：_____　　　第___周　__月__日至___月__日

	周一		周二		周三		周四		周五		一周合计	备　注（作业完成情况等）
	第___节		第___节		第___节		第___节		第___节			
1组												
2组												
3组												
4组												
5组												
6组												
7组												
8组												
9组												
科任老师签字												

注：此表由科代表（学科长）填写，每天根据上课的表现如实填写，统计分值参照《学习小组评价与管理意见》，并将每天学习情况反馈给科任老师，由科任教师签字确认。

表4　各小组课堂表现五周学习统计表（所有学科）

班级：_____　学习委员：_____　　　第___周至第___周　　　___月___日至___月___日

	第___周	第___周	第___周	第___周	合计	备　注（注明作业完成情况或考试情况）
1组						
2组						
3组						
4组						
5组						
6组						
7组						
8组						
9组						
班主任签字						

注：此表由学习委员填写，每周根据【表1（科代表）填写】如实汇总各个小组学习情况，第五周周末放学后统计，每周定时将学习情况反馈给班主任与科任教师。每五周组织科代表会议，根据各小组评分，征求科任老师意见和班主任意见，评出"最佳学习小组"等。

在推进过程中,两份量化表同样暴露出不同程度的问题,表3的问题有:教师对学生学习与展示活动评价的随意性较大;难以精准反映教师课堂教学中是否充分激励学生的参与意识,进而体现学生的主体地位;教学相长功能未能发挥,学生对课堂教学的意见或建议不能及时反馈;等等。为此,课题组对表3进行了完善,增设"评价次数"和"意见或建议"两项内容(见表5)。

表5 各小组课堂表现一周学习记录表(一个学科)

班级:_____ 学科:_____ 科代表:_____ 第___周 __月__日至___月__日

	周一 第_____节	周二 第_____节	周三 第_____节	周四 第_____节	周五 第_____节	一周合计	备注 (作业完成 情况等)
1组							
2组							
3组							
4组							
5组							
6组							
7组							
8组							
9组							
评价次数统计							
意见或建议							
科任老师签字							

注:此表由科代表(学科长)填写,每天根据上课的表现如实填写,统计分值参照《学习小组评价与管理意见》,并将每天学习情况反馈给科任老师,由科任教师签字确认。

表4的问题有:时间设置不科学,未能与阶段性检测(月考)相匹配;每一周的统计数据不能准确反映各学科的学习状况及其发展态势等。因此,课题组对表4的填写要求及其交表时间也作了相应的调整(见表6):一是将表4的统计周期调整为五周,基本与每次阶段性测评时间相吻合;二是培训学生干部,按照评教信息反馈表的学科顺序填写每周各小组的学习过程评价数据(即各学科依次相加,而不是一个简单的数据部分),从不同小组的数据对比中发现存在的差距(含学科差距),进而加强对不同小组的针对性学习指导,提升学习效率。

表6　各小组课堂表现五周学习统计表（所有学科）

班级：＿＿＿＿　　学习委员：＿＿＿＿　　第＿＿周至第＿＿周　　＿＿月＿＿日至＿＿月＿＿日

	第＿＿＿周	第＿＿＿周	第＿＿＿周	第＿＿＿周	第＿＿＿周	合计	备　注 （注明作业 完成情况 或考试情况）
1组							
2组							
3组							
4组							
5组							
6组							
7组							
8组							
9组							
班主任签字							

注：此表由学习委员填写，每周根据【表1（科代表）填写】如实汇总各个小组学习情况，第五周周末放学后统计，每周定时将学习情况反馈给班主任与科任教师。每五周组织科代表会议，根据各小组评分，征求科任老师意见和班主任意见，评出"最佳学习小组"等。

②学生评教信息反馈表的开发、设计

为发挥教学相长功能，及时反馈学生对课堂教学的意见或建议，课题组总结实践经验并加以理性提炼，开发出了《学生评教信息反馈表》（即表5），在学习委员的带领下，各学科科代表以集体会商方式提出对各学科教师教学的意见或建议、要求或赞赏，每周课程中心及时统计并将其复印后发放到各年级甚至班级任课教师手中，使其及时掌握学生的实际动态，发挥教学相长功能。

重庆市凤鸣山中学"四环节·问题导学式魅力课堂"学生评教信息反馈表

____级____班 学习委员：____ 第____周 ____月____日至____月____日 班主任：____

项目 \ 学科	语文	数学	英语	物理	化学	生物	政治	历史	地理	美术	音乐	体育	信息
教师姓名 / 节数	__节	__节	__节	__节	__节	__节	__节	__节	__节	__节	__节	__节	__节
1.教师按照"魅力课堂"要求行课，贯彻"先学后教，先练后讲"原则，课堂以学生学习活动为主，教师点评为辅。													
2.教师在课堂上进行了有效的小组评价，并当堂签字。													
3.每堂课均有学生小组上台展示，课堂气氛活跃。													
4.教师在课堂有组织学生自学、互学、探究，展示等活动。													
5.课后处理作业及时，有批改，辅导到位，导学案检查到位。													
6.上课能吸引学生，同学们喜欢此老师上课。													
对教师魅力课堂实施的意见与建议，要求或赞赏													
总体评价													
备注	此表每一项评价分为三个等级："优"表示实施非常好，请打"A"；"合格"表示实施了，请打"B"；"待合格"表示未实施，请打"C"。												

注：此表由学习委员填写，每周五周末放学后组织各科学生代表会议，根据五周以集各小组意见，如实真填写，并每周五周末交到课程中心，课程中心及时将情况反馈给年级组及教研备课组。

79

③《重庆市凤鸣山中学小组合作学习过程自主管理评价标准体系》的开发

"想要什么就评什么",根据课堂需要对小组合作学习过程予以评价。为激发学生的参与意识,调动学生合作学习的参与度,任课教师可根据教学需要对学习过程的各个环节,特别是展示环节予以评价与激励,只要学生敢于展示就加分。随着学生参与意识的增强和参与度提高,任课教师提出了"质"的要求,即不仅要敢于发言、展示,还必须紧扣探究问题进行发言和展示,否则不予加分,如果学生展示的结论或内容具有创新性,则可以成倍地加分激励。经过一段时间的实践后,这种评价激励思想的缺陷也随之暴露出来:一是随意性太大,导致不同班级之间的学习状况难以给予科学的横向对比;二是评价内容单一,难以持久激发学生的主动意识,以提升合作学习效率。经过反复研讨和一个学期的实践对比,课题组开发出了《重庆市凤鸣山中学小组合作学习过程自主管理评价标准体系》,对学习过程、学习管理、学习结果进行量化考核,涉及合作学习的参与度、进度、效果、纪律、展示、质疑以及知识建构、学习效果检测、成绩变化等25项三级指标,使得学习过程的评价与激励更加完善、合理。

④小组合作学习激励机制的建立与完善

为进一步提升小组合作学习效率,调动学生主体意识,激励学生积极参与,促进学习小组共同进步与发展,形成团队精神与合作意识,课题组提出了"捆绑式"评价与激励方式,即不对学生个体进行评价,而是以组为单位。在这种思想指导下,课题组对学校的《学生奖惩条例》进行了修改和补充,将"学生所在小组是否荣获年级及以上层次优秀小组"作为评选三好学生、优秀学生干部、奖学金等评先评优的先决条件之一。首先是确定优秀学习小组的层级和名额分配:分为校级优秀学习小组、年级优秀学习小组和班级优秀学习小组,校级优秀小组高中每年级3名、初中每年级2名,年级层面优秀学习小组每班两个名额,班级优秀学习小组一般情况为进步最快的两个小组。其次是呈现、表彰方式:校级优秀学习小组以展板方式呈现表彰;年级层面优秀学习小组以喜报方式呈现表彰;班级层面优秀学习小组以班级张贴方式呈现表彰,校级层面的优秀学习小组学校还通过校园网进行公示表彰,以扩大其影响力。最后增添了每学期"质疑之星""展示之星""进步之星""希望之星""创新之星"等星级学生评选活动,在每学期开学典礼上予以公开表彰。

"优秀学习小组"的评选标准,经历了一个实践探索的过程:单纯以学习过程评价数据为依据评选"优秀学习小组"→以日常行为规范考核年级前三名作为班级推荐"校级优秀学习小组"先决条件→当月度本小组无违纪、处分为先决条件→当月度学习过程评价与管理年级综合评定前三名(初中为前两名)可推荐校级优秀学习小组,使得评选标准更加科学、全面,更有利于提升小组合作学习的效率,促进小组成员的全面、健康发展。

3.案例研究法

对市、区、校级优质课大赛及各级各类公开课,展示课,示范课等典型课堂教学课例进行分提炼,归纳整理出有效的合作学习经验、成功个案、典型事例,进行集体讨论,为小组有效合作学习提供可靠数据支撑。

（1）优质课大赛经验总结

截至 2012 年 10 月,学校以教龄、年龄分层次共举办了八届"冲击高端·走向卓越"魅力课堂优质课大赛;为展示我校小组合作学习研究成果及其对课堂教学方式变更所发挥的作用,2013 年我校在校级优质课大赛获奖人员基础上推荐教师参加了沙坪坝区首届"卓越课堂杯"优质课大赛,共有 17 位教师荣获一等奖;2014 年 3 月和 11 月,我校高中数学王鹏习老师、初中数学周燕老师和高中政治梁东老师、初中历史陈敏老师代表重庆市参加"首届'绿色课堂杯'有效教学优质课大赛",荣获一个特等奖、三个一等奖。其小组合作学习的"四环"模式与操作,得到观摩教师与专家评委的高度赞扬。

优质课大赛所取得的成绩及其成功经验,更加深了课题组对当前我校"四环节·问题导学式"合作学习方式的认识和信心,每一次大赛所暴露出来的问题,比如第一代《导学案》的缺陷、由于导学问题设置的"度"过深而导致的课堂"冷场"、教师课堂评价缺乏规范而引发的学生质疑等,为本课题研究的总结、提炼提供了宝贵的经验教训。

（2）校内公开课、研讨课、展示课的教学反思

根据学校管理制度的规定,本校教师每学期务必上一堂教学展示课或公开课,市区级骨干教师必须上一堂教学示范课、研讨课。每次教学展示结束后,在教研组集体研基础上撰写并向课程中心提交《课堂教学反思》、备课组提交小组评审意见,总结的经验教训为本课题的研究提供了大量的资料和依据。

（3）班主任班级管理经验交流

围绕"小组文化建设、增强合作学习小组凝聚力"这一主题,每学期由学生处主办、课程中心协办,组织全校班主任教师开展一场班级管理经验交流大会,评选校级"十佳班主任"和校级十名"优秀班主任",提交的班级管理经验文章对加强小组文化建设、激发小组合作学习凝聚力进而提升合作学习效率提出了宝贵的经验,形成了本课题的重要成果之一——《班级管理论文集》。

八、研究成果

1."小组有效合作学习"系列指导性意见

自开展小组合作学习课堂教学改革实践以来,在推进教与学方式变革过程中,课题组不断总结经验教训,归纳、整理、提炼出带有规律性和普遍性的认知与共识,以学校教学改革指导性意见的方式下发给教研备课组,用以指导教学实践中的小组合作学习。其中包括:《关于实施"'四环两型'问题导学式魅力课堂"学习小组评价与管理的指导意见》《班级学生关于实施"魅力课堂"改革〈导学案〉设计与制作的指导意见》《新课程改革班级小组文化建设与指导意见》《班级学生"四环节·问题导学式魅力课堂"学习过程自主管理评价标准体系》《"四环节·问题导学式魅力课堂"学生学习"七字诀"》《"四环节·问题导学式魅力课堂"教师教学"七字诀"》《"四环节·问题导学式魅力课堂"优秀小组评选方案》等。

2."小组有效合作学习"的基本模式与操作流程

在我校教学改革实践过程中,就小组如何开展有效合作学习,我校经历了长时间的探讨与摸索,初步构建起"以问题为核心、以活动为主轴、以学生为主体、以教师为主导、以思维为主攻、以自学为主线、以发展为主动"的"四环节·问题导学式"基本教学与学习模式,呈现"知识目标化、目标问题化、问题思维化、思维层次化、层次梯度化、梯度渐进化"的学习过程和思维活动,进而提升课堂学习活动的有效性。

3."小组有效合作学习"测评工具

(1)为促进小组有效合作学习,开发出"魅力课堂——学习过程"评价表。

(2)开发出"重庆市凤鸣山中学评价标准"(含新授课与复习课两类)

为促进教师熟练掌握和运用"魅力课堂"教学理念与教学模式,学校开发出"重庆市凤鸣山中学'魅力课堂'评价标准"(含新授课、复习课两类基本课型)。通过对常规课、公开课、展示课、示范课、优质课等各级各类课堂教学的评价,提高教师的教学素养,进而提升小组合作学习的有效性。

(3)开发出《重庆市凤鸣山中学小组合作学习过程自主管理评价标准体系》

为提升小组合作学习效率,加强对小组合作学习的自主评价与管理,围绕"小组有效合作学习"的四个基本环节,开发出了《重庆市凤鸣山中学小组合作学习过程自主管理评价标准体系》,设置了"学习过程评价""学习管理评价"与"学习结果评价"三个一级指标,包含10项二级指标和26项三级指标,将小组合作学习的各个要素与环节纳入其量化考核与评价之中,以促进小组合作学习效率的提升。

4."合作学习小组"评先评优激励机制

(1)每月度评选"魅力课堂"优秀学习小组(校级、年级、班级三个层次),以网络、展板、喜报、张贴栏等方式予以公示和表彰;

(2)每学期评选"星级学生",在全校师生大会上予以表彰;

(3)将学生所在小组是否当选优秀学习小组作为学年评先评优及奖学金的先决条件。

5.丰硕的物化成果(时间起止点:2012年9月—2014年5月)

①2013年7月,以小组合作学习为重要内容的"'四环节·问题导学式魅力课堂'理论与实践研究"获重庆市人民政府"教学成果"一等奖[证书编号:2013(普)116(7-4)]。

②2014年3月,本课题的主题论文《加强评价与管理,提升小组合作学习的有效性、持续性》获重庆市教育评估会首届论文评比一等奖。

③小课题研究,成果丰硕、成效显著。

两年多来,围绕"小组有效合作学习"主题,学校组织一线教师积极开展小课题研究工作,共33项"教师成长课题"获沙坪坝区教育科学研究所立项批准。目前已有22项课题顺利结题,另有11项(含2年周期)课题处于在研过程中。小课题研究取得丰硕成果,对促进各学科有效合作学习发挥了显著作用。

④论文发表或获奖。

我校教师就"小组有效合作学习"积极撰写经验论文、教学设计、案例分析。发表论文及教学设计有：《化学教学中思考与活动的关系》（论文）（作者：孟娅娅，《中学化学教学参考》，ISSN 1002-2201）；《对化学作业改革的一点教学反思》（论文）（作者：韦会江，《中学化学》，ISSN 1007-8711CN23）；《震撼心灵的课改》（论文）（作者：刘莉萍，《中国当代教育科研理论与实践》，北京：现代教育出版社，ISBN 978-7-5106-1335-7）；《硫及其化合物》（教案设计）（作者：孟娅娅，《中国当代教育科研理论与实践》，北京：现代教育出版社，ISBN 978-7-5106-1335-7）；《用二分法求方程的近似解》（教案设计）、《诵读经典主题班会设计》（作者：龚圣龙，《中国当代教育科研理论与实践》，北京：现代教育出版社，ISBN 978-7-5106-1335-7）；《两角差的余弦公式》（教案设计）（作者：董洁丽，《中国当代教育科研理论与实践》，北京：现代教育出版社，ISBN 978-7-5106-1335-7）、《权力的行使：需要监督》（教案设计）（作者：尹平，《中国当代教育科研理论与实践》，北京：现代教育出版社，ISBN 978-7-5106-1335-7）；等等。另有论文 164 篇、教学设计或课件 66 篇（份）在省市区各级评比中获奖。

⑤教师赛课获奖情况。

我校教师紧扣"小组有效合作学习"积极开展课堂教学改革实践，共有 66 人次参加国家级、市区级优质课大赛活动，荣获一、二等奖。其中，2014 年 3 月，我校周燕老师代表重庆市参加中国教育学会基础教育评价专业委员会组织的"'绿色课堂杯'（第一届）有效教学数学优质课大赛"荣获特等奖、王鹏飞老师获一等奖；2014 年 11 月，我校教师梁东老师代表重庆市参加中国教育学会基础教育评价专业委员会组织的"'绿色课堂杯'（第二届）有效教学政治优质课大赛"一等奖、陈敏老师获历史优质课大赛一等奖。在 2013年沙区首届"卓越课堂杯"优质课大赛中，我校共获十七项一等奖的第一名。

⑥学生获奖情况。

我校自推进"小组有效合作学习"教课堂教学改革以来，学生共有 260 余人次在国家级、市级和区级各类竞赛中获奖。

九、研究影响及效果

1.课堂变化

我们的课堂发生了质变，师生心智解放，思维活跃。学生自信走上讲台，敢于展示自己的观点，师生关系更加和睦，校园文化更加和谐。"展评激学"更为学生提供了充分展示自己才华与智慧的平台，满足了学生的"尊重需求"和"自我实现的需求"。

正如学生们所说："魅力课堂教学改革实施以后，我们的课堂发生了翻天覆地的变化。原来，是教师在讲台上干讲，满堂灌，课堂十分枯燥……除了听课、做笔记，就是做题了。教师讲起来吃力，我们听起来也无聊……现在课堂不是由教师主宰，而是由我们学生掌控，我们有了展示机会，潜力得到了开发，能力得到了提升，个性得到了发挥。"

正如教师们所讲:"以前一堂课要写几块黑板,一边写,一边讲,还要留意差生是不是在听,一节课下来口干舌燥,感觉心都被掏空了,还沾了满身的粉笔灰……'魅力课堂'能让自己轻松愉快地工作,开开心心地工作,为什么不实施呢?"

2.质量提升

魅力课堂教学改革实施以来,我校的教育教学质量大幅度提升。2013 年与四年前的 2009 年比,重点本科上线人数增加了 226 人,增长了 5.9 倍,高考上线率已达 99.9%;中考联招上线人数增加了 117 人,增长了 37.1%。我校荣获"重庆市沙坪坝区教育教学质量一等奖"。2014 年高考,我校学生龚德同学勇夺沙坪坝区理科状元,被北京大学录取,郑清涛、刘俞玲同学被清华大学录取,高考总上线人数、重点本科上线人数、本科上线人数及各项百分比率均居全区第一,创我校高考历史新高。在 2014 年初 2014 级沙坪坝区适应性考试中,我校学生成绩遥遥领先于第二名。学生的综合素质和实践能力得到了明显提升。

3.队伍发展

改革不仅让教师个体的专业发展得到了极大提升,反思性专业探究还形成了信任、协作的教师文化。

学校新增重庆市特级教师 2 人,重庆市学科教学名师 1 人,市区级骨干教师 15 人,学科带头人 2 人,打造了一支以特级、名师为引领,市区级骨干教师为中坚,青年教师为主体的师德高尚、业务过硬、善于学习、大胆创新的教师队伍,为学校优质教育提供了队伍保障。

4.效果显现

教学改革让凤鸣山中学声名鹊起,先后有新教育《走向内涵——重庆市凤鸣山中学教育改革与发展纪实》、重庆时报《群凤和鸣谱新曲,品质强校创新篇》、重庆日报《魅力课堂,拨动孩子心灵的琴弦》等多家媒体的报道对我校的改革成果进行了宣传。先后有广东广州邝维郁纪念中学、佛山容山中学,河北秦皇岛四中,重庆彭水汉葭中学、桑柘中学,重庆奉节甲高中学、夔门中学,重庆沙坪坝回龙坝中学、实验中学,重庆巴南马王坪中学等多所学校主动与我校结成对子,践行推广"魅力课堂教学改革"。

全国教育系统特色学校和内涵发展教育考察团,教育部中小学校长研修班教育考察团,北京师范大学基础教育课程中心教育考察团,英国威尔士教育考察团,《中国教师报》专家教育考察团,湖北稳派名校联盟考察团;北京市西城区、海淀区,天津滨海新区,广州白云区、海珠区、花都区,广西桂林市、北海市,海南省教育厅,江西吉安市,山西孝义市,四川泸州市、自贡市、广安市等近 200 个团队,近 8 000 人次相继走进凤鸣山中学考察学习。

四川棠湖中学、江苏洋思中学、江苏横林中学、吉林延吉三中、河南沁阳一中、广东容桂中学、广东容山中学、广东邝维郁纪念中学、重庆彭水汉葭中学……全国课改名校卓越课堂、全国精品课程同课异构、全国智慧教育高峰论坛……周燕、王远红、欧国茂、龚圣龙、袁泉、吴庆、蒋红梅、谭冬梅、王斌、王小梅、赵梦骄……一大批课改精英走出去,献课、同课异构、讲座,彰显了我校教学改革的巨大成就。

十、问题与讨论

在两年周期的课题研究与教学实践中,我们总结出许多成功的经验。但与此同时,也感受到一些问题与困惑,这些问题与困惑集中表现在以下三个方面:

1.创设问题情境还有待于在实践中进一步丰富和完善

"创设导学问题的情境,让学生在情境中去发现问题、探究问题,在问题的探究中形成认识、生成知识。"这方面的工作还做得不够,且效率不高,有待进一步探索。

2.预设导学问题的合理性与科学性还有待提高

小组合作学习是"以问题为核心"而开展的合作学习、探究学习活动。虽经历了近两年的探索与实践,但我们依然认识到"导学问题"的知识层次性、思维递进性不够,还未能充分调动学生的思维潜能与内在驱动力。

3.合作学习方式的变革缺乏整体的支撑与主导

教育是一项系统工程,课堂教学仅仅是其中的一环。课堂教学改革若要取得成效,必须要有校园文化的引领和学生德育活动的支撑。

十一、结论与建议

(一)结论

1.路径设计,文件指导,增进课改推进力与执行力

"小组合作学习"是教与学方式的根本变革,颠覆了传统意义上"师者,传道、受业、解惑也"的教学思想与教学方式,实现这一根本变革的人为阻碍集中体现在教师理念滞后。为此,学校在推进这一变革过程中,务必要做好变革路径的设计,出台指导这项教学变革的一系列文件,以增进其推进力与执行力。

2."魅力课堂"彰显教育引摄力和教学突破力

我们提出的"魅力课堂"是一种理念上具有前瞻性、实践上具有操作性、方法上具有借鉴性、效果上具有推广性的课堂。魅力课堂=课堂温度+教育宽度+知识密度+学科深度。"课堂温度"体现了教学驱动力,"教育宽度"体现了教育公平力,这二者共同呈现出教育引摄力;"知识密度"体现了目标执行力,"学科深度"体现了思维创新力,这二者共同呈现出教育突破力。这种充盈着教育引摄力和教学突破力的课堂就是"魅力课堂","教育引摄力"让学生"乐学","教学突破力"让课堂"高效"。

3."四环节·问题导学"教学理念与方式激活课堂活力,提升课堂小组合作与探究学习的有效性

以"导学问题"为核心所开展的"情境自学、合作互学、展评激学、提升领学",贯彻"先学后教,因学活教"的原则,充分体现和尊重学生在教学活动中的主体性,运用激励手段,创造均等机会,走出"优生垄断",拓宽了教育宽度;以问题引领,激活学生思维,提升课堂温度;激情展示、追问点拨,引导组间质疑对抗,拓展知识密度;提升领学,师生共同梳理知识链条,构建知识体系,透视学科深度。至此,课堂活力迸发,魅力呈现。实践过程及其结果充分证明课堂小组合作学习的有效性得以大幅提升。

4."魅力课堂"与"雅行教学"的评价与管理,更加关注过程的品质化,以达成结果的优质化

以"慧学"为核心的学习过程的评价与管理,更加关注课堂学习过程中学生的参与意识,激励展示、鼓励创新;以"雅行"为核心的行为规范的评价与管理,关注学生良好行为习惯和品性的养成教育。"魅力课堂"追求"学而生慧,慧则达远","雅行教育"锤炼"行而求雅,雅则弥佳"。通过过程的品质化,最终达成教育教学结果的优质化。

(二)建议

1.树立"生本"思想、理念

切实转变滞后的教学理念,树立"相信学生、依靠学生、发展学生"的"生本"思想和理念,充分尊重和体现学生在教学活动中的主体地位,这是实现教与学方式根本变革的关键所在。

2.落实激励性机制,强化过程的评价与管理

"细节决定成败,过程注定结果"。建立、完善公平、公正、公开的激励性评价机制,强化过程的评价与管理,以过程的品质化促成结果的优质化。

3.坚持"慧学"与"雅行"的和谐统一

"小组合作与探究学习"仅为教与学方式,只是从教学角度实现了根本变革。但是,教育改革是一项系统工程,涉及课程、课堂、师生主体、评价与管理、校园思想文化建设等构成要素。从学校层面来说,要提高其教学(学习)的有效性,应当做好校本课程的开发、课堂教学方式变革、评价与管理机制的完善、校园文化建设等多项工作,特别是要坚持"慧学"与"雅行"的和谐统一。

本文参考文献

著作类:

[1] 马赫穆托夫.问题教学的理论和实践[M].南昌:江西教育出版社,1994.

[2] 马赫穆托夫.问题教学·基础理论问题[M].南昌:江西教育出版社,1975.

[3] 郭思乐.教育走向生本[M].北京:人民教育出版社,2001.

［4］郭思乐.教育激扬生命:再论教育走向生本［M］.北京:人民教育出版社,2007.

［5］李秉德,李定仁.教学论［M］.北京:人民教育出版社,2001.

［6］任长松.走向新课程［M］.广州:广东教育出版社,2002.

［7］徐仲林.基础教育课程改革理论与实践［M］.成都:四川教育出版社,2005.

［8］王坦,宋宝和,刘吉林.走向自主——杜郎口中学教学改革解读［M］.济南:山东教育
出版社,2006.

［9］钟启泉,崔允漷,张华.为了中华民族的复兴 为了每位学生的发展［M］.上海:华东
师范大学出版社,2001.

［10］亚伯拉罕·马斯洛.动机与人格［M］.西安:陕西师范大学出版社,2010.

论文类:

［1］姚利民,邓菊香.提高学生评教有效性的对策研究［J］.黑龙江高教研究,2005(5).

［2］柳恒超,许燕,赵会春.国外学生评价教师有效性教学的研究综述［J］.中国特殊教
育,2007.

心之所向　人人有情
情之所至　金石为开

学生处　廖成群,聂晓红

作为一名长期工作在教育第一线的人,常常困惑:面对纷繁复杂的学生成长过程,良莠不齐的成长结果,我们学校教育该干什么? 能干什么? 发展目标在哪里? 摸着石头过河,本着良知教书终究让我们遗憾不断。各种"经典"教育理论让我们在亢奋和失落沮丧中送走了一届又一届学生。

社会主义核心价值观从国家发展目标到社会价值取向和个人价值准则给了我们全方位的知行引领。"爱国、敬业、诚信、友善",是个人价值准则,也是公民基本道德规范。在中小学阶段进行社会主义核心价值观教育,本着循序渐进的原则,从公民基本道德规范起步应该是我们学校能做也该做的事情。

印度诗人泰戈尔说:"教育的目的是向人传送生命的气息。"加拿大著名教育学者克里夫·贝克(Clive Beck)认为,学校教育应该唤醒人们追求美好生活的意识,形成欣赏和乐观的生活态度,提供给人们追求美好生活的知识和技能,激发人们在任何遭遇下都不放弃追求美好生活的希望和理想,并在不断追求美好生活的过程中体验着美好。而价值准则是美好生活的基础,引导人们向善,过有德行的生活。

价值准则也是人们行为方式的心理基础。每个人的价值准则决定行为,行为习惯反映个人价值准则。从表面上看,价值准则是利他的行为,克己利人(国)。但我们认为这些过程恰恰是每一个人"正心""修身"的自我成长过程。规范基本行为,养成基本人格、基本道德、基本情感,调理健康的身心就是基础教育德育的本职工作。为学生将来美好生活和终身良好发展奠定扎实的基础就是我们的发展目标。因此,我校从抓好学生行为习惯入手,把培育和践行社会主义核心价值观融入我校"雅行"教育的全过程。

我校的雅行教育分为三个层次:行为规范的养成教育,举止文雅的涵养教育,情趣高雅的心灵教育。学校重在前两个层次教育工作。着眼未来,着手生活,着力细节,唤醒自身美好的"善根"。

我们通过基本行为规范的养成教育培养学生的爱国情操。利用班会、国旗下的讲话和黑板报等传统方式,让学生明白爱国不仅仅是爱国旗或写文章抒情或是非常时期的非常行为,更在我们的日常行为中。因为"国"是由"家"组成,家是由环境和人组成,人是言行和身心的统一体,环境是人赖以生存的基础。这样规范言行和纯洁心灵的过程就不仅仅是"爱护自己"的个体行为。同理,爱护(家)人、爱护环境(学校、社区、城市)也不仅仅是个人的情感问题,它们都是爱国的表现。而且,一个心灵高尚、有修养的人,在社会生活中也是受欢迎的必需条件之一,这样的用心教育是使一个宏观抽象的国家概念转化成微观具象的行为养成教育过程。学生和家长很乐于接受。教师在理解以后也会用心地实施养成教育。我们的《雅行公约》《文明交往指导》,就不再只是可以上口的文章,更是师生共同认可的自觉的行为指南。升旗仪式带给人自觉的庄重肃穆和高声吟唱,印证的是师生对国家的真情实感。

在践行核心价值准则中,我们关注生活,关注细节,用心善待他人,用情温暖他人,收获颇丰。每年我们都有初中学生志愿者去看望沙坪坝区敬老院的老人们,为他们送上小小的礼物;高中学生志愿者则走进附近社区一些孤寡老人的家里,替他们打扫居室、闲话家常、聆听教诲。在这个活动中,我们特意避开特殊节日,以及鲜花、水果等煽情的礼物,选择在少人问候但对老人而言特别艰难的寒冬季节,送给他们的礼物是御寒的手套、毛袜或甜软的糕点等实用的物品,而且特别强调亲手给予。时间、礼物的选择,赠送时的亲身感受以及人员的分配安排,每个环节都是教育的契机,启迪学生学习善待他人之道,也是生活体验。活动虽小,意义却很大,看着老人依依不舍的送别,很多孩子都哭了,回到家,特别孝敬自家的老人,他们会时不时地自发组织去看望那些孤独的老人。怜悯、同情、体谅、友善等人类基本情感有了切实的体会和自然生成的契机。

在服务社区时,我们安排两个环境不同的社区进行洒扫服务,在交流总结时,都谈到了"人是环境的主人,环境印证着人的素质"。自然对自己周围的环境就有了完全不同的态度,随手乱扔、高声喧哗等不文明现象都有了很大的改观。

价值准则教育是使人们和谐、友善生活的教育,说教、评价、体验,言行并重,学生教育管理由严格的他律转向了高度的自律,养成教育初见成效。与此同时,我们加大了涵养教育的比重。作为教育最高价值的美的教育被大量引入学校。每周一次的"雅曲欣赏",曲文并茂,普及知识、陶冶情操,是学校的一大风景;在节目的影响下,"行文雅之举,做优雅之人"成为全校师生的自我要求。

为使校园文化深入学生的生活,深入学生的内心,"以雅促行、以行习雅"。我们将校园文化的部分内容印制成字帖,利用每周星期三和星期四的读报课诵读或临帖练字,增进了学生对学校的情感认同。我校每月一期的校报《凤鸣·晨风》,由学生组织编辑,刊登校园新闻、师生原创作品、文摘精华。我们通过创办校报,传播学校文化,引导学生用眼睛观察"雅行",用头脑思考"雅量",用心灵体味"雅意",用文笔呈现"雅言"。每年一次的"我的魅力假期"摄影作品展、美术班学生的采风作品展、美术教学作业展、自编健美操展示等,一篇篇美文,一幅幅美图,一个个健美的身影,见证了学生的风采,昭示着凤鸣山中学在发展的过程中不仅仅关注学生的文化成绩,更关注学生知识与精神的同步成长、关注学生智慧与人格的同步发展,提升学生的生命质量。让每一个孩子有尊严地生活在校园里,需要的不仅是口号和观念,更需要展示平台。我们提供"见"的机会,是希望学生都能做一个有内涵、有修养、有见识的人。几年来,学校未见一起争吵打架事件。团结友爱，谦逊有礼的校风已成常态。

　　社会主义核心价值观倡导和谐、友善的人文环境，我们以学生"青年志愿者协会"为核心，开展青年志愿者爱心公益活动和志愿者服务活动，使学生在"正心修身"的基础上也有"兼济天下"的胸怀抱负。我校"青年志愿者协会"的成员举行了"阳光微梦想"公益活动，帮助重庆市长寿区三平乡新蕾幼儿园的小朋友们实现他们的微梦想。为救助一名身患绝症的中学生，由我校青年志愿者协会组织发起了一场涉及多所中学学生参与的慈善义卖活动。此次活动得到了《重庆晨报》的大力支持，《重庆晨报》、华龙网都对此次慈善义卖活动进行了报道。学校和社区频频互动，学生大量参与社区服务和文体活动。学生走出校门、步入社会、并投身社会服务，获得对社会的真实的认识，掌握基本的社会实践和社会服务技能，树立了服务社会的思想与意识，对社会责任感和奉献精神的培养有不可替代的作用。公益活动不再是负担和作秀，而是修养自己愉悦他人的善举。

　　我们秉承"尚雅尚慧，至善至真"的校训，让学生立足学校，走进生活，走入社会，在寓教于乐的实践活动中践行"雅行"教育，润物细无声地实施价值准则教育。我们将引导学生弘扬民族精神，增进爱国情感，提高道德素养。我们期待凤中学子不但收获知识，还能收获诚实、守信、谦虚、礼让等优良道德品质，为提升自己的生活品质奠定坚实的基础。全体凤中人将努力使凤中学子在社会主义核心价值观的沐浴下健康成长！

呼唤心中的太阳
——深化教育改革、提升教学质量的根本出路

政治组　熊元红

摘要:学生是学校教育体系中最为关键的因素,是课堂教学的唯一主角,尊重其主体地位是教育改革的首要前提,激活其内在求知欲是提升教学质量的根源,培育其探知意识与能力是教育教学的最高目标。

关键词:教育教学;深化改革;提升质量;根本出路

21世纪以来,中小学校的教育教学改革如火如荼,学习方式变革、教学模式构建、校本课程建设都致力于提升课堂教育教学质量。但这些改革,关注教师、关注教材、关注课堂、关注过程、关注方法,似乎忽略了课堂教学中最为关键的因素——学生,使其教育改革都未能从根本上解决提升学校教育教学质量的问题。呼唤心中的太阳,激发学生内在的学习驱动力,已然成为深化教育改革、提升教学质量的根本出路。

一、尊重学生主体地位是深化改革的前提

关于学校课堂教学的主体是谁? 许多教育科研工作者们都进行了理论上的探讨,以及实践中的验证。有单一主体说——教师或学生是课堂教学的主角,处于主体地位;有双主体说——教师和学生同是课堂教学的主体,分属教与学的主体。其实,对于一个最基本或者说最明显的问题,早就给出了解答,那就是到底是谁在学习,是老师还是学生? 这是一个根本就不需要论证或探讨的问题,只要是一个明白人都知道。可为什么还会有那么多的专家、学者仍热衷于对这个问题的研究呢? 对于这个问题的解答,可以认定为一种教育科研的迷茫症吧。

对"谁才是课堂教学的主体"这个问题的研究,无论是提出单一主体说还是双主体说,都偏离了主体研究的正确方向,继而研究学生或教师在教育教学中的功能。这并不是研究谁在学习这一首要问题。

再想一想这个问题,也许就更清楚了:我们的教育教学质量到底要依据什么标准,对谁来进行衡量或评价? 是教师的教学技能、专业知识、科研能力,还是学生的成绩、表现、升学? 其实,最根本的还是学生的发展以及最终所取得的成就。而学生的发展途径是单

一的吗,或者说每一名学生的发展前景是唯一的吗?无论是学生的个体差异还是社会对人才的不同需求都已经给出了明确的回答。

所以,在学校的课堂教学中,学生是唯一的主角,尊重学生的主体地位,以学生的学习和发展为本展开教育教学活动,教师、管理、课程、教材、方法、过程、评价等一切因素及其活动,都应服从且服务于这个主体,这是教育改革的首要前提。

二、激活学生求知欲望是提升质量的根源

目前,大部分教育教学改革,无论是课堂教学方式或学习方式的变革、学校课程建设、课堂教学模式变革,等等,都没有意识到这样一个问题——到底是"我要学"还是"要我学",或者说仅仅是意识到了但并未引起足够的重视,都在撇开学生这一内因而进行,仅在调节着事物变化发展的外部条件、环境、因素。这种改革,或有利于事物内部诸因素或结构的变化,起着加速、促进、催化的积极影响,可能这种作用会大一点,也可能这种作用会小一点。当然,无论作用大小都能表明这种改革是有益于教育教学的发展和进步,这也是教育科研工作者们孜孜以求、极力追寻的,他们正努力走在探寻与求索的路上。

但是,这样的改革或试点,并没有真正触及最根本的力量源泉,也可以认为是忽略了内在的、本质的东西。因此,教育改革应点燃学生内在的求知欲望,让其发出"我要学"的呐喊,要呼唤学生心中的太阳,让其真正地懂得"我要学",而不是"要我学"。否则任何一项改革、科研成果都是不可能最大限度或最高效率地提升学校教育教学质量和水平的。如果某学校认为教育教学改革已取得了成功,那也只是一种自欺欺人或掩耳盗铃罢了。

其实这早已是无数教育科研工作者们再明白不过的道理了,但不知道是怎样的原因让我们忽略了这一最基本的前提条件或基础,仅仅看到了短期的、眼前的利益或成效,忽略了最根本的、长远的利益。这也许是人自身的劣根性吧。

三、培育学生探索意识是目标实现的境界

教育的目标是什么?这是一个看似常识其实并不简单的问题。目前,我国最为流行且成熟的是"三维教学目标"——知识与技能、过程与方法、情感态度与价值观,并以此提出目标教学法,即将一次课的教学过程分解为课堂导入、展示教学目标、遵循教学目标讲解相关知识、目标测评等几个环节,并根据这些环节组织实施教学。"三维教学目标"是真正的教育目标吗?要搞清楚这一问题,可能还得先搞清楚另一个更深层次的问题,那就是"什么是教育的本质"。

教育的本质是什么?这又是一个看似简单其实也最为深奥的问题。"凡是增进人们

的知识和技能、影响人们的思想品德的活动,都是教育。"①苏格拉底说:"教育不是灌输,而是点燃心灵的火焰。"马克思也说:"教育绝非单纯的文化传递,教育之谓之教育,正在于它是一种人格心灵的唤醒。"德国教育家第斯多惠说过:"教育的艺术,不在于传授,而在于鼓励、鼓舞和唤醒。"简言之,"教育就是唤醒"应当是最好的回答了。

那么"唤醒什么?"当马克思以其本质属性给"人"下定义时——"能够制造和使用工具、有思维的高等动物",就已经清楚地回答了这个问题——唤醒思维;华南师范大学郭思乐教授在其著作《教育激扬生命》中也论述道:"当我们重新审视人的生命本质的时候,我们知道大自然赋予了人类丰富而精美的生命,这生命只要被激扬起来,就会成为强大的匡正和制衡的力量,成为解决诸多教育问题的根本力量。"②

所以,教育的最高目标并不是我们要教给学生什么,而是要教会学生什么,准确地说,就是培育学生的某种意识与能力。这种意识与能力是同人类社会的进步与发展紧密联系在一起的,那就是让他们真正懂得去探求未知的世界或领域,并具备这种探求的意识、欲望与能力。而这种意识与能力是不可复制的,也不是能够运用某种量化标准去评价或衡量的。

本文参考文献

[1] 彭兴顺.教育就是唤醒[M].北京:中国轻工业出版社,2014.

[2] 刘金玉.紧张——课堂"高效"的标志[J].北京教育,2009(8).

[3] 许爱红,刘延梅,刘吉林.农村中学课堂教学模式的重大变革——解读杜郎口中学"三三六"自主学习模式[J].当代教育科学,2005(11).

[4] 张俊平."洋思现象"解读[N].中国教育报,2005-05-13(4).

[5] 钟启泉."有效教学"研究的价值[J].教育研究,2007(6).

[6] 钟启泉.中国课程改革:挑战与反思[J].比较教育研究,2005(12).

---

① 胡乔木.中国大百科全书·教育卷[M].北京:中国大百科全书出版社,1985.
② 郭思乐.教育激扬生命——再论教育走向生本[M].北京:人民教育出版社,2007.

以情治班，以乐塑人
——班级管理的情感体验

英语组　李　鸿

························· ❧⟐❧ ·························

　　一个人从出生到成为社会的一员，是一个不断社会化的过程。一个大写的"人"，应该具有强健的身体、健康的心理、自我认知和学习的能力，还应该能够理解他人，具有社会责任感和使命感，成为有修养、有智慧的人，这样的人我们可称为有"核心素养"的人。

　　在班级管理中，我注重以学生的情感体验促进核心素养的形成。我从细微处引导学生感知美、发现美、体验美、理解美。在对生活、自然、艺术的欣赏中，受到美的熏陶，并在此基础上传播美、发展美、创造美。学生的精神境界和社会主义主流价值的审美品质得以提升，最终得到全面发展。

　　多年来，我一直坚持探索并实践"以情治班"的理念，这一理念落实到我的班级管理的点点滴滴，贯穿于班级管理的方方面面。班级的常规管理和良好班风班貌的形成无不用"情"，在对学生进行情商、情感态度价值观的培养方面最有效。

一、投入情感

　　著名的教育家陶行知先生说过："真的教育是心心相印的活动，唯独从心里发出来的，才能打到心的深处。"和大多数班主任一样，我真心地爱着我的每一位学生，用心灵去体味他们的感受，平等地与他们交流，学习上是他们的严师，生活上是他们的父母，精神上是他们的依托，做他们最可信可依的人。真情换真心的结果是，和谐的师生关系让教育深入人心，孩子们因为"亲其师"，所以"信其道"，达到了水到渠成的效果。

二、影响情操

　　班主任工作的最大魅力在于你可以利用你的精神气质、道德修养、言谈举止和性格特征等所形成的强大磁场将学生牢牢地吸引，潜移默化地改造并影响他们的一生，在我看来，这是一项非常神圣而伟大的事业。于是，我刻意在孩子们面前展示自己积极健康向上的正面形象，用优秀面影响孩子，用行动优化孩子们的品质，让孩子们用眼看，用心感觉，并渐渐内化为自己高尚的情操。

我快乐,快乐使我年轻,快乐使我坚强,因此我的教育第一要务是让学生健康阳光,快乐无忧,时时能在孩子们的脸上看到洋溢着灿烂自信的笑容是我最大的幸福。

我简单率真,我希望我的孩子们单纯、坦荡、胸无城府、与人为善、明理礼让,男孩子如谦谦君子,女孩子如大家闺秀。

我做事目标明确,有始有终,我的孩子们也要志明、坚忍,有毅力。

我动静相宜,活泼但又内敛不张扬,我期望孩子们"动如脱兔,静若处子。活而不乱,静而不死。"

我热爱生活,追求并乐于享受高雅而有品位的生活,我希望孩子们做雅人、行雅事,拒绝低级庸俗。

所以,我的班级发展方向定位为:张弛有度,动静相宜,雅行至上,快乐和谐。

事实上,我的班级也正朝着我们的既定目标大踏步前进。

三、培养情趣

通过长期的观察发现,现在不少独生子女骄横跋扈,自私狭隘,孤僻冷漠,津津乐道于吃喝玩乐,沉迷于网络游戏,精神世界极其贫乏。长期网络世界里的打打杀杀,造成孩子们性格粗野,脏话连篇,心理不健全,心浮气躁,无心学习。走廊上到处是男女追逐疯打的身影,实在无聊了,把女同学硬拽进男厕所也能成为他们的消遣和乐趣。这些问题光靠三言两语的说教是难以见效的。回顾我的个人成长经历,音乐对我的成长起到了至关重要的作用。著名音乐家冼星海曾说过:"音乐,是生活中的一股清泉,是陶冶性情的熔炉。"每每我悲伤、失落、颓废、孤独、绝望时,音乐总能给我安慰和力量,它不仅带给我美的享受,调适我的不良情绪,排遣孤独忧伤和寂寞,更让我领悟到人生的美好,激发向上的动力,树立信心和勇气。在音乐的世界里我学会了欣赏与感恩,学会了理解与宽容,学会了乐观与坚强。在我看来这就是绝妙的教育,是一般的语言所替代不了的。高雅的音乐是能使人内心平静的,"静能生慧",只有当内心平静下来,才会有思考,才会有感悟,才会产生智慧。所以我选择把音乐作为德育的切入点,把培养孩子的高雅情趣当成开启孩子情感、智慧大门的钥匙。借助它的力量,激起学生高雅情感的浪花,荡涤心灵的尘埃,陶冶美好的品性,营造良好的班风学纪,凝聚班级力量,优化班级管理。

于是,从多年前开始,我就根据班级特点,利用读报课、班会课或课余时间,推荐学生欣赏经典的中外名歌名曲。我把精选好的歌曲制成歌单、幻灯片或视频,内容包括相关背景介绍、背后故事讲述、音乐赏析、感悟分享、教唱歌曲、同声合唱等几部分。每一次赏析都有一个明确的主题,每一次赏析就是一次灵魂的净化。在欣赏奥斯卡获奖电影《火战车》的主题音乐时,我们根据电影情节确立了主题"奋发向上,永不言弃"。孩子们不仅认识了伟大的作曲家范吉利斯,同时感受到了这部励志电影及音乐带来的强烈震撼,感受到了片中所表达的人类美好的情感,以及那些围绕体育比赛所发生的有关友爱、互助和尊敬等人类所应共同遵守的道德准则。

通过用心去聆听《和兰花在一起》，孩子们认识了雅尼，沉醉于他那飘逸的曲子，在欣赏了清清淡淡、如行云流水般的音律后，孩子们浮躁狂野的心渐渐变得平静而淡定了，仿佛在喧嚣的世界中找到了渴望已久的宁静。

在欣赏民族经典《高山流水》时，孩子们从悠扬起伏的音乐中，感受到了高山的挺拔、雄峻，飞流的激鸣，溪水蜿蜒山间的飘逸，瀑布飞流直下的壮美，更赞叹于民族文化的博大精深，同时感悟到人生是要不畏艰险、勇往直前的。

孩子最喜爱的是迈克尔·杰克逊的一首呼唤和平的公益歌曲《拯救世界》，它倡导人们保护和珍惜和平的环境，远离战争，曲调婉转，宁静而优美，让孩子们认识到了一个充满爱心的别样的 MJ。

为了使教育和教学结合在一起，我还特地精选了大量的英文歌曲，让孩子们在欣赏美妙音乐的同时扩大英语词汇，增强语感，提升学习英语的兴趣，一举多得。现在，我的学生已能熟练演唱多首英文歌曲如：Country road, take me home; over the rainbow; Nothing's gonna change my love for you; Hotel California……这样的活动深受学生的喜爱，他们的世界不再只有 Lady Gaga, Justin Bibo，不再只有摇滚的狂野和激情，门德尔松、柴可夫斯基、雅尼、施特劳斯等大师在他们心中也占有了一席之地。在受到了东西方文化精粹的熏陶后，孩子们鲜有在闲暇之余疯疯打打、搞恶作剧了。在班里再也见不到因琐事而恶语相向甚至大打出手的景象了，人人以行雅事、做雅人为荣，自觉不自觉地端正自己的行为，抵制不良习气。孩子们变得彬彬有礼了，大家相互谦让，人人争当主人翁，事无巨细总会有人主动关心，班上偶尔出现的与班级形象背离的不和谐因素很快就会被孩子们迅速地"和谐"掉。课外的消遣变成了孩子们三三两两在读书角翻看图书杂志，和同学交流心得，或是聚在一起讨论习题。

三班的同学是具有独特的精神气质的：阳光、和谐、友善、团结、活泼、守纪、幽默、文明、健康、纯洁、有情、有义、有朝气、有正气，令人羡慕。孩子们在区级公开课上的屡次良好表现让区内外观课的老师印象深刻，并给予"气质非凡"的高度评价。音乐功不可没，正是音乐用它那独特的、强烈的力量浸润了孩子们的心灵，振奋了他们的精神，凝聚了一个集体的神魄。在孩子们心灵得到净化与美化的同时营造出了高尚精神的乐园，这恰恰与学校正大力推行的"雅行教育"不谋而合。

在"四环节·问题导学式魅力课堂"模式下孩子们在各方面的能力均得到了很好的锻炼，并取得了骄人的成绩：考试成绩总是名列前茅，连续四期被评为"雅行班级"，寝室被评为"文明寝室"。内化了的优秀品质不断地散发迷人的魅力，优化着孩子们学习生活的外部环境，而外在的优良环境又不断地影响着更多的孩子走向优秀，班级建设从此走上了良性循环的轨道。

核心素养背景下小组文化建设的思考

数学组　董洁丽

最新出炉的"中国学生发展核心素养（征求意见稿）"透露，所谓"核心素养"是指学生应具备的适应终身发展和社会发展需要的必备品格和关键能力，综合表现为 9 大素养，即社会责任、国家认同、国际理解、人文底蕴、科学精神、审美情趣、身心健康、学会学习、实践创新。这个定义，是对人的全面发展的再聚焦、再清晰，让我们明白究竟从何着手培养全面发展的人。

本文话题从我 2010 级的一个学生"棉被哥"张红瑜（大一开始创业，央视报道过）说起。"大师兄的公司有 6 名股东，其中几个都有了自己的公司，但我们仍然愿意推选他为 CEO，是因为他真诚，善于协调，团队意识强，领导力强，有系统的想法，让我们所有人都放心……"

大师兄公司的股东之一何菊，自己已经有了两家公司，其接受采访时说，自己与张红瑜认识并不久，但他特别务实，有想法，领导力强。这次合作，自己心甘情愿地当他的左右手。

我们不禁在思考：别人为什么要推他做 CEO？

这些能力是怎么来的？是大学才培养的吗？

或许他天生就有这些能力，或许他的家庭培养了他的这些能力，但是否每个学生都能有这些能力（素质）？教师作为教育工作者，是否又给学生提供了培养这些能力的舞台？

我们的"四环节·问题导学式魅力课堂"小组建设，在这些方面做了一些有意义的尝试。

一、小组建设的意义

小组合作学习有助于培养学生的合作意识和合作技能，学生为了共同的任务进行合作学习与交流，必然改变自己独断专行的做法，不断地调整自己的学习行为，为同伴提供更多的帮助，学会谦让、合作、团结，培养学生健全的人格；有利于学生之间的交流沟通，培养团队精神、凝聚人心、增进认识与理解，通过教师有意识地调动、激励，引起学生强烈的集体荣誉感，加强学生与人合作的自觉性、主动性。在合作学习的过程中更多地表露自己的思想,加强沟通,分享共同的成果;它能促进学生不断发展,合作学习的过程会让学生看到自己的长处与不足,能够对成员各种方案进行比较,根据成员的反应调整自己的行为方式,使学生不断反省,自我提高。

二、通过开展活动来提升小组文化，文化要寓于活动中来发展和提升

其实在很多学校,桌子已经拉成小组的形式了,那么如何才能让小组不成为摆设(仅仅是物理空间上的位置变化了)?

我的一些尝试就是加强小组内部的文化建设,做到用文化凝心聚力。小组建设,文化先行,有了文化就有了认同,就有了统一,就有了方向。

(一)小组组建初期表象文化建设

1.科学划分小组。一般是六人一组,组内人员的搭配按组内异质的原则,要注意以下两个方面:①学习情况要优、中、差结合;②学生个人性格外向与内向结合。这样的搭配有三个好处:一是有利于学习互补,以优促弱;二是有利于纪律的相互约束,互相提醒;三是性格的相互影响,外向型在整个学习过程中表现出的积极学习态度可以影响内向型学生,这样就逐渐地使内向的学生也有表达和交流的愿望。

2.创设组名、组标、口号、组歌、组规、组服等,要体现本组的特色,代表本组的灵魂。(学生的创造性会体现得淋漓尽致)到这一步还是很简单的,可是如果到这一步后不做后续工作了,那么小组就流于形式了。所以,我们还要加强小组隐形文化建设。

(二)隐形文化建设

隐形文化指强制不出来的,必须通过长时间培养,组员通过长时间的磨合而形成的一种文化,需长期积累才能形成,如小组目标、组规(不断修正中的)、小组集体荣誉感、组内风气、组内人际关系、组长威信等。我的尝试就是尽量让学生全员全天参与学校教育教学的各个环节、各个活动(包括课堂内外)中来。

1.课堂内活动

我们都有一个共识:我们不想培养考试机器,不想自己的学生考试分数挺高,可一站到台上就发抖,就害怕。所以每位任课教师要加强对小组长和各组员的小组活动技能训练,特别要重点注意以下几个方面:

①学会倾听。一人发言,其他人必须认真听且不能随便打断,在听完、听清对方重点的情况下,再进行补充或发表自己的见解。

②学会讨论。要求学生声音适中,尊重对方,心平气和,以理服人。

③学会表达。训练学生克服害羞心理,注意发言的逻辑性和连贯性。

④学会组织。侧重指导小组长如何进行组内分工,如何归纳小组意见,如何进行评

价、反思等。

⑤学会评价。教师要通过范评(正确的手势和语言等)引导学生间互评,切忌指责与谩骂。

⑥学会感恩。引导学生学会感谢别人的帮助与中肯评价。

课内活动是我们高中生每天的主要事情,就是学生每天的"正餐",但只吃正餐未免营养不良,还需要给学生加些"营养餐"——丰富多彩的课外活动。

2.课堂外活动

我校的一大特色就是读报课(下午2:00—2:35),这是班主任德育教育的主阵地。有两天是学校统一安排,即一天练字,一天雅曲欣赏;剩余三天,班级自己安排。利用自己安排的时间,本期我班学生自行组织的课外活动有:唱歌、一站到底、你比我猜、动火柴、普及世界之最、冷知识问答、脑筋急转弯、微电影、微视频、默写圆周率(100位)展示、诗歌鉴赏、成语释义、学科讲题、高考资讯、演讲、文章朗读、生物知识快答、趣味数学、游戏公平性判断、辩论赛、游戏(很多)等。

这些活动都是以小组为单位组织的,开拓了学生的视野,锻炼了学生的上台展示能力。其实,学生在准备这些活动的过程中,需要收集材料,选取材料,需要小组合作,小组分工,学生的综合能力自然而然地就得到了提升。

三、用动态的思维来管理小组,促进小组文化的形成与持久

(一)行政小组长的作用

①带动作用。行政小组长学习中积极主动,课堂中积极参与,勇于展示,敢于点评,善于补充,做同学们学习的榜样,更好地带动他们去展示。

②组织管理作用。行政小组长每天如实填写报表,严格按照《学习小组评价与指导意见》来对本组成员进行管理并打分,每周五放学后统计,将结果交由纪律委员或班长,并负责向班主任反馈本组常规管理情况。

③协助各学科组长落实对组员的提醒,并进行监督和帮扶。(比如各科的作业检查、课后落实等)

④为班级文化建设,学科教学等出谋划策。(提建议,出点子)

(二)学科小组长的作用

①组织好本组本学科各个环节的学习和活动管理,课前准备,课堂学习组员的参与,组员课后作业的落实,组员本学科的培优补差等。

②协助行政组长,做好本组的自主管理。

（三）班主任的主要作用（从"前台"转到"幕后"）

1.培训得力的行政组长

我校的组长培训分为三级：校级培训、年级培训、班主任（包括科任老师）的班级培训。学校培训是就大的方针政策，大的原则培训；年级培训是根据本年级的情况进行培训；最主要的还得靠班主任根据本班的实际情况做有针对性的培训。

比较有效的方式就是定期召开小组长座谈会——每周至少组织一次行政小组长会议。班主任每天都要对小组长的管理工作进行关注，抽时间与小组长进行座谈，了解他们在管理小组中的困惑，给他们指导管理小组的方式、方法，帮助他们增强小组荣辱感，教会他们如何对组内特殊同学进行帮扶，为他们在管理中遇到的困难提供建议。给小组长创设交流经验的平台，有助于他们及时将自己遇到的困惑说出来，发挥集体的优势共同想办法去解决，增加小组长的管理经验。比如说，在管理过程中与组员发生矛盾该如何处理？针对小组成员的不同性格，以什么样的方式与他们交流才能达到自己想要的效果又尽量不产生矛盾，这就是说话的艺术，与人相处的艺术。

2.关注各小组的情况

班主任要关注各小组的动态发展情况，及时发现并推广小组里好的管理经验，及时帮助暂时落后的小组；关注被边缘化的个别同学（如果有的话）。

3.促进小组间合作、交流

协助各组建立各自特色文化，协助各组制订可行目标，统筹组间的竞争合作关系。比如建立组与组的帮扶，组与组的对抗。

四、用好小组评价策略（奖惩激励机制）

1.评价的原则

①及时性。评比结果不过夜，更不能让组员等待一周排名出来之后才知道自己加了哪些分，扣了哪些分。

②客观性。一般情况加扣分的标准统一为1分/次。对个别重大贡献，可以事先通过组规约定额外加分，如发表了文章、获得了大奖、参加了大型活动等。

③公正性。确保加扣分都按要求进行，确保没有徇私舞弊的情况。

④激励性。评比对事不对人，客观公正，这是起到激励作用的前提。

⑤团体性。对小组的评价一律采用捆绑式评价，培训他们的合作意识与团队精神。

2.奖惩措施

（1）根据本班各个阶段情况，由班主任和组长讨论协商后制订相关措施（比如根据小组排名选位置，周五得分落后的小组留下大扫除等）。

（2）有些措施要灵活多变，与时俱进。比如加分政策，刚开始时是累计加总分，但过一段时间发现有些小组在某一科上不发言，在另一科上又很积极发言，总分也不低。我们就把这科的分数单独考评。有些小组一周的开始不发言，快到周五时又很积极发言来弥补。所以，我们就改用名次积分，每天的积分都有上限。

（3）设立各种荣誉激励小组和个人

比如设立"感动班级（小组）人物"，每周评一次。由小组提供事迹，专人写颁奖词，上展板展示。

班级凝聚力的源泉

——论小组合作学习中班级荣誉感和责任感的培养

语文组　郑明义

有这样一个故事,当修建圣彼得教堂时,有人找来正在工地上施工的三个工人,问了他们同一个问题——你在干什么? 第一个工人说:"我在砌砖头。"第二个工人说:"我在修世界上最大的教堂。"第三个工人说:"我在建设一个净化人们心灵的场所。"

这是一个耳熟能详的故事,我们要思考的是:为什么做同样的工作,三个人的回答竟然有如此的天壤之别?

其实,这种巨大的差别来源于对自己工作的荣誉感的认同。有没有荣誉感,荣誉感的大小,对自己工作的执行和结果是具有决定性作用的。

小组合作学习下的班级管理何尝不是如此!

我校进行的魅力课堂教学和班级雅行教育,真真正正地贯彻了以学生为本的生本理念。在班级中尊重学生和小组的自我管理,尊重学生和小组的个性。但是,如果片面强调个人的需求,片面强调小组的发展,那么,班级就会被架空,会形成"诸侯争霸"的散沙局面。没有班级共识,个人和小组的发展最后必然成为一句空话。个人也好,小组也好,他们毕竟都是以班级为核心的。如何克服班级的需求与个人的需求、班级的发展与小组的发展这两组矛盾,是课改过程中不可回避的问题。

而解决这两组矛盾的办法就是形成班级的荣誉感,促成学生与小组的责任感。

记得我们8班的学生刚进初一时,徜徉在"四环节·问题导学式魅力课堂"里,异常活跃,回答问题小组加分,做好事小组加分……加分,加分,为了给自己的小组加分,他们铆足了劲儿。可没过多久,问题就来了……

9月底,学生处通知各班办黑板报。宣传委员张雪涵决定采用小组竞标的方式,即每个小组各自设计一个黑板报版式,用投影仪分别展示,设计组加1分,中标组加3分,如果获奖分别又加7、6、5分。张雪涵话一完,孩子们异常兴奋,因为加分太有诱惑力了。结果,徐铭丞组(一组)中标。毕竟是第一次代表班级出马,都想来个开门红。徐铭丞组想请邹妮睿组(四组)的小画家江岷珉帮忙,哪知四组的张松和杜世豪不干了:"你们一组这么能干,加了这么多分,哪里还需要我们帮什么忙嘛? 江岷珉千万不要同意!"张松他们的话也引来了其他组对一组的"嫉妒",教室里风凉话四起,乱成一团。

毕竟"四环节·问题导学式魅力课堂"的核心是小组建设,学生们都想给自己组加分,都想让自己组优秀,这无可厚非,但问题是孩子们过分关注自己小组的荣誉得失。那班级的荣誉得失呢?

我陷入了深思……

没多久,黑板报评比结果出来了,我们8班连个安慰奖——三等奖都没有捞着,一组的孩子垂下了头,其他组的孩子也一脸的丧气。我眼见此景,故意高声说:"这次黑板报,我们8班连个安慰奖都没有,丢的是一组的脸吗?"孩子们沉默了。

全班围绕这次黑板报事件分小组进行了讨论,也为他们自己前段时间的过分争分夺利进行了反省。

后来,大家都变了。

黑板报依然是小组招标,依然加那么多的分。但每组的外援多了,小画家江岷珉、蒋瑞川;小书法家朱砂、申颖、王艳、孙崧卿是有求必应,甚至是不请自到。

为了8班,孩子们自觉服从值日班长的管理,2011年12月初我在广州学习一周,班级就由班长和值日班长管理,没有按以前的惯例请求学校委派一位科任教师任代理班主任,班级就彻彻底底交给学生管理。回到重庆的第二天,我一大早赶到学校,远远听到的是8班孩子们朗朗的读书声,走进教室,科代表在组织大家朗读,值日班长张欣在教室里巡视。我环顾四周,教室窗明几净,地板干净无屑。打开值日班长日记,平时很内向的才女江岷珉在她昨天的班长日记里的题目竟然是那么的热烈——"老板归来,鼓掌"。班长孙崧卿在这几天里忙里忙外,把学校布置的工作安排得井井有条。老师们也纷纷表扬孩子们这几天的表现。那时那刻,我分明感到我的喉头在微微颤动。别忘了,他们还只是一群初一的孩子呀!

2013年10月底,第51届校运会上,我班的实力远不及其他班,但我班的健儿面对强手,为了8班的荣誉敢于亮剑。傅智艺、江珉岷、吴怡、王语涵等女同学不顾自己的例假,在细雨中奋力拼搏。最终我班列第8名。在总结会上,我动情地说:"这次运动会成绩是我所带班级中最差的,但也是含金量最高的,我们输在技不如人,但我们每个人为了班级,都竭尽全力,我们不惧强敌,敢于拼搏。运动会上,我们气势如虹,这个第8名是沉甸甸的,它足以骄傲地载入8班的史册。"

2014年6月3日下午4点,我们即将告别朝夕相处的教室,面对黑板右面的荣誉墙,面对我们8班全体成员三年来辛苦挣来的奖状。有同学提议:我们搞一个仪式,告别8班,迎接即将到来的中考。全班肃立,面对荣誉墙。团支书王艳小心翼翼地摘下每一张奖状,双手交给班长孙崧卿,孙崧卿双手接过,向大家一张张地展示,然后又郑重地把奖状平放在讲台上,小心抚平。没有音乐的伴奏,但我相信每个人心目中都有这三年来激荡的交响,因为我看到很多同学眼里泛起了晶莹的泪花。

一个团队的伟大并不是因为团队某些成员的伟大,而是由于他们作为一个团队的伟大。当这个团队的工作态度、工作方式和取得的成就让人产生敬佩之情时,团队的每个成员都会在心中形成荣誉感,并以自己成为其中的一员而自豪。同时,这种荣誉感又会形成强烈的责任感,促使团队的每个成员用实际行动去维护团队的荣誉和尊严。荣誉是所得,责任是付出。付出固然不易,但这样付出得到的回报,绝不是个人得到的物质利益,而是团队无形的收获,是团队形成和发展的源泉。

新课程改革背景下班级小组建设、管理的实践和反思

英语组　谢　苗

基础教育新课程改革的帷幕已经拉开,新的课程改革反对"课程是学科"的传统观念,确立"课程是一种经验、一种体验"的理念。在此理念指导下,只有当教师和学生在实际的教学情境里共同活动、产生实际的教和学的行为时,"课程"的意义、"课程改革"的目标才能实现"。此外,新课程标准要求走出知识传授的目标取向,关注学生作为"整体的人"的发展,即谋求人的智力和人格的协调发展。建设民主的管理文化也属于新课改的重要内容。如何激发学生积极参与到实际的教学情境里? 如何更好地实现学生人格和智力的协调发展? 怎样建设民主的管理文化? 要处理好以上问题一方面需要学科教师在教学中的引领和激励;另一方面好的班级组织管理模式也会为实现上述目标提供强大动力。

在我校"魅力课堂"和"雅行班级"的小组管理中,每位学生的课堂学习和班级常规的表现都会被详细量化并以打分的形式计入小组的考核里,而小组的得分又被纳入班级各小组的评比中,最后学校根据各班级小组管理的情况选出校级的优秀学习和管理小组进行奖励。在过去对学生的评价体系里,只要学生个人学习,表现优秀就可能被评为优秀或"三好"学生。实施新的小组管理模式后,被评为优秀或"三好"学生的前提是该生所在的小组在一学期内至少被评过一次校级优秀学习小组或管理小组。这样的管理方式使综合素质较好的学生认识到只做到个人的学习和表现好还不够,要让团队和自己一起进步才行,而后进的学生也会意识到自己和小组荣辱与共。这样,就会充分调动各种类型的学生为团队努力和付出,一方面在课堂上小组成员积极参与,促进彼此学习的进步和成长;另一方面也培养了学生的团队精神和协调能力,符合中学生核心素养培养目标中明确的培养合作担当的公民这一目标。这种积极向上的精神力量不光激励着个人和小组,全班的风气也会呈现良好的发展,学生的各方面潜能得到持续的激发和呈现,这些都为学生长远的发展奠定了良好的基础。下面我将从两个方面阐述这种组织管理模式的建立:第一,如何构建班级小组;第二,如何采取有效措施增强小组凝聚力,从而形成团结向上的整体班级文化。

一、如何构建班级小组

既然学生的个人表现会被纳入小组间的评比考核中,组建实力相当的小组就显得极

为重要。否则,学生会有一种不公平感,挫伤学生参与小组活动的积极性并可能破坏班级同学间的团结和睦氛围。合理地组建小组没有固定的模式,要根据班级学生的具体情况灵活处理。下面介绍三种在实践中较常用、效果较好的小组构建方法。

1.按成绩、性别均等分组

对于初一和高一的新班级,班主任除了知道学生的进校成绩和班级男女生人数外,对他们的性格,兴趣爱好和特长了解得较少,同时学生彼此间的了解也几乎为零。因此,根据学生具体情况均衡分组的依据较少。在这种情况下,班主任只能依据成绩和人数及男女生的比例来分组。具体做法是根据班级人数确定小组数量。一般做法是小组成员不能少于4人,多于7人。此外,尽量让每组成员的成绩有相似的好、中、差的比例,同时还要兼顾每组成员中男女生的占比,不要出现某一组全是男生或全是女生的情况,或者某一组只有一位男生或一位女生的情况。这种分组方式的好处是快速地组建班级小组,适用于开学工作极其紧张的情况。但缺点是小组成员的搭配常会出现不恰当,可能会给后期班级团队建设带来困难。所以这种分组只能是权宜之计,开学一段时间后要对小组成员重新调整。调整的方式可以是教师根据学生综合情况决定,也可以是学生自行决定。但是前者可能会让学生觉得教师的管理权威过大,不服从教师的分配;而后者又会让教师担心学生因私人的好恶恩怨而不会按小组划分的基本原则分组。如何走出这样的困境? 在接下来的分组方式及小组建设的阐述里我们将就这一问题进行进一步讨论。

2.按成绩、性别、个性及特长分组

另一种新班级的分组方式是班主任利用开学报到正式行课前的一点时间开展一些班级活动,让教师和学生及学生之间有初步的认识和了解。学生的自我介绍是在实践中运用得最多的一种方式,但可以对这种方式进行一些拓展,如学生除了简单的口头自我介绍外,还可以通过实物或图片展示的方式更详细地介绍自己。如条件允许,才艺展示,班级游戏,或几方面的活动结合开展会收到相当不错的效果。这样做不仅增进了师生间的了解,新班级的凝聚力会立刻增强,为开学后班级教学管理工作的顺利开展铺平了道路。通过这些活动,教师可以从成绩、个性及特长上来对学生进行较为合理的分组。分组的原则仍如上文所述:确定小组数量,小组成员的数量,小组学生综合能力的均衡分配,个性特点的协调搭配以及男女生在小组内的比例等。这种有一点前期准备工作的分组方式会让班主任更多地了解学生,开学后的学生工作更有的放矢,在管理上走的弯路可能更少一些。同时学生在活动中更有团队的归属感,更有利于新课程教学和管理理念的实现。

3.按推荐组长、双向选择的方式分组

很少有班级分组后就不作任何调整的情况发生,即使实施上述的第二种分组方式也需要对小组进行重新调配。这一方面是因为师生逐渐彼此熟悉,了解更多,既有的分组总会有一点不恰当;另一方面,重新分组也有利于鼓励学生学会和更多的同学交往与合作,避免在班里形成固定化的小团队。经过第一次的分组后,学生们在新课堂的模式里学会了团队合作,认识到了自己和小组、班级息息相关,在每次的学习活动中不断提升自己的综合能力,在班级和学校管理中行为更加规范合理。新课程理念下的教学和管理从两方面促进学生智力和人格精神的发展和成长。在这种情况下,班主任就可以放手让学生根据小组分组原则自愿组成小组。具体做法是,教师确定班级小组数和小组人数。然后,由全班共同推选出与规定小组数目相同数量的学生作为组长。例如,如果班级由 7 个组构成,就推选 7 名组长。推选的组长必须是学习优秀、能力突出、人际关系良好的学生。(当然,班级要有这么多数量的优秀学生有赖于班主任前期的培养。由此可见,新课程所要求的教学和管理工作是环环相扣、步步促进的,是一个动态的、不断生长的系统)然后又由推选出的组长一轮一轮地选择组员。选择的方法是教师按学生的综合表现把班级里其余的学生分成几个批次,组长分别在几个批次里选择。同时其余的同学也可以拒绝某位组长而选择到自己中意的小组里去。这是一个多方参与、综合考虑、双向选择的过程。这个过程培养了学生的责任感,也有利于建立民主的管理文化,有利于实现新课程理念中培养"完整的人"的目标。

二、如何采取有效措施增强小组凝聚力,从而形成团结向上的整体班级文化

中学生核心素养培养目标明确指出要培养学生积极参与社会活动,具有团队合作精神;对自我和他人负责;履行公民义务,行使公民权利,维护社会公正等。小组建设的种种举措恰好服务于这个目标。而如何增强小组的凝聚力,培养团队精神,增强学生的责任意识,使小组管理发挥强大作用,从而形成团结向上的整体班级文化呢?一般可以从以下几方面入手:

首先,班主任的日常管理工作要认真执行让每个学生的各方面表现计入小组得分考评的制度。避免管理过程中可能出现的随意性和不连续性。只有这样才能促使学生意识到自己与团队的利益是一致的,让集体的力量促使每个学生反思、改进和提升自己。但是,实际情况下也会出现某个小组因个别学生做得不够好,导致小组考评得分低,小组成员内部出现裂痕的情况。此时,班主任要及时介入,找该小组成员逐一谈话,或召开小组会议,用积极的交流策略了解情况,疏导学生情绪,共同找出解决问题的办法。这项工作要求班主任要有较强的沟通协调能力,解决问题的智慧。但只要班主任积极作为,学生们会在潜移默化中受到教师积极态度的影响,学会以理性审慎和积极的态度解决问题。渐渐地,此类问题出现的可能性就会减少。

其次,小组管理模式是促进学生全面参与到课堂学习活动中的重要手段。这需要任课教师改变传统的知识授受的课堂,设计丰富的探究式学习活动以激发学生主动参与到发现问题、分析问题和解决问题的过程中来。在这个过程中,学生的思想产生碰撞,彼此激发,从而获得知识、能力和智慧方面的丰厚回报。这样的满足感就会超越小组评分的快乐,进入更高层次的恒久喜悦,带来学生对自己和他人的欣赏和肯定,促使他们潜能的

进一步发挥。这样就会避免使小组评比沦为肤浅的好坏比较,使学生产生嫉妒、不满和自卑的不良情绪。

最后,开展班级活动始终是增强团队力量的有效方法。各种活动的组织完全可以让班里的小组或小组间合作承担,如规划、设计和主持班会,承办黑板报,组织课外体育活动等。在这一系列的活动中,每个学生不同的特点得到展示和认识,每个人在集体中找到存在的价值和尊严,良好的班级面貌自然就会呈现。

总之,"魅力课堂"和"雅行班级"的核心所在就是激发学生的内动力,实现自主学习、自主管理、自我教育的愿景。要实现这样的飞跃,必须把小组管理模式作为班级学习和管理的抓手,才能真正培养学生的学习能力和协作能力,才能达成"管理的最终目标是不管"的终极目标。

班主任应重视学生干部的"小毛病"

历史组　王小梅

∴∴∴∴∴∴∴∴∴∴∴∴∴∴∴∴∴∴

摘要：学生干部是班级的核心力量，在干部队伍的培养过程中，班主任应该重视孩子们表现出的一些"小毛病"，及时加以分析、引导，从而打造一支高素质的干部队伍。

关键词：班主任；学生干部；"小毛病"；成长

学生干部，是班级工作的核心力量，也是班风学风的风向标。拥有一支正直、纯洁、团结、进取而能干的学生干部队伍，是一个班级优秀的必要前提条件。但几十个鲜活的生命走进一个班级，因为个性的不同，经验、能力、耐心不一，以及学习环境的变迁，干部队伍的素质也会参差不齐，因此，对干部队伍的观察引导和培养，是班主任前期工作中最重要的一个环节。在多年的班主任工作中，我发现很多学生干部早期容易暴露这样一些必须纠正的"小毛病"，我们在工作中都要及时加以引导和纠正。

第一就是"依赖病"。

刚进初中，由于学生年龄较小，经验不足，他们往往更多的是执行教师布置的任务，遇到问题喜欢报告教师，而很少主动思考如何解决协调班级中出现的一些问题，更难创新性地开展班级工作。作为班主任，一方面要大胆充分地信任干部；另一方面要交给孩子工作的方法，激发他们的热情和动力，培养孩子独立工作的能力。我班上，要求值日班长每天做工作小结，值周干部每周五从各行政组长和各科代表，及平时的工作中搜集了解班级情况，写成工作总结，在周一的读报课上给全班总结，总结中披露的问题，我通常会询问学生们有没有办法自行解决，这时候往往会得到很多"金点子"。

同时，每个学月，还组织学生之间相互写鼓励性评语（三条以上优点，一条关键的缺点委婉真诚表达），并把评语反馈给家长，让孩子在公开公正的批评与自我批评中得到成长。班级中的大小事务，让干部们都各司其职，公区有垃圾，我只找清洁委员，让他监督保洁；学校检查黑板报，我找宣传委员安排干事，引导他们先去观赏一些优秀的黑板报，从而获取灵感，学会谋篇布局；自习课不够安静，我找值日生，他去提醒对应的行政组长管理好自己的小组。"三自"值日，我让干部分区巡逻，我只抽查。渐渐地，我几乎在班级中成了"多余"的人。

第二是"小心眼病"。

同学之间难免会产生一些小的摩擦和矛盾,非常正常,很多事情都不需要班主任出面调停,他们自会在交往中磨合和成长。但是不和谐的干部队伍必然导致不和谐的班集体,将会对教育教学工作的顺利开展和推进产生不良影响,因此,班主任一定要高度重视,要根据不同情况,积极寻求处理冲突的有效策略,既解决冲突,又要让学生得到教育,推进干部队伍的和谐团结发展。

正确地处理好学生干部间的冲突是班级工作中艺术性较强的一部分工作。小 Q 和小 L 曾经是我班上最得力的两个干部,小 Q 的个性直爽大胆,小 L 周到细致,两人工作都认真,而且敢于创新,独立性强,给我减轻了很大负担,但是前一阵我偶然得知她们俩相处并不和谐,而且各自逐渐形成一个伙伴圈子,虽然还没有走到拉帮结派的地步,但这也不是什么好兆头,因此我还是决定适当"干涉"。首先从侧面了解了她们之间并没有正面冲突,也没有过多地去说对方的闲言碎语,然后我查看了她们小学的履历,发现小 L 在小学就一直是主要干部,而小 Q 好像没当过什么干部,但是目前来说由于小 Q 的个性更热情爽朗,成绩更好,在班上似乎人缘更好。根据她们各自的个性,我用不同的策略了解了她们在各自心中的印象,虽然都有所保留,但至少有七分真实,并且都有好好相处的意愿,但是都不知道怎么去突破以前的隔阂。我首先找自我反省能力更强的小 Q,告诉她:"在这样一个大家庭中有不同意见、不同个性的同学很正常,有她不欣赏的人也很正常,但是不能轻易把不欣赏的情绪表露给其他同学。"小 Q 欣然接受。同时跟她谈起我们上一届的优秀干部小陈,介绍她怎么包容不同个性的同学,怎么真诚地帮助其他人,怎么得到大家的尊重,如何协调学习与工作的矛盾,等等。这个追求进步的女孩收获和感悟很多。而对小 L,这是个细致周到却又敏感的女孩,在小学就是教师的"左膀右臂",深得教师宠爱及同学的崇拜,进入中学后这种优势被打破,加上成绩中等,难免失落。因此调整她的状态更为重要,也不是一两次谈话就能解决问题的,我更多地采用侧面帮助和提醒的方式,让她学会真实地面对自己的内心,把更多的精力集中到搞好学习上去。慢慢地,她走出失落和不平衡的阴影,别人再说她缺点的时候也不再那么郁郁寡欢了,而是欣然面对,和小 Q 也渐渐成为工作上的好搭档,学习中相互促进的好伙伴,迎来了阳光灿烂的日子。

第三是"三分钟热情病"。

初一的孩子单纯而热情,一般在教师的鼓励下都愿意为班集体服务,但是体验了一段时间琐碎而平淡的班级工作后,加上一些工作开展起来有难度,找各种借口或者直接说不想干的干部就会出现,处理不好,还会引起连锁反应。因此,班主任一方面要严格要求干部以身作则;另一方面也要容许和包容他们的错误、缺点,考虑到他们的实际年龄、生活经验和承受能力。不要因为一些小错误就用"你怎么带头的?""你这个干部怎么当的?"等一些打击和挖苦的话来刺激他们,更不能为追求所谓公平打击他们的威信,动则当着全班同学的面呵斥他们的一些错误行为。第一,我认为要语重心长地和他们谈心,安抚他们、引导他们,帮助其分析,促进其在反思中成长。至于处罚,我更多地倾向于由他们自己决定,孩子们的自我处罚往往比教师对他们的处罚更重。然后,我根据实际情况作调整,最后由他们自己给同学表态,这样既教育了孩子又树立了干部的威信。第二,是对于他们努力的过程和成果要及时给予表扬,不能只追求结果,不看重他们在过程中的付出。比如说运动会上获得好成绩,要大大表扬在组织过程中他们付出的一些细节,奋斗中的拼搏精神,等等;即使运动会上失败了,也要表扬他们的付出和拼搏精神,促使他们去自我反思失败的原因。第三,适当减轻干部的工作压力,教会他们提高工作效率的方法,让他们学会处理工作和学习的关系。第四,让其他学生体会干部们的奉献精神,学会分担。学习干部的优点、包容干部的缺点,对工作需要改进的地方学会善意的提醒。第五,不能随意加重对干部的处罚。出现错误行为应按责任分而不是职务分,不要让孩子总感觉费力不讨好。总之,保护干部的工作热情和严格要求干部是同等重要的,这也是衡量班主任工作是从爱心出发还是从成就出发的一个重要依据。

　　第四是"权威病"。

　　这是个工作经验与方法的问题。初中尤其初一的孩子较小,很在意他手中的权力——"管人",管理别人他认真热情,使用"权力"他扬扬得意,呵斥同学他盖过教师,甚至在有科任教师和班主任在场的情况下,他也在大声吼着"安静!安静!"让教师尴尬,也让旁边的班级或路过的教师感觉这个班乱糟糟的,同时更重要的是容易造成和一些顽皮学生的对立,从而导致干部"管理"比不管还乱的现象。还有,比如午休静校的时候,开始常常有科代表出教室进办公室交作业、抱本子等事情,显然这是不公平也不利的。因此班主任有必要引导学生采用正确的方法管,在适当的时机管,尤其是作为干部自身的管理比管理班级更为重要。

　　总之,一支高素质的学生干部队伍,不是一蹴而就的,班主任必须拥有一颗真正热爱教育学生的心,真正把学生的近期目标和长远目标结合起来,客观面对千差万别的孩子,细心、留心观察,及时作出相应的处理。

论合作学习小组的建设与管理

数学组　谭　法

⁕⁕⁕⁕⁕⁕⁕⁕⁕⁕⁕⁕⁕⁕⁕⁕⁕⁕⁕⁕

摘要：随着国家一轮又一轮新课程改革，我国的基础教育方式发生了翻天覆地的变化，现在普遍接受的教学模式就是小组合作学习。关于小组的组建和后期的管理一直是一个高热不退的话题。本文将着眼于平日教育实践，展开探讨班级小组建设和管理方面的问题，分享个人的一些管理办法及反思，以供读者参考。

关键词：新课改；基础教育；小组建设；合作学习

随着我国中小学教育改革的推进，中小学课堂的形式多种多样，我校三年来一直致力于新课程改革的深入推进，并提出魅力课堂教学理念。那么怎样进行分组才能提高班级的学习效率，分好组后又有哪些管理措施以形成一个良好的班级氛围，应该以什么样的评价机制来评价学生？这些都是急需解决的实际问题。下面简要谈谈我在这些问题上的一些做法和反思。

一、小组建设的重要性

俗话说："三个臭皮匠，顶个诸葛亮"。在西南大学硕士蔡静《合作学习小组的建设研究——基于群体动力学理论的探讨》一文中提到合作学习对促进学生全面发展具有深远意义：①有助于学生合作精神和团队精神的培养；②有助于提高学生的交往能力；③合作学习面向全体学生，有利于促进每个学生的发展；④合作学习能够充分调动学生学习的积极性。

具体看来，小组建设有以下优点：①为合作学习提供了良好的基础；②有利于改变小组成员的行为；③有利于推动小组的发展；④有利于保证小组目标的顺利达成。建设合作学习小组是为了使小组运行良好，而运行良好的小组必然是一个人际关系协调，沟通顺畅，小组各项规范明确，小组成员积极互信，合作互助的小组。在这样的一个小组中，小组成员会更加积极地参与到小组活动中来，把小组的共同利益放在首位，为达成小组目标采取一致行为的愿望更强烈，实际效果也更好。不难得出，建设这样一个小组，来为合作学习服务，小组的共同目标也能更快、更好地实现。

二、小组如何建设

（一）建设一个良好的合作学习小组的意义

一般来说,建设一个良好的合作学习小组有以下几个优点:①有利于班级团结,学生之间的关系更加融洽和谐,组内互相帮助,互相监督,以实现共同进步;②有利于教师教育教学管理,组间形成竞争,以实现班级共同进步;③减少教师的工作量,课堂内外的一些小问题都可以在小组内部得到解决。一个好的学习小组可以个人影响小组,小组影响班级,形成一个良性的循环。

此外,良好的合作小组可以让孩子们学会如何学习,组内与组员的交流、组间与其他组员的交流都可以加强孩子们的人际沟通能力,正如华东师范大学课程与教学研究所教授、博士生导师钟启泉老师在《核心素养的"核心"在哪里》一文中所说"对话与合作是基础。分享对话与知识,共同交流意义。通过对话,使课堂成为播撒思考的种子、展开交流的场所。"良好的合作小组学习正是使课堂成为播撒思考的种子、展开交流的场所的一种合理尝试。基于此,我们不但要推广分组学习,更要深化小组建设,不断探索总结经验教训,为国家教育改革创新发展尽我们的绵薄之力!

（二）小组建设的理论指导

1.分组的原则

学校魅力课堂在纵深推进内涵式发展的同时,坚持原有的"组间同质、组内异质"的原则,尊重学生意愿、集体协商的原则,稳定性与灵活性相结合的原则。

2.分组的办法

在分组这方面,学校的办法是:每个小组由4~6名学生组成,每班7~8个组(综合考虑性别、性格、兴趣爱好、成绩)——组合的最优化具体小组数额及组员人数因班而异,座位摆设,位置轮换。

3.分组其他管理方面

其他方面的意见主要体现在:①各组推选行政小组长1名(班主任指定、民主选举)、学科小组长若干(每个组员至少担任一门学科组长);②组内建立帮扶机制,2~3名组员结成学习对子,每组3对左右,形成组内互学互助机制;③组间组成对口组,开展合作与竞争——比、学、赶、帮、超;④小组课堂学习的有效评价——小组整体评价原则、分层次评价原则、量化评分评价原则。

（三）我的小组建设

1.我的分组办法探索

方案一:将前面n次考试的成绩求平均值,为每位学生的最终得分,将得分从高到低排序,然后使用1—8,8—1重复编号,再按照编号升序排列,得到的编号为1,2,3,4,5,6,7,8的为1—8组,安排好小组长。

优点:分数平均

缺点:性别、性格、兴趣爱好等因素不协调

方案二:同方案一,得到1—8组作为初分组名单,再遴选得力行政小组长(自愿+能力原则),然后在班主任和班长的共同监管下让小组长来选人。

选人办法:

①1—8组组长依次在编号为1的同学中选人,如果某个组长在该序列,则该组跳过本次选择;

②8—1组组长依次在编号为2的同学中选人,如果某个组长在该序列,则该组跳过本次选择;

③重复(1)(2),直到人被选完为止;

④总体上对个别学生进行调整。

优点:民主,学生自己选择的组员,组内更加和谐。

缺点:容易造成小团体,班级分化。

姓名	平均分	编号
陈美玲	532.63	1
徐嘉骏	461.50	1
周梦婷	460.25	1
甘琨瑶	427.67	1
张嫒	422.42	1
张汀	295.46	1
彭霞	527.25	2
马骁驰	469.25	2
徐巳靓	459.83	2
夏秋萍	427.83	2
张倩萍	421.58	2
杨璐芸	306.75	2
李玉婷	525.96	3
陈聪	471.54	3
郭衍洒	450.00	3
徐思源	428.25	3
刘艳清	414.50	3
张涵颖	314.33	3
谢雯	518.67	4
陈丹立	474.00	4
易嬄莉	446.75	4
刘蕾	428.67	4
蒋文静	402.50	4
刘方仪	350.71	4
冉一乐	507.54	5

初分组名单1(部分)

姓名	平均分	编号	初分组各组平均分
陈美玲	532.63	1	
彭霞	461.50	1	
李玉婷	460.25	1	433.32
谢雯	427.67	1	
冉一乐	422.42	1	
廖茂宇	295.46	1	
陈朝曦	527.25	2	
冉燕	469.25	2	
刘纹辛	459.83	2	435.42
黄健庭	427.83	2	
陶张灏	421.58	2	
陈晓希	306.75	2	
陈丹立	525.96	3	
陈聪	471.54	3	
马骁驰	450.00	3	434.10
徐嘉骏	428.25	3	
周梦婷	414.50	3	
徐巳靓	314.33	3	
郭衍洒	518.67	4	
易嬄莉	474.00	4	
梅渝佳	446.75	4	436.88
王宇涛	428.67	4	
王耀辉	402.50	4	
王妍	350.71	4	
文杨	507.54	5	

初分组名单2(部分)

1	2	3	4	5	6	7	8
李睿	**陈丹立**	**郭衍滔**	**易媛莉**	**夏秋萍**	**胡伦群**	**甘琨瑶**	**何宇豪**
陈朝曦	徐巳靓	张汀	李沁书	陈聪	蔡雨	刘方仪	陈晓希
李玉婷	陈美玲	梅渝佳	刘蕾	刘艳清	蒋文静	王昌定	刘纹辛
冉一乐	马骁驰	冉燕	王妍	王宇涛	雷倩	徐嘉穗	张涵颖
谢雯	彭霞	黄健庭	文杨	徐思源	温雪	杨璐芸	王耀辉
廖茂宇	周梦婷	陶张灏月	徐嘉骏	张媛	张斯琪	张倩萍	周素帆

座次表初选名单

后门					
		第5组		**第8组**	
		夏秋萍	张媛	**何宇豪**	周素帆
		陈聪	刘艳清	刘纹辛	张涵颖
		王宇涛	徐思源	陈晓希	王耀辉
第2组		**第4组**		**第7组**	
陈丹立	马骁驰 / 张汀	**易媛莉**	徐嘉骏	**甘琨瑶**	张倩萍
陈美玲 / 彭霞		文杨	刘蕾	王昌定	杨璐芸
徐巳靓 / 周梦婷		李沁书	王妍	徐嘉穗	刘方仪
第1组		**第3组**		**第6组**	
李睿 / 陈朝曦		**郭衍滔**	杨俊	**胡伦群**	温雪
谢雯 / 李玉婷		冉燕	黄健庭	蔡雨	雷倩
廖茂宇 / 冉一乐		陶张灏月	梅渝佳	蒋文静	张斯琪
前门		讲台			

座次表最终排列

2.我的小组管理办法

资料:

班级管理十条

①迟到:早上、中午及课间迟到,迟到一次所在小组扣1分,有早退旷课者,一次扣5分,并交由班主任处理。

②上课纪律:严格遵守课堂纪律,不讲话,不吃东西,不翻阅与本课堂无关的书籍等,有违反者,每人次扣2分。

③零食:杜绝零食,发现带零食进教室每人次扣3分。

④集会纪律:要做到快、静、齐,统一服装,佩戴校牌团徽,集会过程中要保持队形整齐,全场安静,有违反者,每人次扣1.5分。

⑤静校纪律:13:10之前必须全员到位,先统一睡觉,13:40以后方可做作业、看书,但不得讲话,影响别人。纪律委员在教室前落座午休,管理好纪律,清点人数,做好记录。有违反者,每人次扣1.5分。

⑥手机:教室禁止带入手机,凡带入者自愿交由同学统一收锁,统一认领,被发现在教室玩手机或在教室手机响,每人次扣5分,手机当场没收,至少过一学期方可由家长认领。

⑦清洁卫生:墙面、瓷砖、玻璃、展台、外窗空调主机、黑板(槽)擦抹干净,桌椅、讲桌干净整洁,地面先扫后拖(大扫除必须全拖地),人员由生活委员安排,周五大扫除由雅行

评分最低的组负责,负责清洁卫生的组内成员必须全员参与,做完之后班主任(或清洁委员)检查合格方可离校;若清洁卫生未做彻底,导致班级扣分的组罚扫3天;组内成员不做或提前离校的罚个人做清洁3天;若不悔改者,请家长到校一起做好清洁卫生。

⑧课间操及体育课、计算机、音乐等课程要求:按照相应教师上课,课间操不请假不去者,以旷课处理。

⑨所有请假必须由本人向班主任请假,向班干部请假无效,住读生请假由家长打电话或发短信,并写请假条。

⑩以上各条,班干部违反者,扣分处罚加倍,多次违反者,撤销罢免其班委职务。

3.我的小组评价办法

我们学校对学生的管理和评价是以小组的形式来进行的,并且分小组过程管理评价和学科过程评价两条线。我的小组评价办法是在这个基础上稍微做了一点微调来操作的。学校的捆绑式管理会出现一些弊端,比如个别习惯一直都很差的学生可能总是为组里加上负分,长此以往,组员就会纷纷排挤他,反而不利于他的成长,因此我这学期做了一个小组与个人加减分相结合的办法,比如迟到、不做作业、不参加课间操、不做清洁卫生等都要在小组扣分的基础上,再扣个人分。每个学生开学的时候总分都是90分,经过一学期的加分扣分累计,最终优秀个人将从被评选过优秀的小组中根据个人操行得分高低直接产生。

另外也有很多的加分机制,比如参加年级、校级或以上的活动的,可以享受小组与个人双重加分,如果成绩突出根据获奖级别再加分。对学生干部,各司其职,每周进行一次总结,在上一周工作中无工作失误、无学校扣分的,可以给相应的班干部加分;对其余学生,一周下来表现良好的,也可以获得小组和个人的双重加分。

最后,小组的各项加分由班长和学习委员进行统计,得分最少的将负责周五的大扫除,下周一各个组将按照小组得分顺序进行重新选座位,一个月下来的总分顺序即可直接产生年级或校级优秀小组。

三、关于小组建设的反思

方案一的反思:

这样的分组在数据上是很科学的,平均分很适中,但是在说性格、兴趣等方面就做得很不够。高一的时候新分组还好,可是一旦到了高二,如果是你一直带的班的话,跟你也比较熟了,他们的性格就展现出来了,原来同一个组的同学你是很难分开的,因为他们原来的小组成员之间已经产生了一种依赖,一种说不出的情感。这时候如果这样分组,恐怕班里绝大多数学生会很不愿意的,即便是最后换了,也会有情绪,进而会影响学习。

方案二的反思:

方案二其实是班主任的想法和学生想法的一个中和,既体现了平均分,也照顾了学生的想法和意见,所以比较容易分组,组内的气氛也会比较好,不过这样做的话,有时候也容易造成学生形成小团体,出现班级分化。这就要求班主任要严格把关:自己的班长和行政小组长,他们的成绩不一定是最好的,但为人一定要正直,管理能力要强。这关把好了,班级的其他方面可能也就比较顺畅了。

分组的效果反思:

方案一:由于这种分组办法只注重于数据的处理,学生的性格兴趣等方面都没有考虑,效果不好,这学期开学的时候就因为这件事情才产生了第二次分组,第二次就是按照后一种办法来分的。

方案二:上学期半期考试后,分组的办法就是按照这种办法来分的,科任教师和学生都反映效果很好,班级氛围很团结和谐,在上学期的全校运动会上我们班全体参与,每一场比赛非参与者都为参与者加油助威,最终我们班同时获得了团体总分第一名和体育道德风尚奖,这对班上所有学生都有激励作用,我也多次将其制成视频来进行鼓励教育。

实际上,关于小组的建设,不同的班主任都有不同的思考,没有万能的分组方法和管理办法,每个人都有自己的个性,每个学生也有不同的性格,所谓"己所不欲,勿施于人",但"己所欲,亦勿施于人"。我国传统的基础教育过度限制于书本知识,太强调统一规范,不容许孩子有半点的个性,我个人建议可以在传统规范要求的限制下适当地考虑孩子的个性、兴趣等。

画出精彩人生
——班主任班级管理故事

政治组　梁　东

凤鸣山中学高 2015 级 11 班是一个特殊的团队,这里的每一个学生都是专业美术生,在他们的心中都有一个属于自己的美术梦,而实现自己梦想的工具就是自己手中的画笔!孩子们是幸福的,在枯燥的文化学习之余,得以拿起画笔,用线条勾勒自己的青春岁月,用色彩描绘自己的多彩生活。

正当孩子们挥洒激情,描摹青春的时候,有的人思想却抛锚了。一天,柳鑫同学突然找到我:"梁老师,我要退出美术班!我不想画了!"

作为美术班的班主任,我最怕听到学生这样的诉求。柳鑫是个学习态度端正的孩子,文化成绩基本保持在 490 分左右,美术成绩属于中等。按照现有势头发展下去,高考完全可以考上重点大学。如果退出美术班,转而学习纯文化,那么高考上二本线都存在很大变数,站在当下着眼于他自身未来的发展,退出美术班是一个不太理智的决定。

苏霍姆林斯基说过:"教师对学生怀着真挚诚恳的感情,这正是激励学生要成为一个好人的志向的生气蓬勃的力量。"我尽管内心十分不赞成柳鑫的决定,但还是没有轻易表示反对,决定先了解她作出这个决定的原因。

"怎么突然有了这个想法?"我问她。

"梁老师,我考虑了很久,我坚持不下去了,我想放弃!只是学文化,这样我能轻松一些。"眼神中满是沮丧和疲惫。看得出来,一年来的高强度学习,让她的身体负荷已经到达临界点了。

"唉",她轻叹一口气,接着说:"我对自己的美术专业已经没有信心了,色彩和素描一直上不去。为了提升专业成绩,我不得不减少文化课的学习时间,长期这样,两方面都会受到影响,到头来可能什么都学不好。"

原来是高强度的学习,难以突破的成绩,让她对自己产生了怀疑,以致渐渐失去了信心。

"梁老师,当时我选择美术班,是因为对美术感兴趣,还有就是通过美术考重点大学可以轻松一些,可现在我的兴趣已经没有了,剩下的只是强迫自己去画画。我开始怀疑自己的初衷是不是错了。"

她的情绪变得有些激动。我必须得承认,她的分析是有道理的。作为美术生,无论是美术专业还是文化课,只要一方面无法突破,在高考的时候是会吃大亏的。

我试着平复她的情绪:"你的心情老师非常理解,但是现在不管是我答应你,还是拒绝你都显得过于草率,马上就要半期考试了,好好去复习。同时,让我好好考虑考虑。"

"梁老师,希望你能快点给我答复,我这几天一直睡不好,整个人都快崩溃了,没有心思学习,也没有心思画画,我已经不知道自己该怎么办了。"她起身,用近乎哀求的声音说:"梁老师,请你一定要帮帮我。"

我冲她笑着说:"嗯,放心,我们一起想办法。"

柳鑫走了,我的笑容也即刻消失了,内心一直无法平静。一个平时柔柔弱弱的女孩子,会爆发出如此大的情绪,可见她内心是多么地纠结。心理学家马斯洛将人的需求分为五个层次,自我实现的需求是一个人在自我发展与自我完善时的直接目的。对于柳鑫来说,无法在成绩上得到提升,信心自然受到打击,成就感也就荡然无存;接收不到来自外界的尊重和内心的成就感,焦虑和不安等各种负面情绪也就随之而来。

作为班主任,我为柳鑫的现状感到担忧,更为担忧的是柳鑫的情况只是个案还是班上已经普遍有了这种想法?如果是普遍存在的问题,难度就会加大,我需要做的事情也就更多。我决定先找班长了解一下情况。班长告诉我,其实从这个学期一开学,就陆陆续续有同学表露出类似想法,大多数同学感觉美术压力突然加大,柳鑫只是这些同学中最突出的一个。除了她,还有三到四位同学也有退出美术班的想法,只不过不好意思来跟我讲。

通过和孩子们的交流,我了解到,现在美术班的任务较之以前更重,就连美术成绩比较优异的同学都要到晚上 12:30 之后才能休息,这样连续奋战多日,身体的疲惫是显而易见的。最关键的问题是,有些学生在美术上急于求成,拼命地给自己施压,但是收效甚微,在无法获得教师的足够认可时就灰心丧气,怀疑自己的能力,产生了放弃美术的想法。

洛克说过:"你愿意他向你开诚布公,请教一切吗?你便应该先去这样对待他,用你自己的态度取得他信赖。"

为了疏导柳鑫的负面情绪,我决定站在她的角度思考问题,客观地帮她分析原因:

①文化课上虽然稳定在 490 分左右,但是没有明显的进步,本次考试成绩到了 460 多分,这与她心目中的那个目标还有不少差距。

②美术学习的过程中,对于色彩的把握依然缺乏感觉。还有速写,虽然每次上课都听得很认真,下来画画的时候也很努力,但就是无法收到实质性的效果。

③在美术和文化课的双重压力下,身体机能感觉要透支了。

在找出这些原因后,针对文化课成绩无法获得实质性的进步,引导她正确看待自己这次考试的成绩。"你成绩能稳定在 490 分左右本身就已经不容易了,这次考了 460 多分,虽然绝对分数较自己的正常水平下降了 30 分左右,但因为这次的年级平均成绩较上次月考有了明显的下降,所以在年级上的排名反而前进了 53 个名次,说明你是下了功夫的。"我从整个年级考试的平均成绩来帮她分析。

她紧皱着的眉头稍稍舒展了一些："老师,你说得对,可是如果我的分数在高考只考460多,是远远不够的。"

往年美术生的文化本科线都是360多分,当然,只是到达这个本科线是没有多少意义的,如果想考上好的重点大学,就必须尽量提高自己的文化成绩,460分要想考重点大学,专业联考成绩必须超本科线30分左右,而柳鑫的专业现在能不能达到这个要求还是未知数。但是,现在当务之急是先让她在文化课上树立信心。

我接着她的话继续说:"现在说你自己在高考时候只能考460分还太早了。事在人为,从往年的经验看,美术班同学的成绩平均都可以上涨30分,而且你的底子不错,考上500分都是很有可能的。"

"我行吗?"

"应该对自己未来的学习充满信心,"我给她看了上一届美术班的历次成绩,打消了她的顾虑,"但是如果从美术班出去,这个成绩到高考的时候最多只能三本上线,这样的结果难道是你想要的吗?"面对这样一个可以预料到的未来,坚持下去是柳鑫最好的选择。

针对柳鑫觉得自己在美术上的进步不够明显,成就感不强,我请美术老师罗老师跟她交换了意见:虽然现在自己的美术作品还不够理想,但是总能发现值得表扬的亮点,有很大的进步空间;结合上一届的学习经验表明,现在是美术学习的攻坚时刻,突破这个瓶颈是能力飞跃的关键,要坚持下去,任何美术生都必须渡过这个关口。最后,就是要相信自己,相信自己的老师。

在和柳鑫的谈话当中,我和罗老师一直鼓励她要相信自己、相信老师,给自己足够的时间和耐心。最终,柳鑫同学打消了自己的顾虑,决定坚持下去,给自己一个机会,也给未来一个机会。

柳鑫的问题解决了,可是全班同学对现状还是普遍感到焦虑。这种情绪无法得到及时而合理的疏导或宣泄,最后集中爆发将是十分可怕的!所以,我必须采取行动。

相对师生之间的交流,学生之间更容易吐露真情。如果能加以正确引导,往往能起到事半功倍的效果,于是,我准备另辟蹊径。

在2014年美术校考中,我校高2014级美术班取得了丰硕成果,有7位同学过了清华的专业线,6位同学过了中央美院的专业线。对于我来说,这是个很好的教育资源。我决定请其中10位同学来和我们班的同学进行面对面的交流,一方面给他们以信心;另一方面给他们以方法指导。

经过精心策划和准备,我班学生与10位学长利用一节班会课进行了有效交流,班上的负面情绪得到了较好的控制,他们又满怀信心地拿起画笔去描绘自己精彩的人生了。

【反思】

在大多数人的眼里,美术生给人的印象一般是成绩不好,在学习上偷懒。之所以学美术,就是因为美术专业可以分担文化成绩的压力,学起来更轻松。然而事实远不是这样,美术生往往承担着比普通学生更大的压力,不仅要应付文化课的学习,还要兼顾专业,如果一个方面出了问题,则会影响全局。所以,对于美术班班主任来说,帮助学生解压是一项非常重要的工作,而人的情绪往往会受到周围环境的影响,情绪起伏,你几乎无法去预判,这就要考验班主任的耐心了。

帮助学生解压有时候不是简单地谈谈心,鼓励鼓励就能处理好的,需要我们把工作做细。学生的感情是很丰富的,要想去教育和帮助他们,前提是要尊重他们作为一个人所拥有的所有情感,而不是把他们当作机器,压抑他的感情。这个个案背后所折射的问题是在重压之下一个群体的情绪的表达和诉求,所以不能只是针对柳鑫一个人去做工作,而应该以柳鑫为突破口去审视整个班级,这就是我们通常说的:大处着眼,小处着手。了解他们情绪产生的根源,引导他们通过正确的途径去释放和宣泄。班主任的工作是由一个个细小而繁杂的事情堆积起来的,需要我们耐心、细心和有爱心,从点滴中总结出共性,对症下药,问题也就能迎刃而解了。

其实,学生中很多心理和情绪上的负能量,和他们对高中生涯我没明确的规划有着必然的联系。以美术生举例,由于受美术专业性质的影响,他们未来的专业选择和就业方向会呈现多样化的趋势,通俗点来说,对美术生的培养也应该因材施教,着眼于他们的自主发展。而大多数美术生在自己的专业定位上都是模糊的,对于未来的职业规划就更加无从谈起了,学习目的模糊,再加之遇到困难,负面情绪也必然随之出现。所以在我看来,从最开始的高中生涯规划着眼,让他们每一个人都找到自己的人生目标,在结合自己的兴趣和特长的基础上,选择适合自己的学习方向,并为之持之以恒。在接下来的学习生涯中,他们不仅可以收获知识,更重要的是锻炼了自己面对困难的能力,提高自己的判断力和执行力,全面提高个人素质和人文修养。

第三篇 『魅力』之径

高一年级语文学科 《声声慢》导学设计(二)

设计者 骆志惠

课堂文本	《声声慢》	文本体裁	古典诗词	课时安排	1 课时

设计思路(教材分析、学情分析、课程理念):

　　《声声慢》是新人教版(四册)第二单元古代诗词欣赏中的一首选词,作为婉约派代表人物李清照的易安体代表之作,是高中宋词的必讲之作。本着"全面提高学生核心素养"之"全面提高学生语文素养"的理念,根据《大纲》"能了解诗歌形式""诵读教材中古代诗文,大体理解内容,背诵或默写其中的名句、名段、名篇"的要求,结合学生古典诗词的积累欠缺,诗词诵读、感悟、赏析的能力弱的实际,开展形式多样的诵读赏析活动,赏析词中意象、意境,感悟词人凄离的情怀,着重培养其诗词诵读、赏析能力,以及发现美、感悟美的能力。帮助学生深刻理解、感悟婉约派作品的艺术魅力,为其语文欣赏和阅读等语文能力的形成,核心素养的提高,以及为今后的继续学习和其他学科的学习奠基。

【学习目标】

1.了解李清照的生平简介及本词的写作背景,培养知人论世的能力。

2.初步掌握婉约派的风格,提高辨别文体的能力。

3.鉴赏本词意象、意境,培养对诗词意象、意境的赏析能力。

4.通过反复诵读本词,正音、明义,最终熟读成诵,掌握古典诗词的吟诵方法,培养学生诵读诗词的语感。

5.在品读文本过程中,体味词作中的意象和由意象营造的意境,以及词句中凝聚的感情。

6.了解词作风格与社会环境、个人遭遇的关系。

7.体味词作中的意象和由意象营造的意境,以及词句中凝聚的感情。

8.体会作者对人生流离沉浮的痛苦的解读和感受。

【重、难点】

1.鉴赏本词意象、意境,培养学生对诗词意象、意境的赏析能力。

2.品读课文,领悟本词所流露的因社会环境、个人遭遇的关系在词句中凝聚的感情。

【学习方法】

　　基于上述教材、学情分析和课程理念,本堂课将主要采用朗诵法与探究法。教师播放范读录音,指导学生跟读、自由朗读、分组朗读、齐读。学生在教师指导下开展相关探究活动。

【流程预设】

一、读古诗,导入新课(4分钟)

教师活动	学生活动	设计意图
1.提示:请看两副对联"大河百代众浪齐奔淘尽万古英雄汉,词苑千载群芳竞秀盛开一支女儿花。""大明湖畔,趵突泉边,故居在垂杨深处;漱玉集中,金石录里,文采有后主遗风。"讲的是谁? 2.多媒体展示作者画像及作者简介。 3.导入新课。	1.思考、同桌共议、回答教师提问。 2.了解作者生平。 3.跟随教师进入新课。	创设情境,简介词人,激发起对词人作品的学习兴趣。

二、读词文常识,提高辨体能力(5分钟)

教师活动	学生活动	设计意图
1.多媒体展示婉约派词及其作家作品。 2.指导朗读多媒体所展示的常识。	1.补充自己所学的婉约派词人和作品,举手发言,相互补充。 2.朗读多媒体所展示的常识。	侧重知识素养方面:掌握婉约派词的常识,完成知识的储备,为后面对词的赏析作好准备。

三、读课文，赏析词中意象(15分钟)

教师活动	学生活动	设计意图
1.解说作者的一生遭遇,重点是创造本词的背景。 2.教师范读。 3.指导学生自由读、齐读,读准字音、节奏,读出悲痛、哀婉的情感。 4.指导学生结合注释,再读课文,感受本词内容的婉约特点。 5.指导男、女生朗读词的上下阕,赏析词其中意象、意境。	1.了解作者的社会环境及其个人遭遇,为后面理解作者情感作准备。 2.听范读,小声跟读,标注不会读和读不准的字的音。 3.自由读、齐读,读准字音、节奏,读出情感,体会词的音韵美和感情基调。 4.揣摩讨论感受词内容:上阕,以情写景,下阕景中生情。 5.女生朗读词的上阕,男生听,且思考: (1)词眼是哪个字?为何如此?(2)词中是怎样表达作者感受的?找出作者描写了哪些意象(请用散文化的语言将其意境描绘出来,并与原文比较,同桌交流)这些意象流露了什么?	掌握古典诗词的吟诵方法,培养诗词朗读的语感,赏析意象的能力和语言表达能力,为实际生活中的审美和沟通打下基础。

【问题答案预设】

(1)"怎一个愁字了得"中的"愁"是全词的词眼;有"亡国之痛,孀居之悲,沦落之苦",故而愁。在词的首尾直接抒发作者的感受,中间部分则采用间接抒情。

(2)运用一组意象,刻画浓重的悲情愁意。有"淡酒、急风、过雁、黄花、细雨、梧桐、黄昏"等。流露了复杂深沉的悲情:淡酒——借酒消愁,急风——秋风萧瑟,过雁——流浪、思乡,黄花——容颜憔悴,细雨——与相思愁丝有关,梧桐——凄苦、丧偶,黄昏——心中阴霾、暮年。

四、读名句，体悟作者情感(10分钟)

教师活动	学生活动	设计意图
1.提出问题: (1)哪些句子是直接抒情的?开头一组句子该如何理解?有什么作用? (2)中间每个意象分别传达怎样的情感和情绪? (3)结尾一句抒情有什么作用? 2.引导、点拨。	1.学生一边读一边勾画词中相关语句,分小组讨论、交流,推荐代表回答问题(1)(2)(3),其他同学质疑、补充。 2.在班级交流课前搜集的相关背景材料,合作探究、讨论、回答问题(3)。对作者南渡前后情况的了解。 (见预设)	培养学生发现问题、解决问题的能力,为教师进行有的放矢的点拨、引导提供前馈信息;分享学习资源,培养学生合作意识和合作能力。同时,也是本课难点的突破。

【问题答案预设】

1."寻寻觅觅,冷冷清清,凄凄惨惨戚戚。"从人物的动作、所处的环境、感受到的气氛上来写出诗人内心的:若有所失,寂寞凄清和凄苦无靠。为全诗奠定了哀婉凄凉的感情基调。

2.重在探讨"酒"对古代文人骚客的意义如:曹操、李白、陶渊明、苏轼、李清照,类比理解;"淡酒"之"淡"的理解:因愁浓,酒力无法消解,突出愁之深重;其次是"风""雁""黄花""梧桐""雨"等在词中的理解;理解作者表达上的凄婉哀怨的词风。

3.结尾一句"怎一个愁字了得"——主旨句。

通过作者南渡以后的生活状况和精神面貌的描写,抒发了作者悼亡之悲、怀旧之哀,以寄寓作者家国之痛、故土之思。

五、比较两首词的情感和意境的不同之处(5分钟)

教师活动	学生活动	设计意图
1.提示两首词创作的时间和作者所处的背景。 2.教师引导。 (见预设)	配乐集体朗诵《醉花阴》与《声声慢》,并浅谈不同。	通过比较,进一步感受作品风格、情感与创作环境、个人遭遇的关系,更好地掌握婉约派词的基本特点。

【问题答案预设】

《醉花阴》表达的是离情相思之愁,呈现的是一种轻烟袅袅、天气初凉和菊花吐蕊时的清新和寂静的意境;《声声慢》抒发的是国破家亡夫死后浓重的悲痛与哀愁,营造的则是一种晚风送寒、秋雨连绵、黄花零落、北雁南飞凄惨而悲凉的心境。

知人论世:时代环境、个人遭遇不同,作者关注的对象也不同,表达的情感和风格也不同,同一个作者给读者的感觉亦不同。同一词派,也有不同的表达风格。

六、课堂小结(5分钟)

教师活动	学生活动	设计意图
引导学生谈谈自己眼中的秋天、李清照,以及悲秋情怀。	思考、组织语言,举手发言。	了解学生对重、难点的掌握情况,以便及时调控。

七、作业布置(1分钟)

请在课后背诵本词,并阅读欣赏李清照的其他作品。

【附板书】

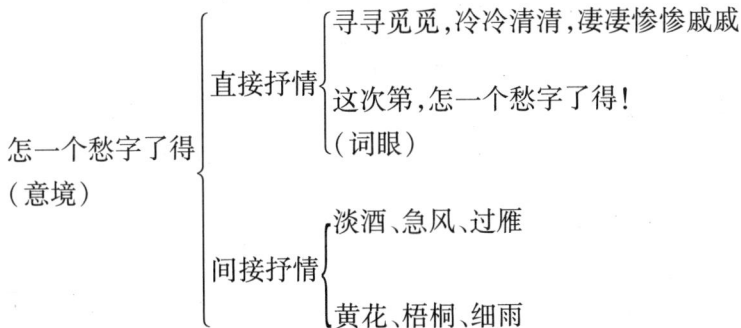

【预设反思】

本堂课在进行预设时,依照新时期对学生核心素养的培养、《大纲》对学生语文素养的要求和学生实际,对教学的内容进行了思考预设,降低了难度。重在通过形式多样的诵读和探讨活动,赏析词中意象、意境,感悟词人悲痛哀婉的情怀,培养其诗词诵读、赏析和发现美、感悟美的能力,沉淀诗歌情感和素养,从而达到培养学生核心素养之语文能力的目的。在教学的过程中,学生赏析词中意象、意境会有一定难度,特别是对同一词人不同作品的差异的理解,教师的引导可能需进一步加强,首先加强意象、意境的概念理解,再由学生根据画面和以往知识进行联想。另外,由于本词创作的个人生活和情感倾向关系比较明显,且作者词语运用极具特点,人生阅历较学生丰富得多,此环节的教学活动可能需要更多的引导,故整堂课的时间分配或许要有所调整。

高一数学学科 "1.2.1 任意角的三角函数（第1课时）"导学设计

设计者　薛　婧

【学习目标】

1.掌握任意角的正弦、余弦、正切的定义。

2.会用定义求特殊角的三角函数值，会求已知终边位置的角的三角函数值。

3.体会定义三角函数过程中的数形结合、化归、数学模型等思想方法。

【重、难点】

任意角的正弦、余弦、正切的定义。

【学习探究】

问题1

观察动画知道，P 点的坐标随着角 α 的变化而变化，你能用一些表达式来表示这些变化关系吗？请以当 α 为锐角时的情形进行探究。

设计理由：(1)将已有知识坐标化，让学生清楚圆周运动的关键是圆周上点的坐标随着相应角的变化而变化，而研究往往从最熟悉、最简单的情形出发，在任意角是锐角的情形下，学生容易由数想到形，构造直角三角形，并通过点的坐标来表达直角三角形之间的边角关系。

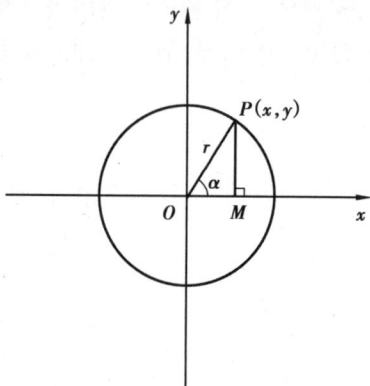

(2)在求简意识的指引下，自然地引出单位圆，用数学的简洁美引导学生进行研究，为定义的拓展奠定基础。

使用说明：学生先独立思考，再根据学生解决情况分组讨论交流。教师深入各组，关注各组讨论情况，对有困难的小组给予及时的指导，督促小组成员之间的帮扶，收集学生中解决问题的不同方法，展示各小组的探究成果，交流解决方法。

问题2

在单位圆上，上述 P 点的纵坐标 y 随着锐角 α 的变化而变化的变量关系是一种函数关系吗？

设计理由：以我们所熟悉的锐角为例，让学生判断锐角与纵坐标 y 之间的对应关系是否符合函数的定义，让学生从角与比值对应的角度重新认识锐角三角函数。

使用说明：让学生先独立思考，再分组讨论交流。展示各小组的探究成果，交流解决方法。

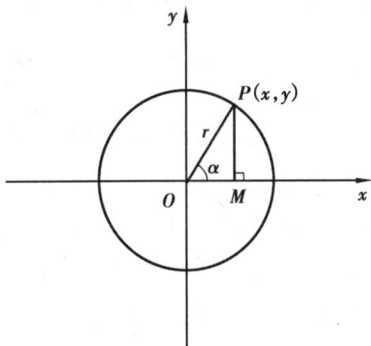

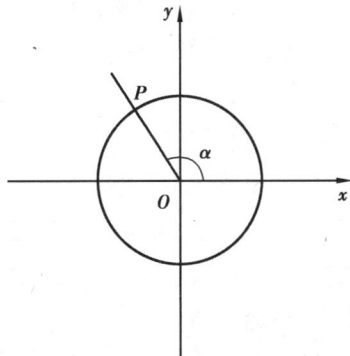

问题3

如果锐角 α 变为钝角，甚至任意角，P 点的纵坐标 y 随着角 α 的变化而变化，它还是一种函数关系吗？

设计理由：角从锐角变为钝角，甚至任意角，是否还符合函数的定义，从角度的变化将锐角推广为任意角，由此得到正弦函数的定义，以此类推，得出任意角三角函数的定义。

使用说明：让学生先独立思考，再分组讨论交流。展示各小组的探究成果。

反馈练习

1.用定义求 $\dfrac{5\pi}{3}$ 的正弦、余弦、正切值。

2.已知 α 的终边经过点 $P_0(-3,-4)$，求 α 角的正弦、余弦、正切值。

设计理由：让学生熟悉定义，从中概括出用定义解题的步骤。

使用说明：让学生先独立思考，再分组讨论交流。教师深入各组，收集学生解决问题的不同方法，展示各小组的探究成果，交流解决方法。

达标检测

1.已知角 α 的终边经过 $(-3a,-4a)(a\neq 0)$，求 α 角的正弦、余弦、正切值。

2.观察发现，根据任意角的三角函数定义将该三种函数的值在各象限的符号填入括号。

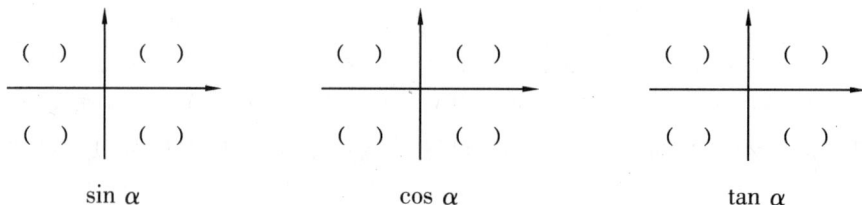

sin α　　　　　　　cos α　　　　　　　tan α

设计理由:达标检测由易到难,层层递进,螺旋上升,进一步巩固所学知识,同时让不同的学生在数学上得到不同的发展。

【反思】

数学概念是数学基础知识的核心,而概念教学的核心是将凝结在数学概念中的数学家的思维打开,引导学生观察、分析并归纳得出数学概念;这堂课借助问题探究,提倡学生自主探究、自由创造,为学生的表现和发展提供了更多的机会。通过学习,渗透数形结合和类比的数学思想,培养学生良好的思维习惯,培养学生通过现象看本质的唯物主义认识论观点,渗透事物相互联系、相互转化的辩证唯物主义世界观。

使用说明:根据学生情况选择使用,酌情删减或增加。

九年级下册数学学科 "弧长和扇形面积"导学设计

设计者 粟 巧,吴慧英

【**学习目标**】

1.理解扇形的定义,探索弧长和扇形的面积公式。

2.会用弧长和扇形的面积公式进行有关的计算,并能解决实际问题。

3.体会转化的数学思想。

【**重、难点**】

1.探究弧长与扇形的面积公式。

2.会用弧长和扇形的面积公式解决实际问题。

【**学习探究**】

问题1

阅读书 P57-60 的内容,找出重要概念,勾出关键词,独立思考,自主完成1—3题:

1.圆的周长公式_____,圆的面积公式_____。

2.扇形的定义:圆心角的两条_____和圆心角所对的_____所围成的图形。

3.下列各图中,阴影部分是扇形的是_____。

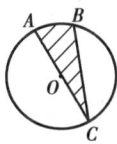 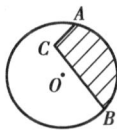 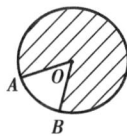 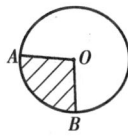 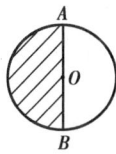

①　　　　　②　　　　　③　　　　　④　　　　　⑤

设计理由:要探索弧长和扇形的面积,首先要明确扇形的定义,学生通过阅读是能理解扇形的定义的。圆的面积和周长公式与探索弧长和扇形的面积息息相关,所以此处设计为后续问题的解决作好了准备。

使用说明:学生自学,勾画有关概念的关键词,思考并回答所提问题。

问题2

请沿虚线把圆剪成几个扇形,并观察思考,完成①—④题:

1.剪出_____个扇形,圆心角是_____度,占周角的$\frac{}{360}$。

2.剪出的扇形弧都相等吗?弧占圆周长的$\frac{}{360}$。

3.剪出的扇形面积都相等吗？扇形面积占圆面积的$\dfrac{}{360}$。

4.结论:圆心角占周角的比例_____;弧长占圆周长的比例_____;扇形面积占圆面积的比例_____。

设计理由:此问直指本课的核心知识,既是本课重点,也是本课难点。考虑到转化是本课重要的数学思想方法,学生不容易领会,因此,让学生在自己的圆上剪出不同的扇形(按虚线,教师画好的),有圆心角为90°、120°、180°……都能得出相同的结论。这一重要的结论为圆心角为$n°$的弧长与扇形面积做好铺垫,突破难点。

使用说明:每个小组发一个圆,圆上有几条虚线,让学生以小组为单位分别沿虚线剪开圆,就会产生几个相同的扇形,再分小组讨论,填写①—④题。教师深入各组,关注各组讨论情况,对有困难的小组给予及时的指导,督促小组成员之间的帮扶。展示各小组的探究成果,交流解决方法,重在引导发现,不同的圆心角,都能得出

圆心角占周角的比例 = 弧长占圆周长的比例 = 扇形面积占圆面积的比例

问题3

你能表示出圆心角为$n°$的扇形所对的弧长吗？请尝试。

你能表示出圆心角为$n°$的扇形面积吗？请尝试。

如果圆心角度数为$n°$,圆的半径为r,弧长为l,扇形的面积为S。则,

弧长公式:_____

扇形的面积公式一:_____

设计理由:由特殊到一般地探索弧长和扇形面积,这样层层推进,符合学生的认知特点,有利于学生体会从特殊到一般的方法,从而发现规律,归纳出弧长和扇形面积公式,突出重点并初步达成目标1。

学生独立解决问题3,根据学生解决情况分组讨论交流。教师深入各组,关注各组讨论情况,对有困难的小组给予及时的指导,督促小组成员之间的帮扶,收集学生中的典型问题。展示各小组的交流成果,解决学生中存在的疑惑问题。让学生阅读教材上的相应内容,勾画出重点及公式,并给学生一定的时间,让他们对公式进行理解记忆。

问题4

思考:能用弧长l表示扇形面积S吗？

扇形的面积公式二:_____

设计理由:使学生通过对弧长公式与扇形面积公式一的观察,能很快发现可以用弧长表示扇形的面积,从而得到扇形面积公式二,教师重在引导学生当已知圆心角与半径时使用公式一,已知弧长与半径时使用公式二。

使用说明:让学生独立思考完成,由一名学生简单推导,并给学生一定的时间,让他们对此公式进行理解记忆。

反馈练习

1.圆心角为 60° 的扇形的半径为 10,求这个扇形的面积和弧长?（结果保留 π）

2.在半径为 18 cm 的圆上有一段长为 10π cm 的弧,求该弧所对应的扇形的面积?（结果保留 π）

设计理由:这两个题是对公式的基本运用,通过学习反馈,了解学习效果,让学生经历运用知识解决问题的过程,给学生以获得成功体验的空间,再次激发学习兴趣,建立学好数学的自信心,进一步达成目标 2。

使用说明:学生独立完成,引导评价交流,引导学生选择公式。

达标检测

1.教材 P90 练习第 1 题。

2.如图,定滑轮的半径为 3 cm,下面挂一重物,若在力 F 的作用下上升 2 cm,则定滑轮转动的角度为多少?（假设绳索与滑轮之间没有滑动,π 取 3）

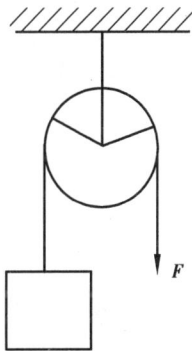

3.水平放置的圆柱形排水管道的截面半径是 6 cm,其中水面高 3 cm,求截面上有水部分的面积?（思考解题思路,不写解题过程）

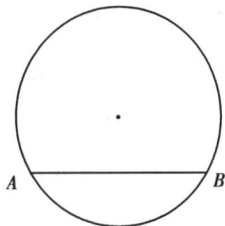

设计理由:达标检测由易到难,层层递进,最后贴近生活,用数学知识解决生活中的实际问题,增大数学的趣味性与实用性,进一步巩固所学知识,达成目标 1 和目标 2。

使用说明:根据学生情况选择使用,酌情删减或增加。

重庆大学版高中英语 Senior Book 5 "Unit 2 Writing" 导学设计

设计者　龚成云, 刁海鹰

Learning Aims

1. Get the general impression of an introduction to a person.

2. Learn to structure an introduction to a person.

3. Learn to write an introduction to a person.

Teaching Aims

在教学过程中贯穿体现高中英语的学科素养。

1. 通过阅读、理解及表达,发展学生的语言意识和英语语感,提升其语言能力。

2. 通过感知、分析、概括,让学生构建人物介绍的写作方法,培养学生的思考习惯。

3. 引导学生通过英语人物介绍对比文化差异,理解文化内涵,形成正确的文化品格。

4. 通过组织学生设问,组内讨论,相互解答的渠道,自主互助,发展其学习能力。

Key points：the elements should be included in introducing a person.

Difficult points：words and sentences structures used to introduce a person.

Part One：Learning Research（学习探究）

Question 1：What will be mentioned when writing about a person?

Read a poem by a child in an English class, and tell your partner what it is all about.

Taylor

Legendary songwriter and singer

Beautiful, loving, hardworking, intelligent

Lover of glitter, winter, the color white

Who believes in God, songwriting, fairy tales

Who fears being average, peaches, haters

Who wants to change the world, acquire a pasta maker, spend time with her family

Who gave songs, confidence, appreciation

Who said, "People haven't always been there for me, but music has," and "You're lucky enough to be different, never change."

Swift

【思维向导1】

The poem is about her favorite singer _____ _____. From this simple bio poem（传记诗）we get information like her names, occupation, characters, likes and dislikes, beliefs and dreams, achievements and quotes, etc.

Question 2: What will most probably be mentioned in a short piece of introduction to a person?

Read the biography about Yao Ming in Task 1, on Page 21 and share your conclusion with your partner.

【思维向导2】

An introduction to a person usually includes the name, birth i_____, occupation, experiences, achievements, a title, b_____ and something special of this person.

Question 3: How do we usually structure an introduction to a person?

Answer the questions about Yao Ming in Task 2, and then think about how you can organize the basic information to structure an introduction to Yao. Practise with your partner.

【思维向导3】人物简介的基本结构

1) Birth information and family background　　出生概况及家庭背景

2) Appearance and character　　外貌及性格

3) E_____　　　　_____

4) Big events in order of time　　以时间为序的大事记

5) E_____　　　　_____

Question 4: How do we write an introduction to a person?

With the information provided in Task 3, Page 22, write a paragraph to introduce one of them by referring to the structure you've just learned.

教师问题创生：

_____

_____

学生问题发现：

_____

_____

Part Two: Test（达标检测）

1.请根据以下资料用文段形式写人物介绍。注意:词数 100~120。

姓名	安在旭（Ahn Jae Wook）	年龄	42
性别	男	职业	歌手、演员
国籍	韩国（South Korea）		
简历	1. 1994 年，毕业于首尔艺术大学（Seoul Arts University）。 2. 1994 年，在电视剧《Song of Blind Bird》中扮演了韩国的第一位盲人医生 Kang Young Woo。 3. 1997 年，出版了第一张专辑《Forever》。 4. 2000 年，出版了一张《Forever》的中文版（Chinese Version）。 5. 2001 年 5 月 18 日，在北京的音乐会演中加入韩国 N.G.R 演唱组演出。 6. 从 20 世纪 90 年代起，出演了十多部电视连续剧。 7. 2009—2011 年在音乐剧《开膛手杰克》（《Jack the Ripper》）中扮演 Daniel。		
备注	一位深受中国青少年喜爱的歌手		

_____

_____

_____

_____

_____

_____

_____

2. Appreciation：

Beautiful sentences in my writing：

_____

_____

Beautiful sentences in others' writing：

_____

_____

Beautiful sentences from the teacher：

_____

_____

Part Three：Sum-up（总结提升）

1. 请将以下人物简介写作中常见的词汇及表达归类：

1）_____ _____ and _____ _____

be born in/on　　　　a great...with the name　　a poor/rich family

with the help of his parents　When he was a small boy...　as a boy of 11

During his/her childhood　spend his childhood in...　live a happy/hard life

2) _____ and _____

good-looking　　ugly-looking　funny-looking　ordinary-looking　easy-going

near-sighted　　far-sighted　　warm-hearted　kind-hearted　　absent-minded

bad-tempered　white-haired　naughty　　　diligent/lazy　　smart/wise/bright

charming/lovely　healthy/weak　humorous/funny　silent/noisy　　determined

attractive　　　talkative　　confident　　　generous　　　independent

3) _____

receive a bachelor/master/doctor's degree　　When at college, he majored in...

get higher education, after graduating from...　go abroad for further education

4) _____ _____ in order of _____

have a gift for　　　have a... way of doing...　devote his lifetime to...

make up one's mind to...　be encouraged/selected to...　fight for/give up one's life for...

make rapid progress in　become a member of　　rise to fame swiftly

win a gold medal　　become a world champion

5) _____

one of the best (most important)　set a good example　　be respected by everyone

speak (think) highly of　　his hard work brought him great success

remember forever　　be honored as a symbol of　be regarded as a...icon

2.请按要求翻译句子:

1)亚伯拉罕·林肯于 1809 年 2 月 12 日出生在美国肯塔基州,是一个贫苦人家的儿子。(插入语)

_____

2)从哈佛大学毕业后,林参加了 2010 年 NBA 选秀,但未得到球队合同。(分词作状语)

_____

参考答案

【思维向导 1】Taylor Swift

【思维向导 2】information, beliefs

【思维向导 3】3. Education 教育;5. Evaluation 评价

Part Two：Test（达标检测）

Ahn Jae Wook, a handsome young man of 29, is a South Korean singer and actor.

He graduated from Seoul Arts University in 1994. He played Kang Young Woo, the first Korean blind doctor in the TV drama "Song of Blind Bird" in the same year. His first album was released in 1997, followed by the Chinese version of the album in 2000. Ahn focused on the small screen, appearing in over 10 television series from the late 1990s and throughout the 2000s. From 2009 to 2011, he played Daniel in musical Jack the Ripper.

Ahn Jae Wook is very popular with Chinese teenagers.

Part Three：Sum-up（总结提升）

1. ①Birth, information, family, background;②Appearance, character;③Education;④Big, events, time;⑤Evaluation

2. ①Abraham Lincoln, the son of a poor family, was born in Kentucky, USA, on February 12th, 1809;②After graduating from Harvard University, Lin went undrafted in the 2010 NBA Draft.

高二年级英语学科 "Unit 3 Project Hope Reading" 导学设计

设计者 颜朝霞

Learning aims：

1.Learn about the star of Project Hope by using the reading skills of "prediction, skimming and scanning"；

2.Learn to design exercises for detailed questions, meaning-guessing questions and inference questions（推断题）by understanding the passage；

3.Learn to perform the goal of Project Hope In life.

Focal points：

1.在阅读中掌握阅读技巧：Prediction, Skimming & Scanning.

2.如何通过一篇文章出细节题、推断题和词义猜测题,并陈述出题理由。

Difficult point：

如何通过一篇文章的阅读后,出细节题、词义猜测题和推断题,并陈述出题理由。

Part one：Learning research（学习探究）

Question 1： Do you know about Su Mingjuan in general?

【思维向导】

1.According to the picture, predict the following question.

What happened to Su Mingjuan?

A.Her family can't afford his school study because of poverty.

B.Her parents didn't allow her to study.

C.She didn't have enough money to wear beautifully.

2.Skim the passage, and then finish the following two parts：

（1）What did the author mainly tell us about Su?

A.The girl lives a colorful life in college.

B.The girl enters college with the help of Project Hope.

C.The girl becomes a star.

（2）Check your prediction.

Conclusion 1（小节促学）：

_____ is a very practical skill in English reading, so we had better perform skill in daily practice.

使用说明：Introduce Su mingjuan through a big bang that A Hope Primary School in Hu-Nan, just built for only one year, will be pulled down. According to her picture, know about Su and the reason why she doesn't want the school to be pulled down in general.（用一则爆炸性新闻，即一所修建仅一年的希望小学，因为一个十亿元的项目而要被拆掉，引出本课主人公苏明娟，之后，通过苏的一幅照片，从整体上了解苏，并简要了解她不想这所希望小学被拆除的原因）

设计理由：阅读课是枯燥乏味的，我希望通过一个爆炸性消息激起同学们的兴趣，进而引导同学们通过预测、略读的阅读技巧让同学们从整体上了解本课主人公：苏明娟。

Question 2：Do you know about Su in details?

【思维向导】

1.Scan the passage and design exercises about Su. (Group work)

（1）Design 4 choices for the following 2 questions.

①Which of the following statement about Su is NOT true? (Group 1 & 2)

②What can we know about Su from "gained her a place" in Para 2? (Group 3 & 4)

（2）Design a question according to 4 choices.

_____? (Group 5 & 6)

A.Her big, bright and clear eyes

B.Her dream of going to college

C.Her picture named "I want to go to school"

D.Her hope for life：Project Hope

（3）From what we learned from Su's story, design 4 choices for the following questions.

①What can we learn/conclude from Su's story?

②Su's story infers us_____ (Group 7 & 8, to choose any one)

③From Su's story, the goal of Project Hope refers to _____

2.Show your exercise and give the reasons why you set such choices or questions.

Conclusion 2（小节促学）：

We often use questions for _____ or _____ questions to check how much you know about a passage.

We often use _____ questions to check the understanding of the passage.

使用说明：Having known about Su's general information, read the passage carefully and know more about Su through designing exercises of detailed questions, meaning-guessing questions and inference questions(推断题) by understanding the passage. Exercises of part 1 & 2 are to check students' detail-grasping ability. Exercises of part 3 are to check their further understanding of the passage. Guides for each part may be of great help. 了解苏明娟的大概信息之后,让学生详读课文,并通过安排学生根据课文内容设计阅读题的任务,让学生从更多的细节和更深层的意义上了解苏明娟。第(1&2)部分的题主要是细节题和猜测词义题,形式是可以根据问题设计 4 个选项,或根据选项设计问题。主要是考查学生从文中抓有用信息的能力。第(3)部分的题主要是推断题,让学生根据题干设计几个选项,出这部分题的目的是让学生明白推断题的特点,要明白如何正确设计推断题的选项,这是我们在平时的教学中经常讲到,学生也貌似明白的问题,通过出这个题,让学生对此类题型的掌握得到进一步加深。每部分题旁边的附注也为同学们完成任务降低了难度。

设计理由:对阅读文章细节、主旨大意以及深层理解的考查,教师们一般采取展示一些题让学生找出答案。本堂课我采取让学生通过理解文章学习出细节题、词义猜测题、推断题,逆向训练学生的思维能力,让学生站在出题人的角度揣摩出题意图,加强阅读方法的训练。

Question 3: Should the school be pulled down?(Group work)

【思维向导】

1.Act as one of the 3 beneficiaries(受益者) or a reporter to sate your reasons to the official.

Group 1 & 2 act as Zhang Tianyi;   Group 3 & 4 act as Hu Shanhui;

Group 5 & 6 act as Su Mingjuan;   Group 7 & 8 act as a reporter;

You can begin like this:

My honored sir,

I'm..., a beneficiary(受益者) of Project Hope. I think the school shouldn't be pulled down. The reasons are as follows...

使用说明:Through the exercises above, we know Su benefited a lot from Project Hope. So she doesn't want the school to be pulled down (return to the big bang). And another two beneficiaries (Zhang tianyi, Hu shanhui) and a reporter may have something to say. Through discussion in groups, imagine you are one of them, and express your opinion about the hot issue, and state your reasons. 通过以上题目,我们了解到苏明娟从希望工程中受益很多。所以她不想学校被拆掉(此时回到爆炸性消息)。那这所希望小学是否应被拆掉,另外两个受益者(张天翼,胡善辉)和社会上的一些人(如记者)可能也有话要说。通过小组讨论,假设你是其中之一,陈述你对这个热点问题的观点并陈述理由。

设计理由:对于这个话题,观点可能千差万别,教师可安排一学生作为官方发言人来聆听各方面的意见,最后,承诺慎重考虑后作出决定。

Part Two：Homework

1.Read the text again and try to understand it better.

2.Pick out the beautiful words, advanced expressions and complex sentences. Enjoy and remember them.

Part Three：Sum-up（总结提升）

Stand up and make a promise!

Part Four：Assessment（达标检测）

1.The writing style of the passage is _____.

A.Exposition　　　　B.Essay　　　　C.Prose　　　　D.A news report

2.Fill in the blanks.

Star of project Hope Enters College

Up to now, many people haven't forgotten a girl's large, _____ eyes from newspaper and posters all over China, which _____ thousands of people across China. The girl is Su Mingjuan. In 1991, a _____ went to her village to see how Project Hope had helped the school drop-outs. He was deeply attracted by her eyes that were crying for _____. And he took a picture of her named " I want to go to school." Since then, the picture has become a _____ of Project Hope. In 1999, Su was _____ the national "Star of Hope" by the China Yiuth Development Foundation, _____ of Project Hope. In 2002, Su Mingjuan took part in the National college entrance exam and her good grades _____ her a place at a _____ university. Now, she has _____ her dream and is studying at Anhui University.

【总体说明】本课线索：以一条爆炸性新闻为主线，引出希望工程海报女孩苏明娟，表达她以及另外两位希望工程的受益者和不同的人对这条新闻的态度和看法。问题一、二针对本课主人公苏明娟，通过阅读文章，对其进行整体以及细节上的了解，奠定了问题三中同学们陈述观点和理由的基础，让同学们有内容可说。问题三是对文章内容的升华，除了苏明娟，其他的受益者或社会上的人如何看待这件事情，让同学们自由发表观点，最后总结。不管学校是否拆，同学们都应明白希望工程对失学孩子的意义，以及对我们整个国家的重大意义。

每个问题后的小结促学能让学生边学习边总结，养成良好的学习习惯。

九年级物理学科 "欧姆定律——探究电流与电压、电阻的关系"导学设计

设计者 刁 平

【**学习目标**】

1.通过实验探究,认识电流与电压、电阻的关系。

2.会使用电流表和电压表测量一段导体两端的电流和电压。

3.体会用"控制变量"的研究方法研究物理规律的思路,学习用图像研究物理问题的方法。

【**重、难点**】

1.通过实验探究电流跟电压、电阻的关系。

2.运用图像法分析得出电流与电压、电阻的关系。

【**学习过程**】

实验器材:两节电池(3V)、电压表 $\textcircled{V}$ 、电流表 $\textcircled{A}$ 、三个阻值不同的定值电阻 $R_1 = 5\ \Omega$、$R_2 = 10\ \Omega$、$R_3 = 15\ \Omega$、滑动变阻器 R'、开关、导线若干。

引入:

1.演示实验:滑动变阻器改变小灯泡的亮度。

2.用录音机播放音乐,调节音量旋钮改变音量。

3.播放调光灯、电炉等录像。

4.学生讨论后指明回答:学过了哪些电学物理量? 在上述过程中哪些电学物理量发生了变化?

5.电路中的电流与哪些因素有关?

设计理由:通过常见的现象,引出本节探究活动电流与电阻两端电压、电阻的关系,激发学生学习的兴趣。

使用说明:让学生观察实验现象和录像,讨论教师提出的问题。

任务一:探究电流与电压的关系

1.设计实验

(1)实验研究方法:_____。要研究电流与电压的关系,保持_____不变,改变_____。

（2）选择合适器材,画出实验电路图。

（3）设计实验步骤

①按照电路图连接电路。连接时,开关必须处于_____状态,滑动变阻器要注意滑片置于_____处。电压表量程选择_____。电流表量程选择0~0.6 A。

②检查电路无误后,闭合开关。保持 R =_____Ω 不变,将滑片移动到适当的位置,读_____和_____的示数,并记录在表格中。

③调节滑动变阻器的滑片_____

_____。

④重复第③步骤,将实验数据记录在表格中。

⑤分析实验数据,得出结论。

2.记录实验数据。

实验序号	电　阻	电压 U/V	电流 I/A
1			
2	R =_____Ω		
3			

3.根据实验数据记录,在坐标系中画出电流 I 随电压 U 变化的图像。

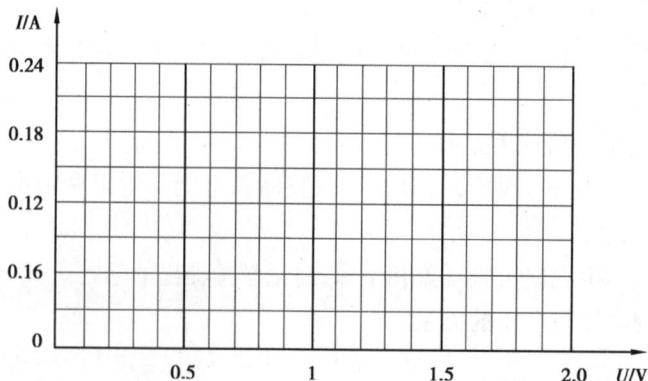

4.结合实验数据和图像,得出结论:保持_____不变时,电流跟电压成_____关系。

任务二:探究电流与电阻的关系

1.设计实验步骤(口述)。

思考:①研究电流与电阻的关系时,保持_____不变,改变_____。

②实验中,如何改变电阻大小?

③如何保持电阻两端电压不变?

④实验中要测几组数据,为什么?

2.实验数据记录。

实验序号	电 压	电阻 R/Ω	电流 I/A
1			
2	$U=$_____ V		
3			

3.根据实验数据记录,在坐标系中画出电流 I 随电阻 R 变化的图像。

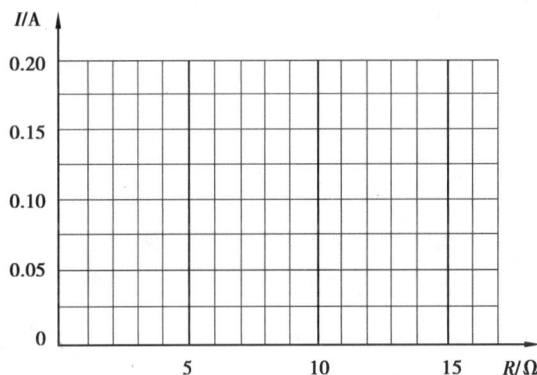

4.结合实验数据和图像,得出结论:保持_____不变时,电流跟电阻成_____关系。

设计理由:通过一系列问题的情境创设,引导学生熟悉研究的方法,掌握实验的各个步骤,通过利用表格和坐标系分析数据使学生掌握分析数据的有效方法。

使用说明:学生选取实验器材,按电路图连接电路并进行实验,并在表格中记录数据;利用坐标纸描出 I-R 关系图,总结得出结论。

任务三:梳理总结

通过本节课的学习,你学到了哪些知识?

设计理由:整理知识点,使学生进一步掌握。

使用说明:让学生整理收获和疑问。

八年级物理学科 "9.1 认识浮力"导学设计

设计者 邓 博

【学习目标】

1.观察了解浮力现象,认识浮力。

2.会用"称重法"求浮力的大小。

3.分析浮力产生的原因。

【重、难点】

1."称重法"求浮力的大小。

2.通过理论推导,分析浮力产生的原因。

【学习探究】

问题1

结合生活中的现象,观察教材 P169 图 9-1、图 9-2,思考:物体所受浮力的方向是怎样的? 如何进行实验验证? 什么是浮力?

设计理由:在学习物理的过程中,学生应具有实验探究意识。这个问题从生活出发,鼓励学生根据常见的生活现象,大胆猜测物体所受浮力的方向,并利用教师准备的相关实验器材,设计实验来验证自己的猜想,进而根据实验现象自主归纳出浮力的概念。

使用说明:教师可以选用一些物体受浮力上升的小实验来引入本节新课,并以此为学生之后猜想浮力的方向提供一些素材。另外,教师课前可以准备一根重垂线和一个可以倾斜的底部通过红绳系住乒乓球的水槽,提供给学生设计实验来验证他们的猜想。

问题2

如何探究液体中物体所受浮力的大小?

【思路导航】

阅读教材 P169-170,选用所给器材或身边的物品,进行实验探究。

1.如何证明下沉的物体是否受到浮力的作用?

2.怎样测出该物体在液体中所受浮力的大小?

其中,需要记录的数据有:＿＿＿＿＿＿＿＿＿＿＿＿＿＿＿。

3.画出图1乙中物体的受力情况,并根据物体受力平衡知识得出浮力公式:

$F_浮 = $ _____。

4.实验数据记录:

序号	被测物体	G/N	F'/N	$F_浮/N$
1				
2				
3				

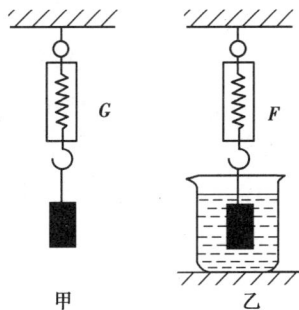

图1

设计理由:问题2是本节课重点探究的内容,但很多学生会觉得这个问题太大,无从下手。通过思路导航的层层协助,学生可以理清自己的思路,确定实验设计,并有针对性地进行实验测量与数据记录。设计过程中,学生可以根据提示画出物体的受力情况,并根据受力分析得出"称重法"求浮力大小的公式。此过程训练了学生观察、分析问题的能力,也培养了学生的交流意识和合作精神。

使用说明:本环节教师需在课前为每个小组准备至少一套实验器材,包括弹簧测力计、细线、被测物体、装有足够液体的容器等。其中,被测物体和液体的种类可以尽量多准备一些,但必须保证无毒、无害、无安全隐患。实验测量时,教师也可以建议学生选用身边的物品作为被测物体。另外,此实验过程中的受力分析对于得出浮力的计算公式至关重要,教师在下达指令时可以强调"画出图1乙中物体的受力情况"。

问题3

请参考图2分析浮力是如何产生的?

【思路导航】

1.物体前后两个面所受压力大小关系如何?

2.物体左右两个面所受压力大小关系如何?

3.物体上下两个面所受压力大小关系如何?

4.综合上述1,2,3的分析,浮力产生原因是 _____

_____。

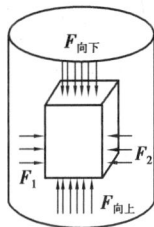

图2

(以上分析有困难的同学可参考教材P171相关内容)

设计理由:书中内容直接叙述出了六个面的压力关系及浮力产生的原因,因而直接阅读教材内容会剥夺学生自主思考分析问题的机会。但现阶段很多初中生的数学基础都较为薄弱,惧怕物理学科中的理论推导和分析的过程。为了让学生了解浮力产生的原因,并经历分析推理的过程,我在思路导航中设置了几个提示问题。通过思路导航中几个问题的提示,学生可以结合液体压强知识发现浸在液体中的物体只有上下两个表面所受液体压力的大小不同,从而联想到浮力是由物体上下表面所受到的压力差产生的。

使用说明:分析此问题前,教师可以先演示一个关于浮力产生原理的实验,便于学生认识到物体下表面未接触到液体时是没有受到浮力的。在学生分析出浮力产生的原因之后,可以让其解释该演示实验的原理。最后,教师可以根据学生的学习情况选择是否归纳出这一求浮力的"压力差法"。

总体说明:问题 1 指向目标 1,让学生在观察、思考和探究之后逐渐完善对浮力的认识。问题 2 指向目标 2,帮助学生通过思考探究掌握"称重法"求浮力这一重要方法。问题 3 指向目标 3,鼓励学生追根溯源,分析出浮力是如何产生的。其中,解决问题 1 为学习问题 2 奠定了基础,学会"称重法"求浮力以及通过问题 3 的分析又进一步完善了学生对浮力的认识。

达标检测

1.一石块所受重力为 5 N,把石块挂在弹簧测力计下端,将其浸没在某种液体中,此时弹簧测力计的示数为 2 N,则该石块受到液体的浮力为_____N。浮力的方向_____,施力物体是_____,受力物体是_____,此石块在液体中下沉时_____浮力的作用(填"受到""不受到")。

2.一个盛有盐水的容器中悬浮着一个鸡蛋,容器放在斜面上,如图 3 所示,图中画出了几个力的方向,你认为鸡蛋所受浮力的方向应是( )。

A.F_4 B.F_3 C.F_2 D.F_1

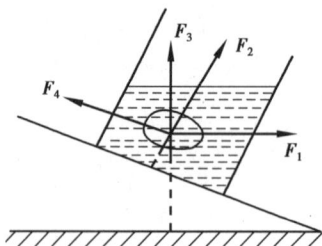

图 3

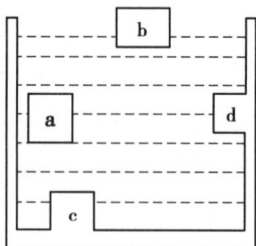

图 4

3.如图 4 所示,a,b 是能自由移动的物体,c,d 是容器自身凸起的一部分。现往容器中注入一些水,则下列说法错误的是( )。

A.d 部分一定没有受到浮力的作用

B.c 部分一定没有受到浮力的作用

C.b 部分一定受到浮力的作用

D.a 物体一定受到浮力的作用

设计理由:第 1 题综合检测了学生对于目标 1 和目标 2 中相关知识的掌握情况,第 2 题在第 1 题的基础上进一步检测了学生对于浮力方向"竖直向上"的理解是否到位,第 3 题则检测了目标 3 是否达成,即学生对于浮力产生原因的分析是否足够清楚。

使用说明:正常情况下本节课时间应该较为充裕,学生有足够时间完成这 3 道题目。教师可以根据所剩时间长短决定在学生展评之前是否需要小组讨论。

高一年级化学学科 "金属的化学性质(第一课时)" 导学设计

设计者　王慧玲

【学习目标】

1.了解钠、铝、铁的物理性质。

2.用观察、实验等多种手段理解金属与非金属的反应。

3.通过实验对比掌握金属与酸、水的反应。

4.通过金属的实验培养学生的实验意识、操作技能、观察能力和分析问题的能力等。

5.通过金属的学习提高学生学习化学的兴趣,增强学好化学、服务社会的责任感和使命感。

6.通过活动鼓励学生积极提出问题,培养学生敢于质疑、勇于创新的精神和合作精神等。

【重、难点】

1.钠的氧化和钠与水的反应、铝与氢氧化钠溶液的反应。

2.钠与水的反应、铝与氢氧化钠溶液的反应的实验现象观察。

【学习探究】

一、金属与非金属的反应

问题1

实验室怎样保存金属钠? 为什么? 一块金属钠长期露置于空气中,最终的产物是什么? 用化学方程式表示该过程的反应实质。

设计埋由:因为钠的氧化是本课的重点之一,此问题也有利于培养学生观察能力和逻辑推理能力。

使用说明:教师演示实验3-1以后,学生阅读教材,小组讨论完成。

问题2

举例说出生活中的铝制品,铝是活泼的金属元素,为什么各种铝制器具还能被广泛使用?

设计理由:金属与氧气的反应是重点。铝是使用最广泛的金属之一。

使用说明:学生先分组实验,完成教材上的科学探究活动,然后阅读教材,利用教材上的资料卡片内容帮助学生理解铝的氧化。

二、金属与酸和水的反应

问题3

根据钠与水、酸反应的实质思考：一小块钠放入稀盐酸中是先与水反应还是先与酸反应？

设计理由：此问题是本课的核心知识，既是本课重点，也是本课难点。

使用说明：学生先独立思考，再组内讨论交流。教师巡视给予及时的指导。

问题4

当火灾现场有像钠这样活泼的金属存放时，能用水灭火吗？如果不能，应该如何进行灭火操作？

设计理由：化学与生活密切联系，学的知识应会在生活中应用，这样既可以帮助学生理解巩固所学知识，又可以激发学生的学习兴趣。

使用说明：首先小组讨论，再小组展示探究成果，交流解决问题的不同方法。

总体说明：问题1、问题3，难度要大些，教师注意多引导；问题2、问题4，难度要小些，既可以在课堂上解决，也可以作为课前预习作业。

达标检测

1.从生活常识角度考虑，试推断钠元素在自然界中存在的主要形式是（　　　）。

A.Na   B.NaCl   C.NaOH   D.Na_2O

2.下列关于金属铝的叙述中，说法不正确的是（　　　）。

A.Al 是地壳中含量最多的金属元素

B.Al 是比较活泼的金属，在化学反应中容易失去电子，表现还原性

C.Al 箔在空气中受热可以熔化，且发生剧烈燃烧

D.Al 箔在空气中受热可以熔化，由于氧化膜的存在，熔化的 Al 并不滴落

3.下列有关钠离子与钠原子的叙述中，正确的是（　　　）。

A.原子核内所含质子数目不同

B.钠离子在水溶液中无色，而钠原子聚集呈银白色

C.钠离子的半径比钠原子半径大得多

D.钠离子与钠原子均具有较强的还原性

4.等质量的钠、镁、铝分别与足量的盐酸反应，产生 H_2 的质量由大到小的排列顺序正确的是（　　　）。

A.Al、Mg、Na   B.Mg、Al、Na

C.Na、Mg、Al   D.Na、Al、Mg

5.如右图所示，在烧杯中盛有 100 mL 蒸馏水，水中悬浮着一个表面光滑、耐碱、耐热的小球（此球稳定在水的中央），将 10 g 金属钠分多次投入水中，最后使烧杯内的液体恢复到原来的蒸馏水的温度。回答下列问题：

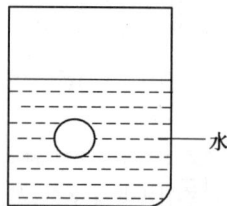

（1）10 g 钠要分多次投入的主要原因是 _____

_____。

(2)实验结束后,从烧杯内小球的位置观察到的现象是_____,出现这种现象的主要原因是_____。

(3)实验过程中所发生化学反应的离子方程式是_____。

设计理由:达标检测由易到难,层层递进,进一步巩固所学知识,达成目标,同时培养学生语言素养和跨学科综合创新素养。

使用说明:根据学生情况选择使用,酌情删减或增加。

高一年级上册地理学科　"3.2 大规模的海水运动（第 1 课时）"导学设计

设计者　李　婷

【学习目标】

1.观察与绘制"洋流分布图"，掌握洋流的分布规律。

2.对比全球风带与洋流模式，认识影响洋流形成的因素。

【重、难点】

1.探究世界表层洋流分布规律。

2.观察洋流分布图，总结洋流分布规律，并应用于分析局部海域的洋流流向与性质。

【学习探究】

问题 1

你知道一些海上历险的故事吗？这是一个真实的故事：1992 年，一艘从中国出发的货船在太平洋上遭遇强烈风暴，船上一个装有 2.9 万只黄色塑料玩具鸭的集装箱坠入大海。令人难以置信的是，图中"A 队"1 万多只玩具鸭组成的"鸭子舰队"在海洋上漂了 14 年之后，最终抵达英国海岸。它们历经艰险，因此身价不菲。那么除此以外的"B 队"小黄鸭去向了哪里？这一旅程的动力是什么？

图 1　小黄鸭漂流示意图

设计理由:用故事引入课题,激发学生学习兴趣。此问旨在将学生带入学习情境,建立脑中世界地图,想象海面上海水流动的场景,为学习洋流分布作铺垫。

使用说明:教师播放相应图片,导入情境,指导学生利用教材"世界海洋表层洋流的分布"图回答问题。之后,教师指出洋流的定义与特点、性质分类等基本问题,并指导学生猜想洋流形成的主要影响因素有哪些。

问题2

请对照教材 P57 图 3.5,在如下图 2 中补充完成大西洋洋流分布。观察图中太平洋与大西洋洋流分布,你发现了哪些特点或者规律? 为什么?

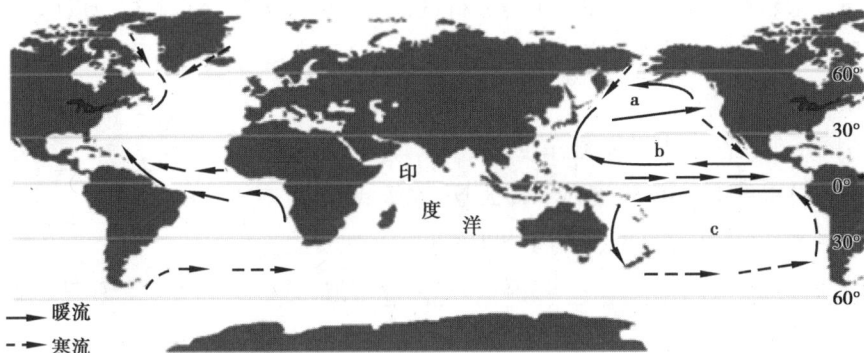

图2 世界海洋表层洋流的分布

【思路导航】

请结合影响洋流形成的因素及"全球气压带、风带分布"图,阐释北赤道暖流、日本暖流、北太平洋暖流等洋流的形成原因与流向特点。

设计理由:这是本课最核心的探究问题,既是本课重点,也是本课难点。学生通过转绘地图,增强对世界地图的熟悉程度,且认识了一些洋流名称,从而获得一定的作品成就感。同时,总结分布规律与分析成因是比较开放的问题,旨在让学生仔细观察并得出一些相应的洋流分布规律,并大胆分析成因,让学生充分体验探究的过程与乐趣,突破学习重、难点。

使用说明:教师在使用此图之前,需向学生说明此图是为完整展示两大洋在世界地图上有所变化。学生应独立完成转绘地图。在"观察地图、总结规律"中,先进行小组内部讨论,再由代表发言。学生的表述语言可能不够简练,教师要抓住学生回答的关键点进行补充、追问,提示学生从洋流环流圈方向、寒暖流分布、洋流名称等方面思考规律。关于各洋流的成因,教师在学生表述的基础上可予以归纳。

问题3

在图2中绘出的印度洋洋流分布中,你发现了什么? 请补充完成下图并分析其形成原因。

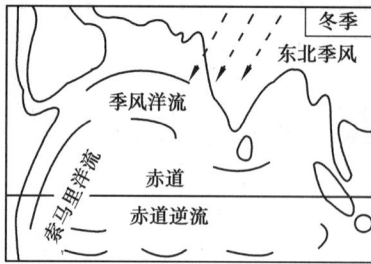
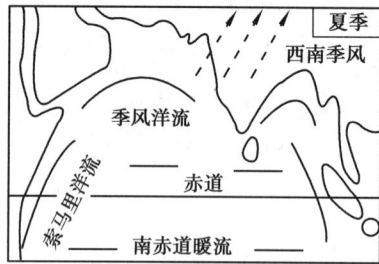

甲　　　　　　　　　　　　　乙

设计理由:北印度洋季风洋流是比较特殊的洋流,予以单独处理。这样将三大洋的洋流分布全部转绘完毕,学生在绘图与分析过程中理解洋流的分布规律与成因。

使用说明:师生共同讨论完成。

反馈练习

1.右图是某大洋环流局部图,请回答:

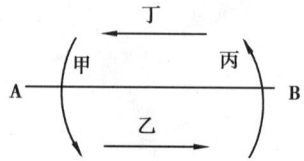

(1)若 AB 线是 30°纬度线,那么这个海域位于_____半球(南或北),甲、乙、丙分别属于什么性质的洋流:甲_____,乙_____,丙_____。如代表印度洋,则丙为_____流,乙为_____流,甲为_____流。

(2)若 AB 线是 60°纬度线,那么这个海域位于_____半球(南或北),从性质看,甲是_____(寒或暖)流。

达标检测

1.关于海水温度的叙述正确的是(　　)。

A.海水越深,水温的变化幅度越大

B.从赤道向两极海水的温度递减

C.海水的热量支出主要用于海水蒸发

D.暖流的水温均比寒流的水温高

2.一艘海轮从伦敦出发,按最短路线航行至新加坡港。当开普敦正值炎热干燥时,海轮的航行情况是(　　)。

A.先顺航,再逆航　　　　　　　B.先逆航,再顺航

C.顺航,逆航再顺航　　　　　　D.逆航,顺航再逆航

读右图某大洋局部图,回答第3,4题。

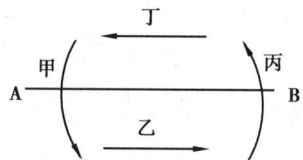

3.若 AB 线的纬度为 60°,则此海域位于(　　)。

A.北半球　　　　　　　　　　　B.南半球

C.东半球　　　　　　　　　　　D.西半球

4.若 AB 线的纬度为 30°度,且位于太平洋、大西洋、印度洋中,则丙洋流的名称分别是(　　)。

A.秘鲁寒流、加利福尼亚寒流、西大西洋寒流

B.日本暖流、南赤道暖流、东澳大利亚暖流

C.千岛寒流、拉布拉多寒流、加那利寒流

D.秘鲁寒流、本格拉寒流、西澳大利亚寒流

5.海洋水体运动的主要动力是(   )。

A.盛行风　　　　　　　　　　B.陆地形状限制

C.地转偏向力　　　　　　　　D.补偿作用

6.东南信风影响形成的洋流是(   )。

A.北赤道暖流　　　　　　　　B.南赤道暖流

C.西风漂流　　　　　　　　　D.墨西哥湾暖流

高二年级生物学科选修三 "2.1.1 植物细胞工程的基本技术"导学设计

设计者　刘春光

┄┄┄┄┄┄┄┄┄┄┄┄┄┄┄┄┄┄┄┄┄┄┄┄┄┄┄┄┄┄

【学习目标】

1.简述细胞的全能性。

2.简述植物组织培养。

3.简述植物体细胞杂交技术。

【重、难点】

1.植物组织培养的原理和过程。

2.植物体细胞杂交的原理。

【学习探究】

问题1

在理论上,生物体的任何细胞都具有发育成完整个体的潜能,而在生物的生长发育过程中,细胞并不会表现出全能性。请阅读教材第33~34页,说明理由。

（1）植物细胞表现全能性的必要条件是什么?

材料	
培养基	
外界条件	

（2）举例说明是否所有细胞的全能性都相同?（如动植物细胞、受精卵、生殖细胞、体细胞等）

设计理由:学生要学会自学,先独立看书,结合前面的知识点进行归纳,故这个部分重在培养学生理性思维,形成科学思维的习惯,能够运用归纳与概括探讨生命规律。

细胞的全能性这部分知识,因在必修一"分子与细胞"模块中学过部分内容,所以可以让学生回顾植物细胞表现全能性的必要条件,而全能性的大小的比较虽然在学习必修一时有所提及,但当时对受精卵、生殖细胞、体细胞的概念不明确,所以这里需将这一部分知识补充完善。

使用说明:针对这些问题,组织学生开展小组合作学习,小组成员之间就问题的答案进行讨论,最后选派代表汇报学习成果,教师点评和小结。

问题2

阅读教材第34~35页(或观看植物组织培养视频),绘制植物组织培养的流程图,并据图向同伴、全班同学讲解植物组织的培养过程。

(1)写出植物组织培养技术的流程。

(2)植物组织培养技术的原理是什么?

(3)植物组织培养中脱分化与再分化过程的比较

过程名称	过 程	形成体特点	条 件
脱分化			①离体;②提供营养物质(有机物、无机物);③提供激素(生长素、细胞分裂素等);④提供其他适宜条件(温度、无菌等)
再分化			

提示:诱导分化的重要激素是细胞分裂素和生长素。生长素/细胞分裂素的比值高时促进根分化;生长素/细胞分裂素的比值低时促进芽分化;生长素/细胞分裂素的比值适中促进愈伤组织形成。

设计理由:虽然本节课涉及的生物技术,在现有实验条件下无法完成,但是借助多媒体来展示图片和播放视频《菊花的组织培养》,也可以化抽象为直观,使学生对植物组织培养过程有更深刻的理解;让学生充分感受科学技术的魅力。

在围绕一系列问题的小组讨论中,学生通过观察、推理、归纳等思维活动获取到那些"只可意会,不可言传"的知识。这样"变教为诱,变学为思",彻底改变了过去的"灌输式"教学模式,使学生在较好地理解生物学概念性知识的基础上形成生命观念,并能够用生命观念认识生命世界、解释生命现象。对教材中未说明,而考纲中又有要求的内容通过提示语补充。通过表格形式区分概念,对所学知识进行归纳与整合,加深感受和领悟。

使用说明:阅读教材,通过多媒体来展示图片和播放视频,画出流程图,学生互相交流补充。同时,引导学生理解相关核心概念,如愈伤组织、胚状体、脱分化、再分化等,并让学生讨论归纳出植物组织培养的概念。

问题 3

阅读教材第 36~37 页,结合图 2-5,据图讲解植物体细胞杂交的过程。

(1)请完善下表:

步　骤	图　解	做　法
		去除细胞壁的方法和药品分别是什么?
	植物细胞A　植物细胞B 去掉细胞壁 原生质体A　　原生质体B 原生质体融合 再生出细胞壁 杂种细胞 细胞分裂 产生愈伤组织	①依据的原理是什么? ②举例说明人工诱导有哪些方法? ③完成的标志是什么? 在此过程中活跃的细胞器是什么?
杂种细胞的筛选与培养		为什么要对融合细胞进行筛选?
杂种植株的产生	得到杂种植株	对杂种细胞,用植物组织培养的方法(包括_____和_____过程)进行培育。

(2)植物体细胞杂交的原理是什么?

(3)植物体细胞杂交有什么意义?

设计理由:针对特定的生物学现象,进行观察、提问、实验设计、方案实施以及结果的交流与讨论。在开展不同的工作中,都乐于并善于团队合作,培养学生的科学探究精神,以帮助学生提高生物学科核心素养。通过过程引导学生归纳出植物体细胞杂交技术的概念,指出植物体细胞杂交技术尚未解决的问题,使学生认同科学是一个不断发展的过程,激发学生探索生命科学奥秘的兴趣及勇于质疑的科学精神。最后强调植物体细胞杂交技术的意义和进展。

使用说明:针对这些问题,组织学生开展小组合作学习,小组成员之间就问题的答案进行讨论,并改进和完善流程图,最后选派代表汇报学习成果,教师点评和小结。

总体说明:"植物细胞工程的基本技术"主要学习细胞的全能性、植物组织培养技术、植物体细胞杂交技术等三方面内容,其中,植物细胞的全能性是植物组织培养的基础,而植物体细胞杂交技术又是在植物组织培养的基础上发展起来的。植物组织培养技术、植物体细胞杂交技术是建立在对细胞结构、功能、生理等研究基础上的新技术,是其他生物工程的基础。虽然学生已经学过必修一"分子与细胞"模块中的细胞全能性、细胞分化和必修二"遗传与进化"模块中的单倍体育种等方面的知识,为本节课的学习奠定了一定的理论基础,但是相关的实验技术难度较高、实验过程抽象,这会给学生的理解带来一定的困难。教学中结合多媒体教学手段,采用创设情境、层层设疑、自主学习、小组讨论等方法,让学生完成知识的自主构建,在围绕一系列问题的小组讨论中,学生通过观察、体验、推理、归纳等思维活动获取那些"只可意会,不可言传"的知识。这样"变教为诱,变学为思",提高科学探究、知识迁移、归纳与表达的能力,使学习效率更高。培养学生的社会责任感,使学生能够关注涉及生物学的社会议题,主动向他人宣传关爱生命和保护环境等相关知识,结合本地资源开展科学实践,尝试解决现实生活中与生物学相关的问题。

达标检测

1.下列关于细胞全能性的理解不正确的是(   )。

A.高度分化的植物体细胞仍具有全能性

B.细胞内含有个体发育所需的全部基因是细胞具有全能性的内在条件

C.通过植物组织培养得到试管苗,是植物细胞具有全能性的有力证据

D.玉米种子发育成玉米植株是细胞全能性的表现

2.有关全能性的叙述,不正确的是(   )。

A.受精卵在自然条件下能使后代细胞形成完整个体,因此全能性最高

B.生物体内细胞由于分化,全能性不能表达

C.卵细胞与受精卵一样,细胞未分化,全能性很高

D.植物细胞离体培养在一定条件下能表现出全能性

3.下图表示胡萝卜的韧皮部细胞通过无菌操作接入试管后,在一定的条件下,形成试管苗的培育过程。请据图回答下列问题。

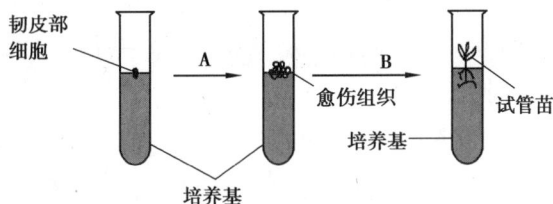

(1)要促进细胞分裂生长,培养基中应有营养物质和激素。营养物质包括_____和小分子有机物,激素包括细胞分裂素和_____两类植物激素。

(2)此过程依据的原理是_____。A和B阶段主要进行的分裂方式是_____,B阶段除了细胞分裂外,还进行细胞_____等。

(3)此过程要无菌操作,主要是指对_____进行灭菌消毒。B阶段需要光照,原因是_____。

(4)试管苗的根细胞没有叶绿素,而叶的叶肉细胞具有叶绿素,这是基因_____的结果。

4.下图表示基因型为AaBb的水稻的花药通过无菌操作,接入试管后,在一定条件下形成试管苗的培育过程。下列相关叙述错误的是(　　)。

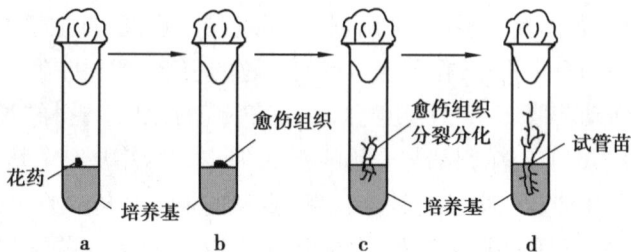

A.愈伤组织是花粉细胞通过有丝分裂后形成的不规则的细胞团

B.在愈伤组织的形成过程中,必须从培养基中获得水、无机盐和小分子的有机物等营养物质

C.为促进花粉细胞分裂生长,在培养基中应加入适宜浓度的生长素等激素

D.试管苗可能出现的基因型有AABB或AAbb或aaBB或aabb

5.通过植物体细胞杂交获得一个杂种植株需要的步骤是(　　)。

A.分离原生质体→诱导原生质体融合→组织培养→得到杂种植株

B.分离原生质体→原生质体融合→组织培养→得到杂种植株

C.获取细胞→原生质体融合→组织培养→得到杂种植株

D.获取细胞→原生质体直接融合→组织培养→得到杂种植株

6.白菜、甘蓝均为二倍体,体细胞染色体数目分别为20,18。以白菜和甘蓝进行体细胞杂交可得到"白菜-甘蓝"杂种幼苗。请回答问题:

(1)白菜和甘蓝是两个不同的物种,存在_____隔离。自然条件下,这两个物种间不能通过_____的方式产生后代。从杂交细胞到获得"白菜-甘蓝"杂种幼苗,所依据的理论基础是植物细胞具有_____。

(2)白菜和甘蓝的体细胞在融合前应先用_____处理两种细胞的细胞壁获得原生质体,再用_____作为促融剂诱导原生质体融合进而获得杂种细胞,杂种细胞继续培养,_____(需要,不需要)进行脱分化。

（3）经筛选获得的"白菜-甘蓝"杂种幼苗体细胞中的染色体是_____条。

设计理由：设计有针对性、有层次性的习题，其中1,2题针对问题1;3,4题针对问题2;5,6题针对问题3。按照从易到难的顺序，让不同层次的学生都积极参与，体会到学习知识的成就感，同时也能在审题能力、分析能力上有所提高。

使用说明：根据学生情况选择使用,学生独立完成,引导评价交流。通过反馈情况酌情删减或增加。

高中历史学科　"近代中国民族工业的兴起"导学设计

设计者　庞家容

【学习目标】

1.简述鸦片战争后中国经济结构的变动和近代民族工业兴起的史实。

2.把握近代工业、近代民族工业、近代中国民族资本主义工业等历史概念的联系与区别。

3.分析中国民族资本主义产生、初步发展的历史条件与影响;感悟近代民族工业兴起的艰难,增进民族感情和爱国情怀。

【重、难点】

1.近代民族工业兴起的背景及意义。

2.自然经济的逐渐解体与近代民族工业兴起的关系。

3.初创时期的民族工业多集中于轻工业的原因。

4.甲午中日战争后民族资本主义远远超过官僚资本主义成为中国工业资本的主体的意义。

5.基于民族工业而产生的中国民族资产阶级的成长与壮大对于此后中国社会政治的影响。

【学习探究】

问题1

时空穿越一:"七仙女"的烦恼

"树上的鸟儿成双对……你耕田来我织布,我挑水来你浇园。寒窑虽破能避风雨,夫妻恩爱苦也甜……"。家住江浙沿海一带的董永、七仙女夫妇长期过着"男耕女织、自给自足"的自然经济生活,这也是中国古代社会经济的基本模式。

但是这种经济模式却在鸦片战争英国的大炮声中悄然地发生着变化,从而也给"七仙女"带来了烦恼:"我年轻时候,纺纱织布,利息(收益)倒不少。到了现在,厂里出的纱和布,又细又好,价钱又便宜。还有外国运来的纱和布,大乡小镇都有得卖。我的利息就远不如从前了。""七仙女"一边说,一边仍旧摇动着她的纺车。

是什么原因导致了"七仙女"的烦恼? 此时经济结构的变动会带来哪些影响?

设计理由:课标要求简述鸦片战争后中国经济结构的变动,教学难点要求理解自然经济的逐渐解体与近代民族工业兴起的关系。

使用说明:此问题放在第一个学点完成后展示给学生,让学生运用所学知识分析问题。

问题1答案

原因:外国资本主义的入侵(手段:商品倾销、原料掠夺;主要地区:东南沿海),自然经济逐渐解体。

影响:(1)为中国近代民族资本主义的产生、发展提供了条件(资本主义产生发展需要的商品市场、自由劳动力);(2)促进中国商品经济发展;(3)中国逐渐被卷入资本主义世界市场,成为其附庸;(4)农民、手工业者纷纷破产,激化了社会矛盾。

问题2

时空穿越二:"董永家族"办工厂

19世纪六七十年代的一个除夕夜,"董永"他们一大家族聚在一起吃团圆饭。吃完团圆饭后,在福州跟随左宗棠为官的老二与在广州经商的老三,一起说服了在家经营百亩田庄的老大,他们弟兄三人也要买机器,雇人开办一家面粉厂。

你知道他们开办工厂的性质吗?结合所学知识分析他们办厂的原因?这类工厂有什么特点?

设计理由:把握近代工业、近代民族工业、近代中国民族资本主义工业等历史概念的联系与区别;分析中国民族资本主义产生的条件和影响。

使用说明:此问题放在教师讲述三种企业的概念的联系和区别中,学生自主学习讨论民族工业兴起的原因以及通过多媒体上材料的展示分析民族工业的特点。

问题2答案

性质:近代民族资本主义企业。

原因:①外商企业的刺激;②洋务运动的诱导;③外国资本主义的侵入,自然经济的逐步解体,为中国资本主义产生发展提供条件(市场、劳动力)。

特点:①分布在东南沿海或通商口岸附近,行业和地域分布不平衡;

②资金少,规模小,技术力量薄弱,以轻工业为主;

③在外国资本主义和本国封建主义的夹缝中艰难生存、发展,对外国资本主义和本国封建主义有矛盾又有依赖关系。

问题3

历史阐释——传统经济社会结构的近代更新常常伴随着迷惘和阵痛。历史学家陈旭麓认为,在这一过程中,"除了旧生产方式逐步解体所产生的苦难之外,还应当有新生产方式破土而出的生机和朝气。如果忠实于历史唯物主义,就不能不承认:历史的主题应当是后者而不是前者。"

你能够阐述中国近代经济结构的变动吗？并请你谈谈对历史学家陈旭麓观点的看法。（要求：观点理解准确；史论结合；逻辑严密；表述清楚；200字左右）

设计理由：此问题是一个能力要求较高的题目，要求学生能运用掌握的知识灵活合理地分析历史问题。学生一般有以下几种情况：

1.前结构层次：基本上无法理解问题和解决问题，只提供了一些逻辑混乱、没有论据支撑的答案。

2.单点结构层次：找到了一个解决问题的思路，但却就此收敛，单凭一点论据就跳到答案上去。

3.多点结构层次：找到了多条解决问题的思路，但却未能把这些思路有机地整合起来。

4.关联结构层次：找到了多条解决问题的思路，并且能够把这些思路结合起来思考。

5.抽象拓展层次：能够对问题进行抽象的概括，从理论的高度来分析问题，而且能够深化问题，使问题本身的意义得到拓展。

使用说明：此题作为课后书面作业。

问题3答案

鸦片战争前中国经济结构	近代中国经济结构的变动		地　位
自然经济	自然经济开始解体	近代经济	仍占主导地位
	洋务经济		昙花一现
	民族资本主义经济		夹缝中求生存（举步维艰）
	外国资本主义经济		逐渐加强

陈旭麓先生认为传统社会的近代化有利有弊，但利大于弊。旧生产方式解体会产生苦难，这体现在传统家庭手工业者收入减少，难以维持生计，然而新生产方式带来生机，这体现在人们去工厂做工，将手工业品销往国外，这有利于民族资本主义发展，有利于中国走向近代化，从历史唯物主义的角度看，经济基础决定上层建筑，随着生产力的发展，加上外国资本主义的刺激，新生产方式取代旧生产方式是一种历史的必然，传统经济社会结构近代化带来的利才是历史的主题。

总体说明：落实课标要求的知识，通过对历史事实的分析、综合、比较、概括等认知活动，培养历史思维和解决问题的能力。

达标检测

中国民族资本主义代表着近代先进的生产力，推动了中国近代化。阅读下面的材料，回答问题。

材料一　张謇（1853—1926年），江苏南通人。1894年考取状元，但他未贪恋官场，而是选择了实业救国之路。19世纪末,他在南通创办了大生纱厂,后又创办轮船、面粉、冶铁、银行等企业,成为一代工商巨擘。

材料二 关于近代中国民族资本主义命运的漫画。

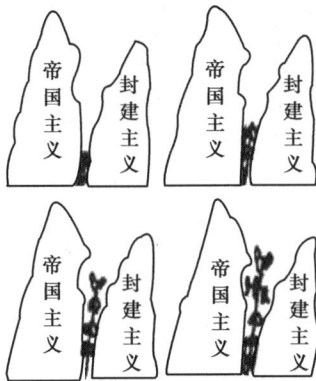

(1)毛泽东曾说过:"讲轻工业,不能忘记张謇。"根据材料一,指出张謇在发展民族工业上的主要贡献。

(2)古人云:"学而优则仕。"张謇考中状元却弃官办实业,你对此有何感想?

(3)"实业救国"在近代中国举步维艰,难以实现。根据材料二说明理由。

设计理由:通过阅读材料,结合问题设计,学会从材料中提取有效信息并解答和分析问题。

使用说明:课后作业,记忆基础知识,理解知识,运用知识。

参考答案:(1)倡导实业救国;创办大生纱厂等企业。(2)实业救国;身体力行;爱国;淡泊功名等。(言之有理即可)(3)中国处于半殖民地半封建社会;受到帝国主义、封建主义和官僚资本主义的压迫或三座大山的压迫;在夹缝中求生存,发展缓慢;民族资本主义的先天不足等。(任答其中两点并言之有理即可)

重庆市教育科学规划重点课题（应用研究类）
"普通高中新课程教与学方式改革的实证研究"子课题
"新课改下学科教学有效性研究"
研 究 报 告

课题组　邓仕民,陈洪龙,等

2010 年 9 月,重庆市全面启动了普通高中新课程实验。为了及时破解新课程实施过程特别是教学方式改革和评价中出现的难题,结合我校实际情况,在沙坪坝区"新课程背景下教学方式改革与评价的实证研究"课题研究的引领下,我校切实开展了"新课程下学科教学有效性研究"的课题研究,经过三年的扎实工作,基本实现了预期目标。

一、问题的提出

①新课程改革从中华人民共和国成立后有过好多次。20 世纪末,中共中央、国务院提出要"深化教育改革,全面推进素质教育",新课改的目的就是要在 21 世纪构建起符合素质教育要求的基础教育课程体系。重庆作为课改的最后一个直辖市,在总结与反思其他省市的经验与教训后,结合自身的实际,积极参与新课改。我们课题小组探究的题目是在新课改下如何提高课堂教学的有效性,在调查与研究中,发现若干亟须解决的矛盾与困境,迫切需要我们去实践与探索。

《基础教育课程改革纲要》要求:基础教育课程改革要改变课程过于注重知识传授的倾向,强调形成积极主动的学习态度,使获得基础知识与基本技能的过程同时成为学会学习和形成正确价值观的过程;改变课程实施过于强调接受学习、死记硬背、机械训练的现状,倡导学生主动参与、乐于探究、勤于动手,培养学生搜集和处理信息的能力、获取新知识的能力、分析和解决问题的能力以及交流与合作的能力。然而在学科教学中,我们发现现在学科内容增多、课时紧张,探究活动难以开展;学科教学时活动与知识讲解的时间的冲突;学科教学的效率低下,学生的生成能力需要提高;课堂作业与课后作业如何处理等现实迫切的问题。课题组通过调查与研究,反思教学实例,在实践中运用不同的教学策略,希望能找到规律,提高教学的有效性。

②重庆市凤鸣山中学作为沙坪坝区的课改实验学校之一。在"一切为了学生的发

展"的新课改理念的指导下,全校教师群策群力,认真理解新理念,积极探索新的教学方式。在我校领导的重视以及各级骨干教师的努力下,针对我校自身的特点,对学科教学有效性进行了大量的实践,运用不同的教学策略,提高课堂效率,争取使新课改的理念落到实处,使学生能得到最大的发展。在学校着力进行新课改探究的契机下,争取在新课改的引领下,提高教学质量,使学校更上一个台阶。

③长期以来,在传统教学模式的影响下,"教师教、学生学"的学习方式,严重制约着学生的主体地位和扩散性思维的发展,致使学生学习兴趣不高,滋生厌学情绪,学习主动性差,对教师的依赖性增强,学习方法不科学,甚至还停留于死记硬背。受传统教学思维和教学方式的影响,课堂上教师讲授过多,记忆型课堂和讲授型模式不利于学生自主学习和思维的开发;"教师讲得清清楚楚,学生听得明明白白"的教学,使学生缺失应有的自主、合作、探究的学习过程;以知识为本位、以考试为轴心,教师重视教的过程,忽视学生学的过程;学生课堂自主活动整体缺失——学习内容的强制性、认知活动的受动性、思维过程的依赖性、课堂交往的单向性;教学活动缺失支持创新学习的心理环境——快乐、民主、和谐,以及高评价、高激励。

④对高效课堂的反思。教师主导、学生主体的小组合作与探究式教学方式的有效性是基于对高效课堂存在问题思考基础上提出来的。我们认为,高效课堂存在一些问题。第一,实践中的问题。教学中努力追求高效是没有问题的,可是不少的地方却以打造高效课堂为名,直奔应试教育之实,高效课堂已经开始成为替应试教育推波助澜的工具。第二,理论上的缺失。高效课堂的理论基础是三个关键词:效果、效率、效益。但实际上人们最为关注和可以量化的是效率,导致高效课堂与知识学习的高效率等同起来,这就直接导致三种结果:一是"大容量、高密度、快节奏"的教学增加了学生负担;二是很多课堂被要求"堂堂清",导致"急功近利"与"拔苗助长",违反了教育规律与人的成长规律;三是从课堂延伸到课外,所谓"高效课堂"与"高效管理"相匹配,学校实际上已变成一个没有硝烟的战场。

与高效课堂相比,教师主导、学生主体的小组合作与探究式教学方式的价值追求完全不一样,它是为了追求品质化的教育并产生优质化教育成果而进行的教育改革,它的改革首先是基于人的发展,基于人在学习中的主动和自由的发展,重点是解决学生学习的兴趣、热情、自信心、情感态度和学习动力问题,然后才是解决知识学习问题。

二、研究的目的和意义

本课题研究的根本目的在于改变传统的教学方式,构建全新的、顺应时代客观需要和回归教育本质的教学方式——教师主导、学生主体的小组合作与探究式教学方式。其意义在于:

1.解放学生,改变学生的学习状态,让学生学得愉快

教师主导、学生主体的小组合作与探究式教学方式正好与学生的心弦对准音调,致

力于把课堂真正还给学生,目标是为了改变学生"被动消极、死水微澜"的学习状态,让学生动起来,让课堂活起来,引导学生在活动中"学会、会学、乐学、创学"。在大面积提高学生学习成绩的同时,改变学生的学习习惯、学习意识、学习态度、学习品质,激发其主动意识、协作意识、团队意识、进取精神和创新精神,促使学生的自主性、能动性、独立性不断生成、张扬、发展,使其获得终身发展的源泉、动力和永不枯竭的发展能力。

2.解放老师,提高老师的生活质量,让老师教得轻松

以课题研究促进教师更新观念,树立新的教学观,改变传统的教学方式、工作方式和学生的学习方式,在提高教学质量的同时提高老师的生活质量。把教师从满堂讲、满堂灌的传统教学模式中解脱出来,做学生学习活动的组织者、合作者、评价者、激励者、引领者;在促进学生发展的同时,焕发自身的生命活力,真正体验职业的内在欢乐与尊严,从而提高老师的生活质量。

3.提升学校,改变课堂学习方式,促进校园形成师生主体性发展环境

通过推行教师主导、学生主体的小组合作与探究式教学方式,不断丰富课堂教学内涵,凸显学校办学特色,为学校师生的主体性发展提供良好环境,激活学校的发展潜力,形成学校自身的发展能力,让学校成为活力四射、彰显个性、魅力无限的"文化高地",促进教师和学生的共同发展。

4.改变教育,引领教育的发展方向,更加关注教学过程的品质化

教师主导、学生主体的小组合作与探究式教学方式强调学生主体的"自主学习"与"合作探究",不再把知识学习的结果是否高效作为唯一追求目标,而是更加关注学习过程的品质,让莘莘学子摆脱"学海无涯苦作舟"的痛苦过程,以过程的品质化带来结果的优质化,最终引领学子"求真""至善",回归教育的本真。

三、概念界定

新课改:新一轮基础教育课程改革是"新课改"的全称,中华人民共和国成立以后课改已有过好多次。20世纪末,中共中央、国务院提出要"深化教育改革,全面推进素质教育",新课改的目的就是要在21世纪构建起符合素质教育要求的基础教育课程体系。

新课程:指2003年3月教育部印发的《普通高中课程方案(实验)》中的课程。与传统课程相比,它具有课程理念新、课程标准新、课程结构新、教育理念新、教材管理新、评价理念新等特点。

教学方式:指在教学过程中,教师和学生为实现教学目标、完成教学任务而采取教与学相互作用的活动方式的总称。

教学方式改革:指构建体现新课程理念的新的教学方式。

学科教学:指教师的教和学生的学所组成的一种人类特有的人才培养活动,教师在特定的场所对学生进行各科基本理念、基本知识的教育,培养学生的情感、态度、价值观,

成为对社会有用的人。

有效:有两方面含义:一是有效果。如果活动有结果,活动就是有效的;活动若没有结果,那么活动就是无效的。二是有效益。若活动结果是预期的,是好的,那么活动即是有效的:若活动结果是非预期的,是坏的,那么活动就是无效的。但这样理解是不全面的,因为它没有看到或说明活动结果与活动产出之间的关系。因此,有效应进一步理解为有效率,即有效指相对活动投入而言,活动产出(预期的结果)是尽可能大的。

有效教学:是教师通过教学过程的合规律性,成功引起、维持和促进了学生的学习,相对有效地达到了预期教学效果的教学。有效教学的教学效果是指学生的进步和发展;预期教学效果是指学生的进步和发展吻合教育目标、符合特定社会和受教育者(学生)的教育需求;相对有效地达到是指用尽可能少的教学投入获得尽可能多的教学产出;教学过程合规律性和成功引起、维持、促进学生的学习是有效教学实现的条件。

四、研究内容与目标

(一)研究内容

1.问题主导

知识问题化,将学科知识与学生生活世界相结合,贴近生活、贴近实际、贴近学生,从熟悉的现象引导进入科学世界,逐步建构知识体系。

2.思维主攻

课堂不能是传统的记忆型课堂,而是思考型新课堂。要求教师注重学生思维的培养、训练。

3.自学主线

体现学生为主体,教师为主导的理念,培养学生会学、乐学、创学的能力,提高学生的实践操作能力。

4.活动主轴

课堂中巧妙设置活动,充分调动学生积极性,调动学生情绪,激活学生的思维,活跃课堂气氛。

5.发展主动

课堂的宗旨是为了学生发展,不是为了简单地培养答题型、应试型的"人才",而是为了培养创造型的新型人才。

(二)研究目标

①切实提高学科教学的有效性,探索新的教学策略,提高课堂教学效率,形成问题主导下的教学互动型课堂、问题主导下的自主探究型课堂、问题主导下的反思建构型课堂

三种新的教学模式。

②加强学科教学有效性的理论研究,从教学实践、教学事例发现适合学科教学有效性的规律,并用于推广与实践。

③提高凤鸣山中学高中教师整体素质,特别是新课改的实践能力、参与新课改的研究能力,将凤中打造成为走在课堂教学改革前沿的示范学校。

五、研究原则

1.科学性原则

立足本校实际,解放思想,与时俱进,坚持科学发展观,用科学的思想、理论、方法指导课题研究工作。

2.实践性原则

本课题立足本校实际,解放思想、实事求是,以科学发展观为指导,发现问题、解决问题,提高教学实践能力。

3.实效性原则

正确领会新课程内涵,大胆探索有效途径,科学制订指导策略,切实推进本校学科教学有效性研究。

4.创新性原则

要在继承、借鉴的基础上创新,创造富有校本特色的成果。

六、研究方法

1.行动研究法

在课程开设、课程管理、教学创新、评价改革等研究中,边实践,边探索,边检验,不断反思、调整、总结,解决研究中存在的实际问题,寻找最佳方案,以达到研究目的。

2.案例研究法

对典型的课堂教学实录进行分析研究,归纳整理出有效的课堂教学模式。如个案、教育事例,集体讨论。

3.调查法

主要调查本课题研究之初师生对新课程实验的态度,调查学校课堂教学方面的现状,以及研究过程中和研究之后的状况,为研究的顺利进行提供事实依据,增强研究的针对性和实效性。

4.文献法

在进行本研究的过程中,广泛浏览了大量中外文期刊、书籍,并详细阅读了重要文献资料,尤其是关于教学理论、教学方法、教学行为、教学心理学等方面的文献,以确保本课题建立在前人研究的基础上,并有所创新,实现继承性和创新性的统一。

5.实验总结法

不断总结实践经验,并提升成为理论;撰写课堂教学反思、经验总结性论文或研究报告。

七、研究步骤

本课题研究时间为三年(2010年3月—2013年8月)。

第一阶段(2010年3月—2010年8月):准备阶段

进行课题前期调研,确定学科教学老师名单;培训课题研究人员,明确课题研究方向,拟订课题(含子课题)研究方案并进行论证;完成课题申报工作,召开开题会。

第二阶段(2010年9月—2013年6月):实验阶段

①加强调研督导,注重实践检验。

②搜集相关资料、数据,做好课题研究记录,不断形成研究成果。

③强化过程管理,定期开展观摩交流活动,课题组负责对各学科老师进行中期检查。

④定期召开阶段性总结会,听取各学科老师研究进展情况汇报,及时总结经验,推广成果,协调各方面工作,研究解决有关问题,保证实验顺利进行。

第三阶段(2013年7月—2013年8月):结题阶段

①归纳、整理课题实验过程资料。

②集体研讨,提炼课题实验成果,分析探究存在的问题及困惑。

③撰写工作总结、实验报告、课题研究报告。

④提出课题结题申请,迎接结题验收。

八、课题研究的组织与管理

(一)课题研究的组织工作

课题论证、获批后,学校成立了以龚雄飞校长为组长的课题研究领导小组和以分管教学科研的陈洪龙副校长为组长的课题研究实施小组,并以相关处室、部门负责人和各学科教研组长备课组长以及教师成长课题负责人、主研人员为成员的研究团队。

附名单:

(1)课题研究领导小组

组长:邓仕民

副组长:陈洪龙

成员:熊元红 史向红 杨露 邓仁斌

（2）课题研究实施小组

组长：陈洪龙

副组长：熊元红　史向红　杨露　邓仁斌

成员：教师成长课题负责人及其主研人员

（二）课题研究的管理

课题批准立项后，在学校课题领导小组和校课程中心的直接引导下，加强了对课题研究各项工作的管理与指导：

①子课题负责人及其主研人员集体研讨学科有效性研究实施计划，撰写子课题研究开题报告，开展各学科有效性教学的研究工作。

②课题领导小组以不定期方式到课堂指导、检查与督促，并负责对实验学科和实验教师整个实验进程的协调与管理。

③每月召开一次实验教师例会，定期汇报实验情况、交流实验经验。

④在校课程中心的检查督促下，每位实验教师从实验开始严格规范实验材料，随时积累资料储备。

⑤在校课程中心的领导下，各学科的小课题组认真总结经验教训，及时提炼实践成果，向沙坪坝区教师进修学院提出小课题研究的结题申请与研究报告，取得了较为理想的科研成果。

九、研究成果

（一）理论创新

①构建了独具凤中特色的"四环节·问题导学式魅力课堂"课堂教学模式，实现了"教与学"方式的根本性改变。

课堂学习作为学生学习最核心的单位，是学生形成灵性知识与美好德行的沃土，在很大程度上决定着学生智慧和品格的未来走向。从这个意义上来说，课堂教学改革是新课程改革的核心。

"从事有道德的教育，打造有魅力的课堂，追求有良知的高效，创建有文化的校园。"基于对教育价值的本真追求，凤鸣山中学设计了独树一帜的"四环节·问题导学式魅力课堂"教学模式（见图1），着力改变课堂上"教与学"的方式，以提升学校教育质量，丰富学校内涵，实现学校优质发展。

"四环"，是指"四环节·导学式魅力课堂"教学模式统领下围绕问题核心而开展课堂教学活动的四个环节或部分，包括自学（即"情境自学——雏凤清声"）、互学（即"合作互学——群凤和鸣"）、激学（即"展评激学——凤举鸾翔"）、领学（即"提升领学——凤翔九天"）。

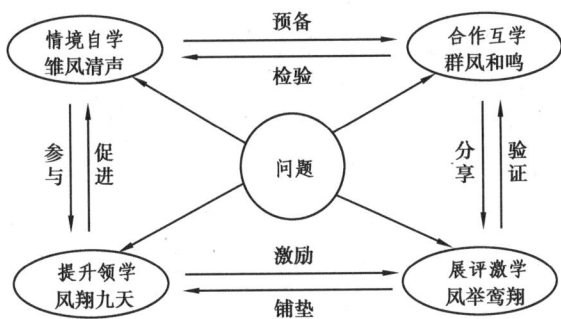

图1

"导学"即"问题导学",指通过创设特定的问题情景,将知识目标化、目标问题化、问题思维化、思维层次化、层次梯度化、梯度渐进化,让问题成为学生学习强大的"引擎",引导学生在解决学习问题中,主动获取和运用知识,发展其学习的主动性和自主学习能力。

"魅力课堂"的价值追求是为了追求品质化的教育并产生优质化教育成果而进行的教育改革。它的改革首先是基于人的发展,基于人在学习中的主动和自由的发展,重点是解决学生学习的兴趣、热情、自信心、情感态度和学习动力问题,然后才是解决知识学习问题。

第一,"魅力课堂"是在确保学生主体地位的前提下,以学生自主、合作、探究、展示为基本特征,关注全体学生发展,特别是关注学生在课堂上学习机会和展示机会的均等,引导教学走出"优生垄断"的误区,是有"宽度"的课堂;

第二,"魅力课堂"是在确保一定教学容量的前提下,把握好教学内容的取舍、教学进度的快慢和教学节奏的张弛,力求获取最大化的整体教学效益,是有"密度"的课堂;

第三,"魅力课堂"是在学生思维激活的前提下,基于知识(主要是瞄准知识的重点与难点教学),超越知识,追求知识教学与能力培养相统一,追求思维深度和文化内涵相统一,是有"深度"的课堂;

第四,"魅力课堂"是在尊重学生自主学习的条件下,通过充分地展示和互动交流,使教学充满吸引力和责任感,使课堂洋溢着生命激情和充盈着幸福体验,是有"温度"的课堂。概言之,魅力课堂=教育宽度+知识密度+学科深度+课堂温度。

"魅力课堂"以"先学后教、互助展评"为核心,遵循"以学定教、先学后教、多学少教、因学活教"的原则,引领学生"当堂自学、同伴助学、活动展学、互动评学、教师导学",从而实现"传授型课堂"向"学习型课堂"转变,"知识型课堂"向"发展型课堂"转变。

②编撰了实施"四环节·问题导学式魅力课堂"教学模式的系列指导丛书及读本,包括《重庆市凤鸣山中学魅力课堂教与学》《创先争优·冲击高端——优质课导学案专辑》《创先争优·冲击高端——校本课程》《创先争优·冲击高端——学校课改文件汇编》《创先争优·冲击高端——课改实践新闻通讯汇编》等文本,用以指导"四环节·问题导学式魅力课堂"教学操作与实施。

（二）学校内涵发展，课堂教学质的飞跃

1.课堂发生质变，学生精气神提高，心智解放，思维激活

从"魅力课堂"两年多的实践情况看，学生的综合素质得到了很大的提升，他们能大胆走上讲台，激情飞扬地展示自己的观点，师生关系更加和睦，班级建设也更加和谐。特别是其中的"展示"环节，为学生提供了充分展示自己才华与智慧的平台，满足了学生的"尊重的需求"和"自我实现的需求"。

正如一位学生所说："魅力课堂实施以后，我们的课堂发生了翻天覆地的变化。原来是教师在讲台上干讲，课堂十分枯燥，几乎除了听课、做笔记、偶尔的发言，就是做题了。这样，不仅教师讲起来吃力，我们听起来也无聊……我们学生的个人潜力得不到挖掘、个体能力也得不到提高，学生没有展示自我的机会。现在课堂并不是由教师主宰，而是由我们学生掌控，我有了展现自己的机会。生龙活虎的课堂让我重拾对学习的热情。"

一位老教师说道："以前一节课要写几块黑板，一边写，一边讲，还要留意差生是不是在听，一节课下来口干舌燥，感觉心都被掏空了，还沾了满身的粉笔灰……'魅力课堂'能让自己轻松愉快地工作，开开心心地工作，为什么不实施呢？"师生角色转变，教师课堂讲授时间减少，真正体验职业的内在欢乐与尊严。

2.中考、高考教育教学质量大幅度提升

三年来，我校的教育教学质量在内涵式跨越发展的过程中取得了大幅度的进步和提高，2011 年、2012 年两年高考，重点本科上线率都以超过 60% 的速度递增。高 2011 级高考，重点本科上线 385 人，上线率达 60.16%，重点本科上线人数增幅达 81%，高考上线率达 96.2%。高 2012 级高考，不含艺体，重点上线 123 人，上线人数首次破 100，重点本科上线率在 2011 年的基础上又提高 56%；本科上线 375 人，上线率达到 62%；整体上线率达到 98%；包揽了沙坪坝区理科前三名。2011 年、2012 年两年中考成绩，其联招上线率保持在 80% 左右。

2013 年高考参考 786 人，上线 782 人，上线率 99.5%；重点本科上线 254 人，较 2012 年增长 53.9%，增加 89 人。其中，文科重点本科增幅达 130%；本科以上上线 560 人，上线率为 71.2%；继 2012 年我校陈俊文同学成功考上北京大学后，今年我校又有廖川疆同学被清华大学录取。美术、体育、音乐特长生量多质优，文化、专业 100% 双上本科线，重点本科上线率为 70%。

2013 年中考 546 人参考，427 人上联招线，较 2012 年增加 35 人；上线人数居全区第一，超第二名 98 人，联招上线率 78.2%，较 2012 年增长 2.7%，再创历史新高！

3.改变了学校的发展模式，提升了学校的品质

通过推行"四环节·问题导学式魅力课堂"教学模式，不断丰富学校内涵，凸显学校办学特色，为学校的主体性发展提供良好的发展环境，激活学校的发展潜力，形成学校自身的发展能力，让学校成为活力四射、魅力无限的"文化高地"，促进教师和学生的共同发展。

（三）区域辐射，影响广泛，发挥示范作用

①"魅力课堂"教学改革让凤中声名鹊起。学校至今已接待来自北京市海淀区"2011届校长任职资格培训班"、西安市中学校长异地提高班、重庆九龙坡区铁路中学、广西桂林市一中、桂林市德智外语校、北海市第九中学及《中国教师报》专家考察团、江西省吉安市教育考察团、西安市校长培训班考察团、《中国教师报》考察团、四川省泸州市教育考察团、贵州省贵阳市教育考察团、湖北稳派名校联盟考察团、北京西城区校长书记考察团、山西孝义考察团、海南省教育厅校长考察团、秦皇岛市教育局、北京师范大学基础教育课程中心教育考察团等市内外近80个课改观摩考察团和交流团队，接待来访人员近4 000人次。与此同时，我校应广东佛山市顺德区容桂中学和荣山中学、吉林省延吉第三高中、重庆市奉节县甲高中学、江苏武进区横林初级中学、重庆市彭水汉葭中学、彭水桑柘中学、沙坪坝区28中、大坪66中等兄弟学校的邀请，先后组织王霜、熊元红、冉启芬、邱敏、李毅、龚圣龙、吴庆、袁泉、谭冬梅、郭瑜、李秋媚等四十余位优秀教师前去进行课改教学指导和交流。

②媒体竞相报道，产生了极大的影响。三年多以来，先后有多家报刊（新教育《走向内涵——重庆市凤鸣山中学教育改革与发展纪实》、重庆时报《全国100余名教师来渝感受"魅力课堂"》《群凤和鸣谱新曲，品质强校创新篇》、重庆日报《魅力课堂，拨动孩子心灵的琴弦》）对我校的课堂教学改革进行了广泛的宣传与报道，在市内外产生了一定的辐射和影响。

（四）物化成果

①2013年7月，用以指导"教与学方式根本变革"的"'四环节·问题导学式魅力课堂'理论与实践研究"获重庆市人民政府表彰为"重庆市教学成果一等奖"（证书编号：2013〈普〉116〈7-4〉）。

②在重庆市沙坪坝区"2010—2013年教育科研成果活动"上，我校教师关于"新课改下学科教学有效性研究"课题开展的小课题"初中体育'PRS'教考学体系的实践性研究""高中新课程数学（必修）新增内容教法、学法及考法的实践研究""义务教育阶段英语阅读课教学目标细化与课堂实施研究"获"教师成长课题类二等奖"，"初中英语高效复习教学模式探究与实践"获"教师成长课题类三等奖"；胡罡老师课题研究成果"体育与健康教学校本教材（初一至初三及辅助教材课课练）"获"校本课程类"一等奖；熊元红老师、程岚老师、付媛老师三位教师获"科研先进个人"称号。

③在提升学科教学有效的课题研究过程中，我校教师撰写编制的论文、教学案例、课件等共50余篇（节）在国家、市级、区级等各级各类刊物及评比活动中获奖。

十、困惑与思考

　　我校教师在深入开展课堂教学改革,积极从事学科教学有效性的小课题研究及其实践过程中,既充分感受到新课程改革背景下课堂教与学方式变革的精彩魅力,同时也切身感受到新课改所带来的冲击与困惑,引发了广大教师的思考。

　　①传统教育教学评价制度与新课程教学改革的冲突。在课题研究与教学改革实践中,我们切身感受到以中考、高考成绩为主要内容的传统评价体系所产生的阻力。新课程教育教学改革侧重于学生综合素质与能力的培养,促进学生"雅行"与"慧学",这种功能必然与应试教育发生矛盾和冲突。

　　②在课改中关于提高教师教育科研理论化水平的问题。很多教师都是以教学实践中提炼出来的问题进行研究,这样的研究其实践性与操作性都很强,但其理论化水平却不一定高,往往是实践经验的概括和总结,难以上升到一定的理论高度。因此,亟须新课改专业的理论引领和指导。

　　③课堂教学改革是一项系统工程,涉及八大系统:小组、流程、互动、反思、《导学案》、评价、呈现、文化。同时,课程面临十大绕不开的问题:明白容易转变难;学生"新习惯"说改容易养成难;集体备课安排容易做实难;《导学案》编写容易有价值难;学案完成容易保质保量难;小组建成容易发展难;督导检查评价容易长效难;课堂展示泛展容易精彩难;学习任务设计容易完成难;教学质量不升反降容易提高难。这些问题的解决需要信念的坚守,需要学校各部门及教师、学生全体联动,并在制度、实施、评价上跟进。

　　在新课程改革大潮中,重庆市凤鸣山中学作为重庆市高中新课程改革的样本示范学校,以自己独特的文化理念和价值追求实现着学校的优质内涵发展。"四环节·问题导学式魅力课堂"改革的制度设计和实践追求,是学校整体变革的"突破口"和"引爆点",是对凤中的地位和固有资源充分认识以后所选择的正确发展策略。我们相信,我们也坚守凤中的魅力不仅在于它未来高质量的结果,还在于它有效地不断前进的过程。明确并坚持改革的方向,采取有效的学校变革策略,登高望远,静待花开,凤中一定能够抵达理想的彼岸。

本文参考文献

论文类:

[1] 刘金玉.紧张——课堂"高效"的标志[J].北京教育,2009(8).

[2] 柳延金,余红梅.新一轮高中新课程改革的基本理念探析[J].新课程研究,2011(3).

[3] 杨永波.浅谈杜郎口中学的课堂教学[J].新课程,2010(4).

[4] 张俊平."洋思现象"解读[N].中国教育报,2005-05-13(4).

[5] 张华.试论对话教学的知识基础[J].全球教育展望,2009(3).

[6] 钟启泉."有效教学"研究的价值[J].教育研究,2007(6).

［7］钟启泉.中国课程改革:挑战与反思[J].比较教育研究,2005(12).

著作:

［1］马赫穆托夫.问题教学[M].王义高,赵玮,周蕖,等,译.南昌:江西教育出版社,1994.

［2］龚雄飞.高中新课程教学改革问题与对策[M].呼和浩特:内蒙古人民出版社,2009.

［3］郭思乐.教育激扬生命:再论教育走向生本[M].北京:人民教育出版社,2007.

［4］李秉德,李定仁.教学论[M].北京:人民教育出版社,2001.

［5］任长松.走向新课程[M].广州:广东教育出版社,2002.

［6］施良方.课程理论[M].北京:教育科学出版社,1996.

［7］徐仲林,徐辉.基础教育课程改革理论与实践[M].成都:四川教育出版社,2005.

［8］钟启泉,崔允漷,张华.为了中华民族的复兴 为了每位学生的发展[M].上海:华东师范大学出版社,2001.

［9］从立新,陈荟.当前我国基础教育课程改革理论问题研究[M].重庆:重庆大学出版社,2013.

问题导学:内涵、价值与实施策略

政治组　熊元红

摘要:问题导学("问题导学式教学方式"的简称)是一种发展性教学尝试,具备发展性、情境性、生成性、开放性、合作性等特征。其价值追求在于培育学生综合素质与能力,让教育回归"本真",引领学生"求真""至善",促成学生"慧学"与"雅行",其实施策略由"问题情境的营造、导学问题的创设、学习方式的组织和课堂教学的评价"四部分构成,是实现新课改背景下课堂教学方式变革的重要途径。

关键词:问题导学;内涵与特征;价值取向;实施策略

课堂是学校一切教育活动的主要载体,是提高教育教学质量的主渠道,在很大程度上决定着学生智慧和品格的未来走向。课堂教学改革是学校层面新课程改革的重要内容之一,以课堂为突破口,实施以营造问题情境、创设导学问题、引领学生自主合作探究为基本要素的问题导学,已然成为实现课堂教学方式变革的重要途径。

一、问题导学的内涵

1.问题导学的含义

苏联著名教育科学博士 M.N.马赫穆托夫在其出版的专著《问题教学的理论与实践》中首次提出"问题教学"理论,将其定义为"……这是一种发展性教学。在这种教学中,把学生们从事系统的独立探索活动与他们掌握的现成的科学结论配合着进行,而方法体系的建立考虑了问题性目的和问题性原则;……是现代发展性教学体系的主要组成部分……问题情境和学习性问题是问题教学的基本概念。"

问题导学("问题导学式教学方式"的简称,下同)是一种发展性教学尝试,由"问题教学"发展、演变而来,指通过营造特定问题情境,创设导学问题,并组织学生对导学问题予以自主合作探究以达成教育目标的教学方式。这种方式使"问题成为课堂教学活动的核心,并成为学生学习的强大'引擎',引导学生去'分析问题,解决问题,发现新问题,再去分析解决问题……'"。在这种循序渐进的自主性、探究性、思维性学习活动中,激励学生自身的思维活动与内在的学习驱动力,主动获取知识,培育、提升其运用知识去发现问题、分析问题和解决问题并持续不断地予以探索的创新精神与创新能力,以达成教育教学目标(或学习目标,下同)。

2.问题导学的特征

问题导学在传承了问题教学"这一种发展性教学"合理成分的基础上,注入了自主合作探究、激励性评价、注重过程品质化等先进基因,使其呈现出发展性、情境性、生成性、开放性、合作性等特征。

(1)发展性特征

从目标设置看,问题导学以"知识与技能""过程与方法""情感态度价值观"来预设教学目标(即三维目标教学),而不是简单地注重对知识的认识、理解、运用;从学习方式看,倡导学生自主学习、合作学习、探究学习,注重培养学生的学习习惯、行为方式、团队意识、合作精神、创新思维,培育学会学习、终身学习的观念;从评价机制看,实施激励性评价机制,鼓励学生激情展示和质疑对抗,尊重个性和独特见解等。以发展的眼光看待学生、培育学生,体现其发展性特征。

(2)情境性特征

课堂教学注重相应情境的营造(含知识情境和问题情境),倡导境中激趣、情中生疑,以情境激活学习者的生理机能、心理机能和思维活动,在特定情境中创设、探究导学问题,开展展示、质疑、对抗、演绎、提升、检测等活动,最终达成教学目标,让教学活动的每一个环节都融入与之相匹配的情境之中。

(3)生成性特征

问题导学课堂中,导学问题的创设、知识与技能的习得、情感态度价值观的培育等都不是教师灌输或讲解传授的,也不是简单地以逻辑推理方式呈现给学生的,而是学生在一定的情境中,通过体验和感悟去发现问题、提出问题,在教师的引导、追问、点拨中,通过合作探讨、激情展示、质疑对抗等系列探究活动生成知识技能,在不断的思维碰撞与价值冲突中强化情感态度与价值观。

(4)开放性特征

教材作为知识的载体,在课堂教学中起到教学指导、学习指南的作用。而在问题导学式教学中,因为学生的知识与技能是在一定情境中通过对问题的探究逐步生成而非直接的习得,所以教材的这一作用弱化了许多,仅能起到材料提供、资料查询作用,除学科的专业性概念、术语外,完全可以脱离教材,根据教学需要选择教材以外的生产生活实际来营造情境、组织教学,不受教材的束缚。如果条件允许,还可以打破时间局限,走出教室、校门,在社会实践活动中开展教学活动。此外,在问题探究中,由于学生对事物的观察视角、思维方式不尽相同,也可能导致同一问题出现不同结论,呈现多元化的认知。问题导学体现出来的这种开放性特征,更有利于培养学生的创新思维和创新能力。

（5）合作性特征

问题导学式教学,学习时采用自助、生助、师助的"三助式"学习,倡导团队的合作和展示,彼此之间的质疑和对抗;评价时,不再对单个个体予以评判,而是以小组为单位实施捆绑式评价,树立"组荣我荣,组耻我耻"观念。这种以学习小组为基本单元的组织形式,学生可以彰扬独特个性,但不再是单个的个体,而是被看作团队的一分子,处处显现团队特征,培育学生的合作意识、集体意识和奉献精神。

二、问题导学的价值

问题导学教学方式,注重营造问题情境、创设导学问题和引导学生自主、合作、探究学习,让导学问题"激发学生高昂的情绪积极性",以此实现课堂教学方式的根本性变革,提升课堂学习效率。在目标的设置上,除知识与技能外,增设过程与方法目标,更加关注过程的品质化,注重培育学生的情感、态度与价值观。所以,其价值取向更倾向于学生的综合素质与能力,促成学生"慧学"与"雅行"。

1.促成学生慧学——"学而生慧,慧则达远"

"慧"蕴涵着能够了解一切事理的聪明与才智,是人的智力发展所能到达的最高境界。"慧学"意指通过问题导学式的教学活动,认知并利用学习基本规律,培养学生良好的学习行为与思维方式,提升学会学习、终身学习能力,引领学生"求真""至善",回归教育的本真,蕴藏着"学习习惯的养成教育""思维方式的激励教育"和"激发强大内驱力的唤醒教育"依次递进的三层内涵。

自主学习将"人格和智慧的提升"融入独立自主的探究活动之中,引导学生养成良好的行为方式;小组合作与探究及其结论的展示、质疑、对抗等活动,提升学生对学习活动的参与意识,促进课堂有效教学;创设导学问题,不间断地激发学生的思维活动和内在的学习驱动力。逐次接近直至达成"学习习惯的养成教育""思维方式的激励教育"和"激发强大内驱力的唤醒教育"的"慧学"追求。

2.促成学生雅行——"行而求雅,雅则弥佳"

"雅"是人内外兼修的气质,是精神修养不断提升而外显的文雅风范。"行"是人知行统一的能力,是在长期实践活动中培养的稳定的行为。"雅行教育"即培养学生良好的外在行为习惯与内心道德修养,蕴藏着"行为规范的养成教育""举止文雅的涵养教育""情趣高雅的心灵教育"依次递进的三层内涵。

问题导学以根据"组间同质、组内异质"原则组建的学习小组为基本单元,通过"名称""徽章""口号""共同目标""小组公约"等内容的小组文化建设,增强小组凝聚力。在学习过程中,通过互学、探讨、展示、质疑、对抗等方式合作学习,发挥集体智慧和团队力量,在合作探究中培养开朗的性格、阳光的心态,培养学生"提高在社会生活中正确处理竞争与合作关系的能力""关心他人,乐于助人,倡导团结友善的精神",将"行为规范的养成教育""举止文雅的涵养教育""情趣高雅的心灵教育"自然融入其间,培育学生的"雅行"。

"慧学"侧重于学生智能的开发与培养,"雅行"更为关注学生品性的养成与陶冶,二者相得益彰又互为激励,"慧学"提升"雅行","雅行"促进"慧学",共同构筑为一个和谐统一的有机整体。因此,"慧学"与"雅行"是每一位教育工作者坚持不懈的奋斗目标,是学生接受教育能抵达的最高境界,更为问题导学教学方式变革的最终价值追求。

三、问题导学的实施策略

问题导学实施策略由"问题情境营造、导学问题创设、学习方式组织和课堂教学评价"四个相对独立又内在关联的部分构成。

(一)问题情境的营造策略

1.问题情境的内涵

问题情境并不是一个简单的"情景"意义上的概念,而是指通过营造一个多维的环境(包含精神层面的、知识层面的和思维层面的),激活学习者的生理机能、心理机能和思维活动,对导学问题进行创设、探究、展示、质疑、对抗、演绎、检测等活动,最终达成教学目标的整体系统或完整过程,包括激励调控情绪、调动知识储备、激活思维活动、问题探究展示、知识归纳总结、能力检测提升,以及为此所必需的形式、方法、手段等要素,"……通过问题性问话、问题性任务和研究性作业使学生处于问题情境中,从而激起学生紧张的智力活动,去独立地、探索性地获取知识……"。

2.问题情境的营造

问题情境是包含众多要素或环节的整体系统或完整过程。营造这一情境,必须坚持"以生为本思想、问题核心意识、要素优化配置"等基本理念。

(1)坚持"以生为本"的指导思想

教学方式变革首先是基于人的发展,基于人在学习中的主动和自由的发展,重点是解决学生学习的兴趣、热情、自信心、情感态度和学习动力问题,然后才是解决知识学习问题。因此,问题情境的营造者,首先应当相信学生是"天生的学习者",坚持"一切为了学生、高度尊重学生、全面依靠学生"的根本宗旨,让学生在教师的引导下自由开放地探究地学习,让"学习有合适的闲暇气息,追求课堂学习中快乐的感受和体验",让学生在课堂学习过程中学会感悟、体验和思维,尊重学生的主体地位。

(2)树立"导学问题"的核心意识

"问题"即"矛盾"。"……在问题式学习过程中起主导作用的是掌握的矛盾,它与原有知识同用原有知识、过去的经验不足以解释的新事实之间的辩证矛盾是相互联系的。教学过程的这些客观的辩证矛盾在每个具体场合是通过思维本身的逻辑矛盾,即通过学习性问题表现出来的。"因此,要让问题成为课堂教学活动的核心,成为学生学习的强大"引擎",无论是学生的学习活动,抑或教师的教育活动,都紧紧围绕导学问题而展开,牢固树立"导学问题"的问题核心意识。

(3)优化配置问题情境的基本要素

问题情境包含激励调控情绪、调动知识储备、激活思维活动等诸多要素,这些基本要素能否以最佳方式进行排列或组合,直接关系到它们的功能和作用能否得到最大限度的发挥。因此,营造问题情境应站在"课堂教学功能目标实现的最大化"高度,从整体上考量各个要素在问题导学中的功能,予以优化配置。

(二)导学问题的创设策略

1.导学问题的含义

导学问题是指立足学生的认知水平与思维特征,遵循循序渐进的认知规律,将学习目标融入学习内容与探究活动之中,以问题性问话、问题性任务、研究性作业等为表现形式,呈现知识结构的层次性特征与思维活动的递进性特征的探究情境。

从思维本身的逻辑矛盾来说,导学问题作为一种探究情境是通过具体的学习性问题表现出来的。当然,这类学习性问题必须遵循人类的认知规律,源于学生的内心世界,基于目标教学的客观需要进行创设。

2.导学问题的创设原则

(1)基点原则

探究导学问题的主体是学生而非教师。在此过程中,教师发挥着引导、启发、点拨、追问等作用。因此,教师在预设或引导学生创设导学问题时,必须基于学生原有的认知结构与水平,符合学生生理、心理发育的阶段性特征,让学生能够探、可以究。

(2)创生原则

在一定的问题情境中,当学生原有的认知储备与其感悟或体验发生矛盾、产生疑惑时,引导学生用较为精准的语言将其描述出来,并置于该情境中予以探究,即情境生疑、疑而发问,而不是简单地将教学目标以疑问方式呈现给学生,甚至强加给学生。

(3)层次原则

创设的导学问题应体现知识结构的层次性特征和思维活动的递进性特征,在探究过程中,教师不断以追问、点拨的方式,利用思维本身的逻辑矛盾,引导学生逐步揭示知识的内在结构,接近问题的本质和核心。

(4)发展原则

导学问题既非教学起点,更非教学终点。但就某一具体课题而言,要让创设的导学问题在不同的思维阶段或探讨环节呈现出来,不间断地激发学生的思维活动和内在的学习驱动力,让教学目标在持续的思索与问题探究中得到强化,以知识拓展营造新的问题情境,使学生始终保持强烈的求知欲望,永不停息地去探究未知的领域。

(三)学习方式的组织策略

1.以导学问题为核心组织实施

问题导学学习方式包括"情境自学""合作互学""展评激学""提升领学"四个基本流程(如下图所示),内含自主学习、互助学习、教师引导(即自助、生助、师助)三类具体学习方式。但这些基本流程并非线性呈现,而是始终以问题为核心,根据问题探究的需要自主选择和灵活应用,显性(多用)与隐性(少用或不用)并存。

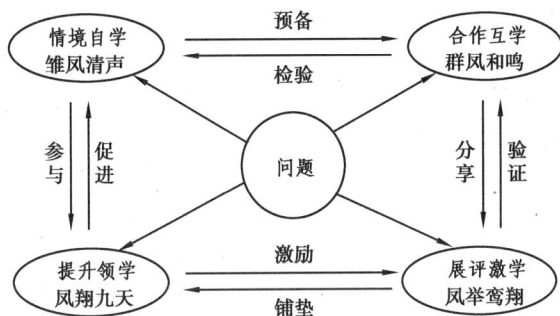

2.学习方式操作流程及功能

(1)"情境自学"——培育自主学习与终身学习

"学习是受教者自主意识支配下的智力探究活动。"以导学问题为引领,组织学生探究情境、查阅资料、独立思考,将"人格和智慧的提升"融入独立自主的学习探究活动之中,培育良好的学习习惯和行为方式,为适应"当今社会发展的必然趋势"奠定坚实的基础。

(2)"合作互学"——发挥集体智慧与团队精神

协作互助发挥集体智慧和团队力量,在合作与探讨中培养开朗的性格、阳光的心态,提高学生对学习活动的参与意识,促进课堂有效教学,且提高在社会生活中正确处理竞争与合作关系的能力,培养学生关心他人、乐于助人、倡导团结友善的精神。

(3)"展评激学"——体验成功喜悦与自身价值

"当人的'生理''安全''社交'等需要得到满足时,追求'尊重需要'和'自我实现的需要'就成为人生活的主要意义。"亚伯拉罕·马斯洛提出的需求层次理论给教学设计这样一种启示:提供一个让学生充分展示自己才华与智慧的平台,以满足学生的"尊重的需求"和"自我实现的需求",而当学生发现自己这种最高价值时,就可能不断地在自己的内心强化这种价值需求,产生学习的高峰体验。问题导学中的"展示",就为学生创造和提供了这样的一个展示平台,让其体验成功的喜悦与自身存在的价值,进而提升教学效率。

(4)"提升领学"——增进认知水平与综合素质

围绕问题核心,实施"自学、互学、展示",突破导学问题、达成教学目标。组织学生通过对探究问题的拓展与提升,实现对问题的本质性、规律性认识,将其导入更高的思想境界和更宽的应用领域,以增进学生的认知水平和综合素质。

(四)课堂教学的评价策略

"问题教学能最好地保证个别化教学,因为处于问题情境中的每个人,在问题概述上,在假想的提出和证明上,都存在个别差异。"这在一定程度上认同了学习者个体的差异性。而通过较为完备的激励、考核、信息反馈机制,实施有差异的、全面的、发展性的评价策略,就能够充分尊重这种个性与差异,促进问题导学的有效实施。

1.学习过程评价机制

应用小组合作学习过程测评工具,将学习过程的各个步骤、环节进行量化,由任课教师根据课堂实际情况具体评价,当堂公示和确认,规范每位小组成员的学习行为及方式,提升学习过程的品质。

2.行为规范管理机制

集体凝聚力是提高小组合作学习效率的重要保障。在加强小组文化建设以增强其内在凝聚力同时,加强对小组成员日常行为规范的评价与管理,将出勤、清洁、纪律、仪容仪表等各项因素进行量化,由学校德育部门对评价数据进行收集、整理并考核,定期评选优秀管理小组,通过各种形式予以表彰,同样将其纳入学生综合素质发展档案。

3.教学信息反馈机制

开发"学生评教信息反馈表"或类似测评工具,预设"尊重学生主体地位""教学准备""激发学生兴趣""培育创新思维""打破优生垄断""提供学生展示平台""检查巡视""点拨追问""拓展提升""对教师教学的意见与建议、要求或赞赏"等栏目,由学生自主管理团队,依据教师课堂教学实际情况和班级学生的真实意愿会商填写,定期上报学校教师教育教学管理部门并由其反馈给任课教师,畅通教学信息反馈渠道。同时,设置教师教学信息档案,将学生评价纳入教师考核中。

学校教育作为现代社会教育的重要组成部分。在新课程改革背景下,需转变教育观念,在"以学习发展为本"思想指导下树立起全新的教学观、学生观,找准切入点,构建问题情境、创设导学问题、引领学生自主合作探究以实现课堂教学方式的根本变革,才能真正激活课堂、把课堂还给学生,回归"传承人类文明与技艺以促进社会进步与发展"的教育本质,引领学生"求真""至善",学会学习、终身学习,培养出适应社会与时代所需的高素质、综合型、复合型的人才。

本文参考文献

[1] 江泽民.国运兴衰系于教育 教育振兴全民有责[N].人民日报,1999-06-16(1).

[2] 教育部.中华人民共和国教育部基础教育课程改革纲要(试行).教基〔2001〕17 号. 2001 年 6 月 7 日发布.

[3] 教育部.普通高中思想政治课程标准(实验).教基〔2004〕5 号.2004 年 3 月 2 日.

[4] 马赫穆托夫.问题教学[M].王义高,赵玮,周蕖,等,译.南昌:江西教育出版社,1994.

[5] 郭思乐.教育激扬生命——再论教育走向生本[M].北京:人民教育出版社,2007.

[6] 亚伯拉罕·马斯洛.动机与人格[M].西安:陕西师范大学出版社,2010.

让课堂教学回归本真

语文组　黄晓辉

摘要：课堂学习作为学生学习最核心的环节，是学生形成灵性知识与美好德行的沃土。课堂是课程实施的前沿阵地，是课程改革的主战场。凤鸣山中学打造"魅力课堂"，就是抓住了课程改革的核心，课堂以学生为本，设计以问题为本，语文以语言为本，让学生和教师在魅力课堂中共同提升生命质量。

关键词：魅力课堂；以学生为本；设计；以问题为本；语文；以语言为本

2011年3月，为了"提高课堂学力、激发学习活力、增强教学魅力"，凤鸣山中学全面启动了"四环节·问题导学式魅力课堂"的教学改革。"魅力课堂"以"一切为了学生、高度尊重学生、全面依靠学生"为根本宗旨，让学生在课堂学习过程中学会感悟、体验和思维，在合作探究中培养开朗的性格、阳光的心态、合作的意识、表现的激情和良好的素养，在与知识的"相遇"中，把知识融入生命，努力达到"丹心雅意，雏凤清声"的美好境界；让教师在"点化"学生的精神生命时也"点化"自己，真正引导教师"从事有道德的教育，打造有魅力的课堂，追求有良知的高效"，让学生和教师在魅力课堂中共同提升生命质量。

"魅力课堂"成为学校发展的"突破口"和"引爆点"，为学校带来了翻天覆地的变化，让凤鸣山中学声名鹊起，成为市内外教育同行关注的焦点。

一、课堂以学生为本

学生是学习和发展的主体。课堂学习作为学生学习最核心的环节，是学生形成灵性知识与美好德行的沃土，在很大程度上决定着学生智慧和品格的未来走向。所以真正的课堂应该以学生为本，关注学生的个体差异和不同的学习需求，爱护学生的好奇心、求知欲。

遗憾的是，在诸多课堂上，本应是课堂主体的学生却始终处于被动接受的状态。教师往往忽视特定学情下的"学的活动"，一厢情愿地组织开展"教的活动"，过分强调教师的教学预设，忽略学生的主体体验和生成。教师作启发引导之态，行灌输硬塞之实，不给学生表达自己的机会。久而久之，学生也就习惯于"衣来伸手，饭来张口"，不争取自我表达和质疑的权利。一堂课下来，教师声音嘶哑，身心俱疲，效果却不尽如人意，常常产生严重的挫败感甚至职业倦怠,生活质量也受到严重的影响。

《中庸》曰:"天命之谓性,率性之谓道,修道之谓教。"其意为:人性其实是天赋而就,顺乎人性发展,人类表现出来的素质就是合乎大道的,所以让人类自己去发展自己,这就是"教"的本义。

华南师范大学郭思乐教授认为:"我们的学生,是人类亿万年发展的成果,承接了人类生命的全部精彩。而人格和智慧的提升都是生命自身的生长过程,绝对需要而且可能通过人的自身活动而实现。"这就是说,人符合自然之道的关键,是学习天性被刻进基因,人的教育问题解决的症结就在人自己的身上。学生本身自教与受教的因素,犹如"人体自有大药",与生俱来,它是保证人智慧发展的官能团。

基于这种认识,"魅力课堂"确定了"先学后教,学生主教;先练后讲,学生主讲"的十六字方针,把课堂真正还给了学生。

伏尔泰说过:"我可以不同意你的观点,但我誓死捍卫你说话的权利。"教师要走下"权威神坛",不是以权威的姿态压抑课堂,而是以民主的精神、开放的态度、合作的方式、宽松的环境经营课堂。应最大限度地尊重和理解学生,宽容和善待学生,从而使得师生在平等的交流互动中共同成长。

"在这个春天里,学校开始了课堂教学的改革。在过去的一个月里,我们真正享受到了学习的快乐。但我们也充满了担心,现在课堂上教师讲得越来越少了,基本上都是同学在讲。从小学到初中,再到高中,这九年半的时间,我们都是靠听教师讲解学习的,一个月的课改彻底颠覆了这个传统,让我感到一时间难以适从……"这则周记反映了学生对改革的担忧,也曾经是一些教师停滞的借口。

为了让学生适应课堂主体的角色,教师要学会忍耐和等待。要忍住做"权威发布者"的冲动,转而做学生忠实的听众,专注而耐心地倾听学生发表自己的独特见解,要以欣赏的目光看待学生的每一次提问,哪怕是简单的甚至是幼稚的提问。教师还要有静待花开的智慧,既要聆听拔节的声音,也要轻嗅花开的芬芳。

由于多方面的原因,课堂上总有一些"习惯性静默"的学生,这些学生从不参与讨论、思辨、表达、质疑。作为教师,如果我们的目光不关注到这些孩子的身上,那课堂将成为优等生表演甚至霸占的舞台,这有悖改革的初衷。为此,教师要改变课堂的评价机制,可以采取小组协作与集体交流的方式,合理配搭小组成员,对于那些"习惯性静默"的学生要给予更多的鼓励和促进。

二、设计以问题为本

"魅力课堂"把课堂真正还给了学生,极大地激发了学生学习的主动性和积极性。他们在课堂上释放出来的巨大能量,像一条奔腾向前的河流一样激情四射!但这并不意味着课堂上教师就只充当一个旁观者,可以放手不管了。相反,教师更要扮演好课堂"组织者"和学习"引导者"的角色,以问题导学,放而不纵,既让这股洪流滚滚向前,又不能让它肆意泛滥,冲毁堤岸。教师要充当"平等中的首席",调动自身的知识积累、文化修养和教学能力,对学生的言语予以正确地、恰如其分地评判和导引,适当调控学生的方向和进程,以促进教学目标的最终实现。

"魅力课堂"要求以问题导学,教学设计要以问题为本。新课程要求教师要强化问题意识,并且要树立真正的问题意识。教学中,如果没有问题,教学过程就不可能走向深入,就不可能富有智慧。

教师应该根据学生的认知特点和智慧特征将知识点转化为探究的问题,让问题成为学生学习强大的"引擎",引发他们思考,启迪他们的智慧,引导学生在解决学习问题中,主动获取和运用知识,发展其学习的主动性和自主学习能力。

问题设置的出发点是为"学"设疑,有引起学生思考探究的功能,而不是推动"教"的程序步骤;问题设置的最终目的不是或者主要不是追求问题答案,更不是唯一答案,而是逐渐养成学生思考的兴趣和探究能力。

苏霍姆林斯基说:学生对眼前能看到的东西是不感兴趣的,但对藏在后面的奥妙却很感兴趣。所以,教学中的问题应该是内在的,而不是外在的,是学生自己的问题,或师生一起探索的问题,而不是为验证而学习的"假"问题。

可是,有些课堂,无效问题充斥其中,或者问题过于简单,或者问题过于琐碎,或者教师自问自答,不给学生思考的时间,或者是被生成的问题牵着走,偏离文本的主方向……

问题的设定要由单一统一目标变为多元多层次目标,让学生在知识能力、情感、态度、价值观等方面都有提高;要尽可能多地考虑学情,选好切入点和提问方式,把学生的课堂学习活动作为问题设定的出发点和归宿。

比如:《记梁任公先生的一次演讲》的问题设计

设计一

文章采用了哪些人物描写方法来描写梁任公先生?表现了梁任公先生什么样的性格特点?

设计二

1.梁任公先生演讲时为什么开头就提到一首古诗《箜篌引》,其用意何在?

2.文中提到了先生在演讲《桃花扇》时"悲从中来,竟痛哭流涕而不能自已",先生为什么会如此动情?

3.文章开头说"梁任公先生晚年不谈政治,专心学术",真是这样吗?

设计一与许多写人记事的文章所追求的目标别无二致,对学生而言没有在新的教学情境和教学内容中有新的收获。设计二是引导学生从已知到未知,其依据是:梁任公先生这次演讲的题目是"中国韵文里头所表现的情感",单元提示中"如何在叙事中表现或隐或现的情感倾向"的重要指引和"哪些地方最能触动你的心灵,哪些地方让你过目不忘,想想这是为什么"的善意提醒,还有练习中关于梁实秋先生的文学主张"文章要深,要远,要高,就是不要长。描写要深刻,意思要远大,格调要高雅。"

另外,每堂课应该用几个"主问题"来引导学生活动。所谓"主问题",是相对于课堂上随意的连问、简单的追问和习惯性的碎问而言的,是指教学中从教学内容整体的角度或学生的整体参与性上引发思考、讨论、理解、探究的"牵一发而动全身"的重要问题。"主问题"是课文内容和教学过程的内在牵引力,"主问题"能"一线串珠"地整体带动对课文的理解品读;又由于要解决有一定难度的问题,可形成学生长时间的、深层次的课堂学习活动,真正让学生成为课堂有序学习活动的主体,并将课堂引向以学生活动为主的整体性阅读教学,极大地激发学生研讨的热情。比如:《归园田居》的"陶渊明为什么而归",《短歌行》的"曹操忧的是什么,如何解忧",《祝福》的"谁是杀害祥林嫂的凶手",等等。

三、语文以语言为本

陈钟樑先生认为,语文课是美的,它潜伏在语言的深处。语文课首先要上出"语文味儿"来,语文课要上得朴素、自然,向学生传递的是语言深处的美。

其实,语文教育就是语言的教育,或者说是语言的教育实践,要引导学生在语言教育中学会运用语言,形成和发展学生的基本语言能力。所以,语文教学的根本任务就是全面提高学生的语言素养,积累语言,感悟语言,品味语言,欣赏语言,运用语言,创造语言,丰富发展语言。

在课改的背景下,有些课堂形式花哨,太过喧嚣。教学内容非语文化,泛语文化,过分强调人文性,虚化语言,内容空泛,甚至变成了思想品德课。

为此,语文课堂应该回归语言本体,应注重引导学生以研读文本为路径,通过品味精美的字词句段,实现认知过程与审美过程的自然结合。教师真的需要静一静,留点时间、留点空间,让学生在宁静中涵泳品味,潜心思考。让学生行走在文字建造的风景中,慢慢欣赏方块汉字所独有的无与伦比的质感。

汉字有声韵之美,学生读之,以声得义,以义求情。读是阅读教学的一扇窗,读是语文教学的根,琅琅的书声是语文课最美的声音。

朱熹曾说:"大抵观书,先须熟读,使其言皆若出于吾之口,继以精思,使其意皆若出于吾之心,然后可以有得尔。"

《课程标准》也明确要求"各个学段的阅读教学都要重视朗读和默读。加强对阅读方法的指导,让学生逐步学会精读、略读和浏览"。

教师要极力净化语文课堂,尽可能把不具有"语文味儿"的东西剔除掉,把喧嚣的热闹让位给琅琅的书声,让学生在读中感悟,在读中感动。

教师要引导学生推敲品味遣词造句、标点运用等细节,感悟交流,积累语言,积淀语感。语文教材中蕴涵着人生真谛、人品精华、人情意蕴、人世沧桑,只要我们用心咀嚼这些文字,就会领略美好的意境,领会伟大的人格,感受丰沛的情感,读出丰富的内心。

比如:《祝福》中"我又百无聊赖地到窗下的案头去一翻,只见一堆似乎未必完全的《康熙字典》,一部《近思录集注》和一部《四书衬》"。"堆",凌乱、残缺,"部",整洁、完整。鲁四老爷的《康熙字典》只是用来装点门面的摆设,甚至他从来就没有看读过;而《近思录集注》和《四书衬》是他特别看重并且十分讲究的。由此可见鲁四老爷卫道者的身份。

"我叫阿毛,没有应,出去一看,只见豆撒得一地,没有我们的阿毛了。""我叫,'阿毛!'没有应。出去一看,只见豆撒得满地,没有我们的阿毛了。"前后两段文字基本相同,区别就在标点符号的不同,正是这个不同却投射出祥林嫂麻木的思想状况。

回首过去,实施"魅力课堂"的热情仿佛清晰如昨,其间的困惑、质疑、羁绊也还历历在目。静下心来,更欣喜的是"魅力课堂"的清泉,它滋养了我作为教师的灵性,这灵性让我的教学块垒中常开鲜花,常飘清香。

教育要靠梦想家和诗人来经营,靠行者和信徒来朝圣。语文教师要怀着梦想家的浪漫情怀,用诗人的心性和行者的坚忍,引领学生一路共享高山流水、缠绵诗意的意境,让学生自由而诗意地成长!

能力与素养的双高效课堂教学模式

——说说以能力与素养为目标的"魅力课堂"教学活动设计

语文组　杨春芳

摘要: 随着时代的发展,核心素养、高效课堂等话题被频频提起,在进一步深化课程改革、落实立德树人目标的道路上,我们教育工作者应该如何有效组织课堂教学,才能实现学生能力与素养同时提升的双重目标呢? 本文结合学校卓有成效的"魅力课堂"改革进行分析,介绍了学校"四环节·问题导学式魅力课堂"教学模式的一些特点,以供思考。

关键词: 核心素养;魅力课堂;教学活动设计

"核心素养"是当今社会的一个热门话题,如何通过我们的学科教学有效培养学生的"核心素养",真正落实立德树人的根本任务,这也就成了当今教育界人士共同关注的一个话题。

那么,什么是核心素养?

《人民教育》2015 年第 7 期对"核心素养"的概念进行了论述:"学生应具备的适应终身发展和社会发展需要的必备品格和关键能力,突出强调个人修养、社会关爱、家国情怀,更加注重自主发展、合作参与、创新实践。从价值取向看,核心素养反映了学生终身学习所必需的素养与国家、社会公认的价值观;从指标选取上看,它注重学科基础,也关注个体适应未来社会生活和个人终身发展所必备的素养。"从这里我们可以看到,时代的发展已经给教育提出了更高的目标,传统课堂上教师"一讲到底",学生"听记全程"的状况必须改变,"传道、受业、解惑"已经远远不能满足学生发展的需求。那么,怎样才能真正有效地在日常教学中培养学生的学科能力及素养呢? 我校的"四环节·问题导学式魅力课堂"教学改革给出了答案。

"魅力课堂"是一种理念上具有前瞻性、实践上具有可操作性、方法上具有借鉴性、效果上具有推广性的课堂教学模式。它不把知识的高效获取作为唯一目标,而是尊重学生美好天性,激发学生精神动力,着力培养学生的责任意识、人文意识、人文精神和人生的悲悯情怀,努力打造优质教育。它一改传统课堂格局,在不同课型课堂的各个环节都注重学生的主动性、探究性精神的培养,让教师成为教学活动的主导者,引导学生由浅入深地剖析问题,探寻根本,真正实现能力的提升。下面就以语文课堂教学为例,简述如何设计魅力课堂教学活动。

一、组建小组，搭建平台

很多教育界专家都认为，随着时代的发展，教育的功能已经由"知识核心时代"逐渐走向了"核心素养时代"，学校的任务绝不再是"灌输"知识，而是给学生的未来发展提供核心素养。这里所说的核心素养包括学生学习知识的能力，但更多的是超越了学科的界限，指向学生的品德素养和综合能力素养。正如新的课程标准里提到的，教师要引导学生学会学习、学会合作、学会生存、学会做人。因此，核心素养应该是知识、能力、态度或价值观等方面的融合，既包括问题解决、探究能力和批判性思维等"认知性素养"，又包括自我管理、组织能力、人际交往等"非认知性素养"。可是，我们的传统课堂教学模式中，教师更多关注的是学生个体的学习，即使偶尔安排一些讨论交流的环节，也因为没有系统的小组合作学习、管理机制而流于形式，表面看起来热闹，学生实则在松散的形式化交流中收获甚微。更不要说因为教师的精力有限，学生的学习能力也有高下之分，慢慢地，班级里边那些优秀的学生越来越专注于自己的学习，而那些跟不上教师步调的学生就只有安静地做一朵"壁花"，默默地看着他人成长，这无疑是与现代教育理念背道而驰的。

我校的"魅力课堂"教学模式要求所有的学习活动必须以小组为单位，每一个小组由4~6人组成，各小组内部成员的学习水平由高、中、低三个层次组成，各小组之间成员水平相对均衡，个体的学习成果最终都汇总到小组的整体评价中。通过这种模式，小组成员间形成了有利害关系的团队，每一个人都不能被忽视，即使是后进生，也能找到自己发光发热的地方。

当个人的学习活动与小组的集体反馈挂起钩来的时候，成员之间就会更加注重相互的倾听、补充，从而实现相互的纠错、启发，这样整个小组乃至整个课堂就会形成一个积极向上的能量场，久而久之，学生们的主动求学与互相助学行为就会蔚然成风，而教师如果善加利用学习小组，就可以让自己的教学活动收到事半功倍的效果。如语文学科的背诵默写任务，试卷讲评中常规题型的讲解，作文评改中的组内互评等都可以进行尝试。

同时，小组作为一个发展共同体，荣辱与共、唇齿相依，领导团队在抓好自己学习的同时，还必须关注小组内需要帮助的同学，于是眼中和心中都得装着集体、大家，自然不能再以自我为中心了。而小组成员当然也不愿老拖后腿，在领导团队的带领下，学会严格地进行自我管理，积极维护小组内成员间和谐的关系，进而营造小组积极进取、互帮互助的学习氛围。在这样的背景下，学生最终就有望实现认知性素养和非认知性素养的双丰收，这就是"魅力课堂"教学模式中以小组为单位进行活动设计与评价所凸显出来的优势。

二、问题导学，目标明确

学生课堂学习的实质是在解决问题的基础上实现学科能力及素养的形成，如果问题没有得以解决，学生的学习活动既没有骨架，也没有效果，因此"魅力课堂"教学需要有核心问题贯穿课堂，引导学生有效参与课堂学习。

核心问题也称为主问题,它是教学重难点问题中最具思考价值、最有利于学生思考及最能揭示事物本质的问题。它是学生深层次学习思维活动的引爆点,具有激发学习需求、推进学习过程、启迪学生思维三大功能。

核心问题确定的依据是课堂的学习目标和学习内容。现行的语文教材有着内在的编排体系:相同话题的几篇文章编在同一单元,如追叙作者人生道路上的难忘经历,展现名人、伟人的一个侧面,揭示其人生意义的回忆性散文单元《藤野先生》《我的母亲》《我的第一本书》《列夫·托尔斯泰》《我的童年》,这样的编排让学生对同一类型的文章反复咂摸,真正读出文章所要传达的意思,同时也可以体会到各位大家各具特色的表达艺术;某些重要话题可能会反复出现,但根据学段的不一样又有着不同的学习要求,如关于小说的话题,《最后一课》《社戏》《故乡》《我的叔叔于勒》《孤独之旅》等文章出现在七年级、八年级、九年级等三个不同的学段,目的在于提醒教师根据不同学段学生的学情,有计划、有梯度地设置教学目标及达成目标的核心问题,从而逐步培养初中阶段学生阅读小说的能力。

由此可见,既定的学习目标是我们课堂学习所要解决的问题之来源,同时,这些基于目标达成的问题又有赖于学习内容的支撑。因此,课堂教学中教师必须基于学习目标,源于学习内容,将学习任务科学合理地转化成问题呈现给学生。当然,一堂课中为了达成学习目标而设计的问题不可能是单个的问题,而一定是系列性问题,因为单个的问题要么思考的范畴太大,让学生无从下手;要么承载的知识量太少,导致整个课堂的低效。因此,这里所说的核心问题是一种具有层递性的系列问题,教师通过问题引导学生逐步深入地去学习,这样既能让学生专注于课堂,又能激活学生的思维,让我们的课堂真正有效。

比如《信客》是余秋雨先生的一篇经典文章,余先生的文章不仅有着深刻的文化内涵,同时又有着优美典雅的语言载体。作为语文教师,在教学他的文章时,我们总觉得需要教学的点很多:既想要探索文化的踪影,又想要品味语言的美感,还要领悟篇章结构的技巧,可如果面面俱到,不仅操作起来有很大的困难,而且会让学生感觉备受折磨。因此,我在设计这堂课的时候,化繁为简,用五个问题贯穿了课堂。

1. 请用一个字来概括"信客"这种职业的特点。

2. 哪些地方能够表现信客"苦"?

3. 结合文章语句,说说"信客"有怎样的性格?

4. 你愿意接班去做一名信客吗?

5. 用生动的语言表达出你对信客的赞歌或劝告。

这样的五个问题虽然简单,但仍能够引导学生去阅读文本,并从中获得自己的感悟,尤其是在"你是否愿意做一名信客"的环节,我完全尊重学生的选择,愿意扛着责任和诚信的大旗为大家服务的孩子固然值得赞扬,但立足于现实,审时度势,不愿意吃无谓的苦的学生也同样应该尊重。当学生的思维被打开后,不仅课堂一下子变得生动起来,学生的思考、分析、表达等语文能力也得到了充分的锻炼,这样的课堂自然能有效引导学生达成学习目标。

三、交流合作，相辅相成

　　传统的课堂教学中也有注意用问题来引导学生的，但在具体的操作上有着明显的问题，比如：教师提出一个问题，短暂思考甚至是不留思考时间就让学生回答，如果学生的课堂反应不够给力，那么教师就自行给出答案，然后进入下一个问题；学生的答案如果和教师的教案不谋而合，那么教师赶紧接过话题，沿着自己的预设方案继续下一个问题。这样的课堂，由于学生没有充分的时间进行阅读与思考，当然不可能很好地解决问题，更不要说学生的阅读能力有所提升。

　　"魅力课堂"把自学、互学作为基础学习方式，鼓励学生进行交流与合作，实现共同成长。自学即是自主学习，在教师问题的引导下，每一个学生自行阅读文本，独立思考，产生自己的学习体会。因此，自学具有明确的目标性、深刻的思考性和方法的反思性，能够为学生提供全员学习的机会，保障学困生的学习机会，激发学生的学习自信。互学即是指学习小组内部成员进行交流合作，解决各自在自学环节中没能弄明白的问题。当然，教师此时并不能置身事外，而是巡回参与各小组的互学环节，适度点拨，帮助学生打开思维、辨明方向，这样的学习模式不仅能够提高学生学习的参与度，还能帮助学生筛选问题，反馈互助，最终达到能力提升的目标。

　　比如在教学文言文时，语文教师一贯的做法是四步走战略：文言知识落实、课文内容串讲、思想意义评析、个人感悟分享。这样的教学模式从初一到高三，不断地重复，教师教得累，学生学得苦，加上文言文中要背诵记忆的东西太多，也难怪学生会提到文言文就眉头紧锁了。在"魅力课堂"模式中，我们可以通过自学和互学环节，给学生空间，让他们充分调动已经掌握的文言知识，自主梳理文章，把不能理解的知识点提到小组内部进行讨论，这样，教师既能省点力气，又能让学生的思维真正动起来，还能在讨论问题的过程中培养学生的判断能力及合作精神，这样一举多得的事情我们又何乐而不为呢？

四、精彩展示，创新领学

　　学习效果如何，最终需要通过一定的方式加以呈现，就好像我们的阶段性考试一样。在"魅力课堂"教学活动中，我们用"课堂展示"的形式来体现学生的学习效果。在展示环节中，学生以小组为单位，选派组员代表小组陈述小组的意见，当这位代表陈述遇到困难时，小组其他成员会自觉出来补充说明，直到清楚表达完小组内的看法为止。在这里，他们不仅仅要立场分明地回答问题，更要对问题进行全面的讲解或演示，同时，因为面对的是不同层次的学生，他们也要思考用通俗易懂的语言让听众知其然，还要知其所以然，讲解时或许会需要板书，或许会需要急中生智地解决同学们提出的疑问，甚至有时候需要现场朗读、表演等，当学生能够勇敢地站在讲台上，自信大方、条理清晰、口齿伶俐地呈现自己的学习成果时，谁还能说他们的语文素养不够？谁还能说这样的课堂不够高效？

比如我在教学八年级下册第四单元《云南的歌会》一文时,引导学生从见闻歌会,感悟沈从文所说的歌会中的"意思"入手,逐步引导学生赏析文章,最后鼓励学生思考沈从文的"原来如此"包含着哪些意思。结果在这最后的展示环节,学生们呈现出了让人惊艳的学习结果:

生1说:他发现了民族的灵魂,也希望民族的精神能够在每个人的心中长久流淌。

生2说:他发现了人们血液中的生命原动力和进取心,他希望中国能在世界成为强者。

生3说:他发现了一种生命的阳刚气。

生4说:他发现了人民心中不灭的热情和云南人民这种有朝气的蓬蓬勃勃的气质。

生5说:沈从文在呼唤民族的腾飞,是在引导我们追寻中国梦。

学生们精彩的课堂展示远远超出了我备课时的设想,他们的思考具有创新性,更具有激励性,在他们激情昂扬的演讲中,课堂教学的效果被推到了一个新的高度,学生的综合能力也得到了全面的展现。

由此看来,"魅力课堂"教学模式运用"课堂展示"这一手段不仅能够激发出学生内在的潜力,促进他们的思维更有条理性、深刻性,而且能够使课堂学习更加具有张力,使学生的学科素养在语文课堂中得到全面提升,同时还可以让学生自然而然地形成勇敢自信的阳光心态。因此,"课堂展示"是"魅力课堂"学习活动的高潮环节,也是师生教学活动的升华,引领学生对学科学习持续不断地产生热情。

实践表明,"四环节·问题导学式魅力课堂"教学活动设计给学生提供的学习空间相对自由、自主且自能,充分发挥学生的主动性、积极性,真正注重培养学生的学科认知素养和学科能力之外的非认知性素养,切实实现了能力与素养的双有效。

"审美教育"思想在新课改背景下的实施与运用[①]

语文组　王远洪

- ❦ -

摘要: 本论文探讨了新课改背景下教学过程中运用"审美教育"相关理论实现人的全面发展的意义,总结了在中学语文教学活动中实践"审美教育"思想来完成新课改"立德树人目标"的相关经验。

关键词: 审美教育;新课改;实施与运用

一、教学现状: 两个"差距"

2001 年 6 月教育部下发《基础教育课程改革纲要(试行)》(简称《纲要》),这一纲领性文件拉开了课堂教学改革的序幕。这次课程改革倡导的德育为先、能力为重、全面发展的教育理念得到普遍认同。人才培养模式改革不断深化,自主、合作、探究的学习方式与启发、讨论、参与的教学方式不断推广,育人的针对性、实效性进一步增强。

2014 年 3 月 30 日教育部印发了《关于全面深化课程改革落实立德树人根本任务的意见》(简称《意见》),进一步明确"立德树人"的要求,但是教学的现状还是与《意见》的要求存在一定的差距,主要表现:部分学校和教师仍然重智轻德,单纯追求分数和升学率,学生的社会责任感、创新精神和实践能力较为薄弱。

当下经济全球化深入发展,信息网络技术突飞猛进,各种思想文化交流交融交锋更加频繁,学生成长环境发生深刻变化。青少年学生思想意识更加自主,价值追求更加多样,个性特点更加鲜明。国际竞争日趋激烈,人才强国战略深入实施,时代和社会发展需要进一步提高国民的综合素质,培养创新人才。这些变化和需求对课程改革提出了新的更高要求。

这是一个知识激增的时代,是一个"大众创业,万众创新"的时代,特别需要有开拓精神、能适应复杂环境、创造性地进行工作的人才。这就要求新型的人才既要有广博的知识,又要有较强的思维能力和科学的思想方法,同时还要有健康、积极、和谐的心理结构,把知识能力更好地发挥出来。但是在现实的教学中教师往往容易忽视学生的情感教育,把常见的知识、泛泛的人生道理反复讲,或者课堂没有精心设计,缺乏魅力,学生兴趣

[①] 本文获全国中学语文教师教学基本功展评二等奖。

不浓厚。如果忽视了教学现状与社会需要的差距,那么《纲要》要求的"着力培养学生高尚的道德情操、扎实的科学文化素质、健康的身心、良好的审美情趣"的育人目标怎么能实现呢?

二、现状突破：语文课堂中实施审美教育

全国美育研究会会长蒋冰海在他的《美育是一门科学》中这样论述审美教育,"美育又称审美教育或美感教育。""美育主要包括审美情感、审美形态、审美观念三个方面的教育。""美育的根本目的在于全面地培养人。所谓的全面地培养人,就是使人的身心得到协调和谐的发展,成为具有崇高情操与富有实践能力的人。"由他的论述中可以看出,在新课改强化育德树人任务的背景下,我们在教学活动中实施审美教育有着积极的意义。

"美育"概念由德国著名诗人席勒在1795年出版的《美育书简》中首次提出,并将其界定为"人性"的自由解放与发展。这不仅突破了近代本质主义认识论美学,奠定了当代存在论美学发展的基础,而且开创了"人的全面发展"和"审美的生存"的新人文精神重铸之路,关系到人类长远持续美好的生存。他在第二封信中指出:"我们为了在经验中解决政治问题,就必须通过审美教育的途径,因为正是通过美,人们才可以达到自由。"

审美教育的目的就是克服人性的扭曲和割裂,恢复人所应有的存在自由。这种人的存在自由就是人性发展的无障碍性和完整性。他说:"我们有责任通过更高的教养来恢复被教养破坏了的我们的自然本性的这种完整性"。将审美教育与人的自由生存和人性的全面发展紧密结合,其意义极为深远,从美学学科本身来说开创了由美学的抽象思辨研究到现实人生研究的广义的美学学科的美育转向。

由美国心理学家A.H.马斯洛创立的人本主义理论,也证明了审美教育的重要意义。马斯洛认为人类行为的心理驱力是人的需求,他将其分为两大类、七个层次,好像一座金字塔,由下而上依次是生理需求、安全需求、归属与爱的需求、尊重的需求、认识需求、审美需求、自我实现需求。

马斯洛认为人类共有真、善、美、正义、欢乐等内在本性,具有共同的价值观和道德标准,达到人的自我实现关键在于改善人的"自知"或自我意识,使人认识到自我的内在潜能或价值。审美活动研究立足于人本主义的理论,促使学生在审美活动中实现自我、完善自我。

中国积极提倡和实践美育的是蔡元培,他首次提出了"德""智""体""美""劳"五育概念,并且对"五育"的性质进行了界定。

蔡元培先生在1930年专为《教育大辞书》撰写了"美育"条目,在该条目中全面地论述了美育的性质、历史与实施。他说"美育者,应用美学理论于教育,以陶冶感情为目的者也。"蔡元培先生强调了美育对健康人格的作用,具体来说他认为优雅之美可以培养从容恬淡,超利害计较之情,从而抵御任何卑劣的诱惑;崇高之美可以培养伟大坚强之情从而抵御任何的威逼与胁迫;而美感的"感情移入"又可以培养"同情"之心,促进互相爱护

与互相合作。

上述的美育理论和美育实践给我们高中语文课实践审美教育提供了坚实的理论基础和积极的借鉴意义。

高中语文教材中有丰富的文化内涵,可以去挖掘符合社会主义核心价值观的内容,倡导富强、民主、文明、和谐,倡导自由、平等、公正、法治,倡导爱国、敬业、诚信、友善等核心价值,能培养高尚的审美情趣和发展一定的审美能力,发展健康个性,形成健全人格。要把学生培养成全面发展的人,"培养学生高尚的审美情趣和一定的审美能力"是非常重要的也是必不可少的。在高中语文教学中对学生进行审美教育既符合《语文教学大纲》对语文课的要求,又体现了重视个人全面发展的人文精神,也符合社会主义核心价值观的要求。

三、教学实施:开展高效的"审美教育"活动

在实际的教学中,教师应该如何营造审美情境,以形象教育的方式来陶冶人的情感呢?

(一)从审美情感上说,课堂设计的审美活动要契合中学生的需要

比如中学生在人际交往中,对异性开始有了兴趣,教师就可在《氓》一课中设立"树立健康积极的爱情观,收获一生的幸福"的育人目标,根据这个目标开展讨论活动"从文中找出女主人公爱情悲剧的原因""你认为如何才能避免这样的爱情悲剧呢",学生在讨论中,明白了保持独立的人格在感情中的重要性。

又比如中学生对未来比较迷茫,对自己的职业生涯充满了疑问和期望。在《我有一个梦想》一课中可设立"确立远大的人生理想,享受奋斗的过程"的育人目标。根据这个目标开展讨论活动"马丁·路德金的梦想有什么伟大的意义?""结合社会的需要,你能规划一下人生的梦想吗?"通过伟人的事迹,激发学生确立远大的理想。

(二)从审美形态上说运用"情境教学",开展丰富多样的课堂活动是很有必要的

"情境教学"提倡教师凭借图画、音乐、表演、竞赛等手段营造生动可感的形象,强化审美感受。比如可以借鉴电视、网络中的有效手段,前段时间同学们对央视的节目《汉字听写大会》关注度很高,我们也依样画葫芦举办类似的竞赛,语文教师都清楚在复习"识记并正确书写现代常用规范汉语"的时候,很容易使课堂变得非常枯燥,而我们采用这样的方法,大家争先恐后地学习,互相比拼谁记得多谁记得准,课堂热烈而有效率。在复习"正确使用词语(包括熟语)"这个知识点的时候,我们举办了类似《开心辞典》的节目,进行成语竞赛,气氛也很热烈。在学习修辞的时候,我们选取了周杰伦的《青花瓷》和最近流行的《南山南》等流行音乐作为内容,一下子就拉近了师生的距离,学习的气氛大大增强。我们的语文课堂中有诸如此类的很多活动,营造良好的审美情境,比起传统的教师

主讲,学生被动学习的课堂,我们的课堂深受学生们的欢迎,学生在活动的熏陶中不知不觉有了成长。

(三)从审美观念来说应将文学作品与社会现实结合起来,引导学生更好地认识社会

比如学习《林教头风雪山神庙》一课,一般的教学设计是让学生认识到"官逼民反"的主题就行了。我在教学中继续设计了一个问题让大家讨论,"我们当下的社会如何才能避免出现'逼上梁山'一类的悲剧,如何才能让每个人都能获得幸福?"学生展开深入的讨论,涉及社会的公平、正义如何实现等问题,这对学生树立社会主义核心价值观起到了良好的作用。

总之,实践证明,长期坚持在语文教学中实践审美教育,对学生、学校、社会都有着巨大的意义。正如布鲁姆所言"一个带着积极情感学习课程的学生,应该比那些缺乏热情、乐趣或者兴趣的同学,或者比那些对学习材料感到焦虑和恐惧的学生,学得更加轻松、更加迅速。"

本文参考文献

[1] 蒋冰海.审美世界的灵魂[M].上海:上海社会科学院出版社,2009.

[2] 席勒.美育书简[M].徐恒醇,译.北京:中国文联出版社,1984.

[3] 金雅.中国现代美学家文丛·蔡元培卷[M].杭州:浙江大学出版社,2009.

[4] 蔡元培.蔡元培美学文选[M].北京:北京大学出版社,1983.

魅力课堂巧点拨

语文组　冉　静

摘要：追求语文课堂的高效，离不开教学科学性与艺术性的完美结合。教师巧妙的点拨是教学艺术的体现，不仅能启发学生的思维、丰富学生的想象，还能对学生的知、情、行发挥重要作用，还可以培养学生的核心素养，对学生进行价值引领，培养学生正确的价值观。从学校教育的角度讲，价值观是关于如何做人做事的观念、准则、规范，它是一个人信念、信仰、理想的基石（内核），决定一个人的精神品性。语文课堂教学中如何抓住最佳时机进行点拨，点拨有哪些注意事项，这既是教师的艺术策略，也是实现课堂高效的保障之一。

关键词：语文教学；点拨技巧；课堂高效

我们的教学是师生互动的双边对话，课堂是以学生为主体的课堂，教师在课堂中起着关键的主导作用。要想把课堂导好、导活，导出学生的新思维，导出课堂的高效，导出课堂的魅力，就必须注重课堂中点拨的艺术。

苏霍姆林斯基说："教育的技巧并不在于能预见到课的所有细节，而在于根据当时的具体情况，巧妙地在学生不知不觉中做出相应的变动。"教师在课堂中发挥着主导作用，这种变动应以引导学生为根本，体现为"相机诱导，适时点拨"。这就要求我们首先相准点拨的"机"和"时"，这是点拨的前提。教学是动态的过程，问题总在不断地生成，情况也在不停地变化，随时可能出现点拨的时机，而这种机会也往往稍纵即逝。教师只有善于发现和把握这些时机，才能有效利用，在有限的时间内帮助学生释疑解惑，领悟提高，从而实现课堂高效，点染课堂魅力。课堂上哪些是最佳的点拨时机呢？

一、山重水复，需拨开云雾重见天

"学而不思则罔，思而不学则殆。"学习是一个不断发现问题、提出问题、分析解决问题的过程。对于出现的种种问题，学生可以通过个人思索、小组合作、全班交流的途径解决。但学生毕竟是学生，当遇到难度较大的问题时，往往会为疑难所困，出现思维上的"卡壳"现象。当学生被疑难困惑，"山重水复疑无路"时，教师要善于造阶搭梯，使学生扫清认识障碍而到达"柳暗花明又一村"的彼岸。这就要求教师及时指导解决习题的思路和方法,拆除知识理解上的关卡,化繁为简,变难为易,让学生冲破思维的阻断,能够拨开云雾重见天。

《鱼我所欲也》的教学中有这样一个片段:

生1:"此之谓失其本心"中的"本心"是指什么?

生2:这"本心"就是"我固有之"的"羞恶之心"。

生3:那这跟"舍生而取义"有什么关系?

(学生摇头)

师:结尾一句话,归纳了此段,照应了开头:"此之谓失其本心"。这"本心"就是刚才这位同学说的"我固有之"的"羞恶之心",就是"义",也就是"善"的本性。

生4:我不明白"义"到底指什么?

师:孟子说:"羞恶之心,义也。"又说:"义,路也……惟君子能由是路。"孟子认为自己做了坏事,感到耻辱,别人做了坏事感到厌恶,这就是"义";"义"是有道德的君子所必须遵循的原则。孟子心中的大丈夫就是"富贵不能淫,贫贱不能移,威武不能屈"之人。

生5:文天祥的"人生自古谁无死,留取丹心照汗青"不就证明了他是个舍生取义之人吗?

生6:那"砍头不要紧,只要主义真"的夏明翰也应该是了。

……

教师抓住了孟子"义"的本质进行了适度点拨,不但解决了学生的困惑,还激活了学生的思维,进而学生举出了文天祥、夏明翰的例子佐证孟子的"义"。教师的点拨就成了学生打开疑问之门的钥匙。

二、顺水推舟,能"潮平两岸阔"

叶圣陶先生说:"一篇文章,学生也能粗略读懂,可是深奥些的地方,隐藏在字面背后的意义,他们就未必能够领会。"事实确实如此,学生的理解往往停留在问题表面或者就问题论问题。苏霍姆林斯基说:"你要努力做到的,是使你的孩子们十分明确地理解、感觉到'不懂的地方'。"根据维果茨基的观点,只有设在最近发展区的教学,才能更好地促进学生由潜在水平提高到新的水平。因此,教师应对学生的学习能力作出正确的估计,在学生实际知识水平的基础上,利用学生已有的知识认识"顺水推舟",画龙点睛地进行点拨,就能将学生的知识引向更深处,达到知识的深度理解。

《变脸》的教学中,要引导学生理解水上漂和狗娃之间的矛盾冲突。对于两个人物的形象和他们前后情感的变化,学生通过自我阅读和与全班交流已经能够准确把握,但对他们之间的矛盾冲突理解不到位。教师在尊重学生阅读水平的基础上设置了问题:"他们都是善良而不幸的人,为什么前后情感会经历这样的变化?"学生很容易找到戏剧的表面冲突:"一个要丢弃对方,一个要跟从对方。"学生的回答已离真相不远,教师顺势追问:"为什么会产生这个矛盾冲突?在文中找出关键的一句话来证明你的答案。"学生再读课文,从相关语句的解读中明白是水上漂重男轻女思想和狗娃女儿身之间的矛盾。教师再度追问:"狗娃身份没有暴露时,这一老一小在我们脑海中是一幅暖人心肺的祖孙图,为什么水上漂得知狗娃是女孩会如此重男轻女?"学生从文中理解了水上漂买来狗娃的目的,再深入思考也就理解了他们之间的冲突其实是在那样的社会里命运的冲突。整个过程三次提问,都是简单有力的点拨。根据维果茨基的观点,要在最近发展区促进学生提高,所以每一次的点拨都是在学生已经领悟的知识基础上再次拔高,一步一步,最终使阅读超越了文字表面而深入到了作品的灵魂。

三、投石激浪,看浪花一朵朵

课堂教学是一个"催生"的过程,催生学生的思维。学生在提出问题、分析解决问题的过程中进行思维碰撞,将探究的知识迅速归纳并准确表达,这一过程就是培养学生思维的过程。无论是发散思维、聚合思维、抽象思维、创造性思维,还是正向思维、逆向思维,语文的学习既离不开多种思维方式的运用,更是思维能力养成的过程。课堂教学的目的之一是要让学生思考问题不拘泥于一种方式,而是多角度尝试,在尝试中拓展思维,培养运用多种思维方式进行多角度思考问题的能力。所以教师要在点拨的契机上巧妙地投下"石头",激起学生思维的浪花,拓展学生思维的广度和深度,以此实现思维能力的有效训练。

教学《庄子与惠子游于濠梁》时,对庄子对惠子的观点,教师以辩论的形式让学生展开了激烈的讨论:

庄子方代表:我很欣赏庄子带着欣赏的眼光去感知大自然的一切。大自然是美好的,万事万物都有无穷的情趣。如果都像惠子那样去看待,怎会感觉到"情趣"?

惠子方代表:我不否定该有情趣,但我们对事物若都像庄子那样,得到的结论正确么?光凭想象会有真理么?

庄子方代表:那按你们的逻辑,鱼是不是快乐,我们必须先变成鱼,然后到水里体验?如果这样,人与人之间如何交流?无法交流了!

惠子方代表:古人云:"实践出真知",你不去实践,从哪里获得真知?

师:老师故意给了大家一个永远也辩不清的话题。对于两个人,本身就不能用"对"与"错"来判断。这只能是反映了两个人认识自然的角度不同。

生1:我觉得庄子好像是在欣赏鱼儿。

生2:我觉得庄子是在用心体验,用心在感受濠水之滨的自然美景。

师:是的,事物总有多面特性。我们认识事物也应从多个角度理解。当"山重水复疑无路"时,如能换个角度,"退一步海阔天空",更会"柳暗花明又一村"!

教师在关键之处投下辩论的石头,学生的思维便如夏花一样盛开。在培养学生语言能力的同时,让他们学会了倾听,学会了取长补短。教师的点拨使学生的思维在碰撞中产生创造性的火花,既发展了辩证思维的能力,又培养了创新精神,实现了我们"超文本"

的教学理念。

　　巧妙的点拨会像魔法棒一样,使学生的思维焕发生机。但要真正让点拨达到启发和诱导学生学习的目的,教师除了要相准点拨的时机,还必须注意点拨的技巧。

　　第一,点拨需结合目标,突出重点。任何一次课堂教学都有既定的教学目标,由于教学内容的丰富性和教学资源在课堂上的动态生成,教师在点拨时不可能面面俱到,也不能滥点、泛点,所以要突出重点和难点。教师一方面要认真研究教材,确定教学目标,把握重难点,是否需要点拨应有利于目标的实现和重难点的突破;另一方面,要留意来自课堂的动态信息,尤其是学习反馈信息,根据信息调整教学内容,有针对性、侧重性地进行点拨。

　　第二,点拨精准到位。语文课堂融合学生学、思、疑、问的过程,让他们学有所思,思而有疑,疑中生问,进而主动学习和积极探究。学生要在主动探究中掌握知识,开启思维,培养能力,教师的点拨就必须点到关键处,点到特别处,点到要害处。点拨的目的是帮助学生释疑解惑,培养学生的思维能力,也正体现了课堂教学的效率。教师的点拨必须精准到位,不但要点中问题的要害,使学生豁然开朗;更要启动学生思维,拨动思维向更深更广方向发展。

　　第三,点拨需讲究分寸。要启迪智慧,提升思维能力,教师切记不能把知识直接告诉学生,而要点到为止,留有思考的空间,留有继续探究的余地。若让学生直接接受成果,没有直接参与其中亲自获知的体验,不但体会不到成功的艰辛与喜悦,还会使有些获得的知识流于表面。再者,教师要在知识和学生之间搭建桥梁,还要注意点拨的坡度和层次,要根据学生的实际情况,适合学生的认知程度。目标的设定不能太高或太低,要注意由浅入深,循序渐进,让学生跳一跳就能"摘到桃"。

　　第四,点拨需尊重学生的主体地位。教师在课堂上发挥着主导作用,所以要在关键时候进行点拨,引导学生主动探究,更深入地思考学习,但绝不能喧宾夺主,代替学生的学习探索。学生才是课堂真正的主人,在点拨的过程中,依然要尊重其地位,让他们"当家做主"。既要让他们在教师的点拨下启动思维,相互启发,深入探索;更要让他们在参与、合作、体验、思考中感悟提升。在这个过程中完善他们的语文知识体系,发展思维能力,从而提高语文素养和语文能力。

　　蔡澄清先生说:"一个高明的教师,只要三言两语就能激起学生强烈的求知欲望;只要做一个巧妙的暗示,就能使学生在一片黑暗中悟出光明,豁然开朗;只要在方法上略加指点,学生就会心领神会而自动腾飞。"点拨是一种科学,一种艺术,更是教师的一种智慧。要拨动学生的思维向更深更广的方向发展,教师不仅要有深厚的知识底蕴作支撑,更要有随机应变的能力,在课堂上随时把握点拨的契机,科学地点,巧妙地拨,这样才能呈现语文课堂的魅力值。

"魅力课堂"培养学生核心素养

语文组　李雪丽

摘要：世界各国都在向基础教育倾斜，提高基础教育质量成为各国普遍关注的大事。而目前世界整个教育界关注的焦点之一就是学生"核心素养"。什么叫核心素养，中学语文教学如何培养学生的核心素养，我校的"魅力课堂"在这方面卓有成效，尤其是我校教学改革推行"导学案"，促进学生学科能力的提升，本文试图以日常教学《老王》的导学为案例探究这个问题。

关键词：核心素养；导学案；案例探究

一、何谓"核心素养"

《人民教育》2015年第7期论述了核心素养，它是指"学生应具备的适应终身发展和社会发展需要的必备的品格和关键能力，突出强调个人修养、社会关爱、家国情怀，更加注重自主发展、合作参与、创新实践。从价值取向看，核心素养反映了学生终身学习所必需的素养与国家、社会公认的价值观；从指标选取上看，它注重学科基础，也关注个体适应未来社会生活和个人终身发展所必备的素养"。

教育部核心素养课题组负责人、北京师范大学资深教授、教育部心理健康专家指导委员会主任林崇德对核心素养也作了进一步阐述："它应该包含六个方面，即核心素养是所有学生应具有的最关键、最必要的基础素养；核心素养是知识、能力和态度等的综合表现；核心素养可以通过接受教育来形成和发展；核心素养具有发展连续性和阶段性；核心素养兼具个人价值和社会价值；学生发展核心素养是一个体系，其作用具有整合性。未来基础教育的顶层理念就是强化学生的核心素养。"这一席话为我们阐述了核心素养的内涵，他还指出"在基础教育课程改革里，更强调学生学科能力的培养"。语文学科能力的培养中又有哪些核心素养，语文教师在日常教学中又如何培养学生的语文学科能力？我校的"魅力课堂"教学改革给出了答案。

二、"魅力课堂"与"核心素养"

传统的课堂教师"一言堂"，难以培养学生的学科能力和素养，我校的课堂教学模式一改传统课堂格局,在不同课型课堂的各个环节都注重学生的主动性、探究性。在我校的课堂教学中,课堂对教师的依赖和要求也更高,照本宣科或整齐划一的教学方式都已被淘汰,教师对课堂的主导作用充分体现在对学生的"导学"上。

那么,我们将如何"导",这已成为我校该教学模式的命脉。《导学案》就是我校正在探索的这样一种行之有效的方法。它一方面指导学生如何自主学习;另一方面又沟通了教师如何高效地教,而在这样的课堂上,45分钟,各个环节也都与《导学案》紧密相连。

在情境自学中,《导学案》中提供的背景资料、基础知识、导学问题等可以引导学生展开有效的独立自学;在合作互学中,小组成员、学习对子可将各自的《导学案》中不能解决的问题予以充分讨论;在展评激学中,学生利用导学案在全班呈现自己或该组内部的学习状况、存在的问题或学习成果;提升领学中,通过《导学案》的巩固训练、总结提升帮助学生完成知识体系的建构和思维的提高。

显然,我校的"魅力课堂"十分有利于培养学生的"核心素养"。

三、《老王》在培养"核心素养"中的教学价值

《老王》是人教版教材八年级上册第二单元第四篇课文。本单元课文都是叙事性作品,写的都是普通人,以"爱"为主题。本单元阅读教学,要求感受课文所表现的形形色色的"爱",从而陶冶自己的情操,去关注身边的人。这些课文可说是培养学生个人修养、社会关爱等价值观,开展学科德育工作的重要范本。在《老王》这篇课文中,杨绛用平淡质朴的语言为我们介绍了老王的生活凄苦,身份卑微,处境艰难,却又为人善良,老实厚道,知恩图报的人物形象,深深地震撼了读者的内心世界。作者和老王交往的几个片段以及老王死后作者产生的愧怍情感,集中塑造了老王这一人物形象,也让我们看到了老王和杨绛的精神品格。本文的人文内涵直指学生的精神层面,教师教学得当给学生带来的影响是直接而深刻的。

四、《老王》导学案

在反复阅读教材,仔细思考后,我设计了本文的《导学案》,如下。

案例:《老王》导学案

【学习目标】

1.知识与技能:整体感知课文内容,了解老王的人物形象及其刻画手法。

2.过程与方法:通过"咬文嚼字、深情朗读、重现情境、探究疑点"等文本细读的方法研读理解老王的形象及作者对他的情感。

3.情感态度与价值观:学会感恩、善待他人,关注生活中的弱势群体。

第一部分:自学探究

【导学自测】

1.翻一翻字典,给加点字注音。

伛(　　　)　　　惶恐(　　　)　　　荒僻(　　　)

塌败(　　　)　　　取缔(　　　)　　　骷髅(　　　)

攥着(　　　)　　　滞笨(　　　)　　　愧怍(　　　)

2.了解一点文学常识。

杨绛(1911—2016年),原名杨季康,中国社会科学院外国文学研究员,作家、评论家、翻译家,《围城》作者钱锺书的夫人。小说有《倒影集》《洗澡》;译作有《1939年以来的英国散文选》《小癞子》《堂吉诃德》等。

3.关注一下写作背景。

本文写作于1984年。这是一篇回忆性的文章,作者记叙了自己从前同老王交往中的几个片段,当时正是"文化大革命"时期,是一个荒唐动乱的年代,很多学者被认为是"反动学术权威",被造反派打翻在地,踩在脚下。作者及其丈夫也受到迫害。文中"老王"也受到迫害,但是,任何歪风邪气对老王都没有丝毫影响,他照样尊重作者夫妇。由此,与老王的交往深深地印刻在了作者的脑海之中。

4.检测一下预习情况。

人物档案

基本情况

姓名:

职业:

家庭成员:

外貌特征:

家庭住址:

内在品质:

第二部分：拓展探究

潜入文本,思考:

【导学问题】

文中老王是一个怎样的人？作者杨绛对他流露出怎样的情感？

（结合课文内容,勾画相关语句,在你有感悟的地方做好批注。）

提示:从事件把握到细节感知

【事件】 我与老王交往中那些事:

【细节】 举例:面对老王送钱先生看病不收钱,"我笑着说有钱"

面对老王送鸡蛋和香油,我强笑说:"老王,这么新鲜的大鸡蛋,都给我们吃?"

他赶忙止住我说:"我不是要钱。"

我也赶忙解释:"我知道,我知道——不过你既然来了,就免得托人捎了。"

他一手拿着布,一手攥着钱,滞笨地转过身子。我忙去给他开了门,站在楼梯口,看他直着脚一级一级下楼去,直担心他半楼梯摔倒。等到听不见脚步声,我回屋才感到抱歉,没请他坐坐喝口茶水。

……

第三部分：检测提升

《乞丐》

屠格涅夫

我在街上走着……一个乞丐——一个衰弱的老人挡住了我。

红肿的、含着泪水的眼睛,发青的嘴唇,粗糙、褴褛的衣服,龌龊的伤口……呵,贫困把这个不幸的人,弄成了什么样子啊!

他向我伸出一只红肿、肮脏的手……。他呻吟着,他哀求施舍。

我伸手搜索自己所有的口袋……。没有钱包,没有表,也没有一块手帕……我随身什么东西也没有带。

但乞丐在等待着……他伸出来的手,无力地摇摆着和发着颤。

我恍然无措,惶惑不安,紧紧地握了握这只肮脏的、战栗的手……"请见谅,兄弟。我什么也没有,兄弟。"

乞丐那对红肿的眼睛凝视着我;他发青的嘴唇笑了笑——而且,他也紧紧地握了握我冰冷的手指。

"哪儿的话,兄弟!"他嘟囔着说:"这已经是很可感谢的了,这也是恩惠啊,兄弟!"

我明白,我也从我的兄弟那儿得到了恩惠。

五、《老王》导学中培养学生语文核心素养

通观这份《导学案》,在学习的各个环节,我都有意识地培养学生的语文学科能力和

素养。

　　首先,在学习的三维目标设计上,注重语文学科的听说读写,我设计了自读课文,自查字词,感知文章的"知识与技能目标",而在教学中我也侧重学生的读书和理解;在"过程与方法目标"上,我引导学生通过"咬文嚼字、深情朗读、重现情境、探究疑点"等文本细读的方法研读理解老王的形象及作者对他的情感,这样在学习方法和策略上为学生提供了途径,也培养了他们研读文本的能力;在"情感态度与价值观"方面,"体会老王的善良,领悟作者的平等观念和人道主义精神,品味作者对善待他人行为的反思,培养学生的爱心、同情心,学会以善良体察善良、回报善良",这些都是本文直观而深刻的学科德育目标。

　　老王在苦难中保存的善折射出来的是中国底层劳动人民永不褪色的本色,而杨绛一家人在苦难中依然保持着对不幸者没有任何歧视的平等关爱折射出来的是中国知识分子永不褪色的高尚。这样的美好品质不论是在当时的"文化大革命"时期还是现在的日常生活中,都是极珍贵的,我巧借课文,巧借日常教学传递给学生美善观念。在明确的目标引领下,教学中我不放过任何一个可以让学生增强体会的文字。课文中对老王的叙述中有这样一句话:

　　"有个哥哥,死了,有两个侄儿,'没出息',此外就没什么亲人。"

　　为了引导学生体会老王的孤苦,我扮演老王,学生扮演杨绛,师生一问一答,把这句话还原成了下面这一段对话。

　　杨:老王,你家里有什么亲人啊?

　　王:有个哥哥。(教师停顿,示意学生说)

　　杨:那不错啊,哥俩有个照应。

　　王:死了。

　　杨:哦,那还有其他亲人吗?

　　王:有两个侄儿。(教师再次停顿,示意学生说)

　　杨:两个侄儿怎么样,能帮你吗?

　　王:没出息。

　　杨:那还有其他亲人吗?

　　王:没有了。

　　师:好,通过这个对话,你有什么感受?

　　生:有个哥哥,让人心一热;死了,心一冷。有两个侄儿,又让人心一暖;没出息,让人心一下子凉了半截。

　　在此基础上,我又进一步引导学生披文入情,从"老王给我送鸡蛋和香油"的关键片段,通过咬文嚼字等文本细读的方法,引导学生深入感受老王的善良。而这一教学方式也培养了学生语文学科的核心素养。老王生活极苦,而心肠极热,在那样一个特殊的时期,他重诺守信、诚实待人的品格值得我们敬仰和学习,而同样值得我们学习的还有作者杨绛先生。

课堂的后半部分我巧妙地引导学生将视线关注到"一个幸运的人对不幸者的愧怍",这无疑也是本文最值得探究的重点和难点所在。现在的学生缺乏对"文化大革命"的了解,不了解当时杨绛一家的苦处,在《导学案》"关注一下写作背景"中我简要介绍了当时的情况,教学到此刻,我又及时地出示了杨绛先生的背景资料以及她在"文化大革命"中受到的迫害,帮助学生客观的理解了作为文化精英的杨绛夫妇的不易。这样,学生就较容易地理解到在那个荒唐的时代,同为不幸者的杨绛先生身上那种平等的、悲悯的善良。难度就这样被巧妙化解。"以善良体察善良",这种情感该是这一课,这一学科达成的独具匠心的德育目标。

然而,"解读就是解密,解密就是解写"(孙绍振语),培养学生独立思考、辨别、判断的学科能力和素养也是我们教学的题中之义。在这篇文章中对于作者杨绛先生"愧怍"之情的认识和理解有着分歧,学生也在此有争论,我并不"一刀切"或浅尝辄止,而是鼓励学生深入思考、各抒己见。

杨绛为什么会"愧怍",她该不该"愧怍",我们如何理解这样的"愧怍"?

我向学生们也抛出了这个问题,引起了学生在这一问题上的"道德两难"。

我不禁想起屠格涅夫的《乞丐》一文,我也将这篇文章作为拓展资料提供给学生,协助他们更多更广地去对比阅读、思考辨别。《乞丐》这篇文章包含了很多层意思,它写到了平等、爱心和同情,还写到了一层别的意思,屠格涅夫的最后一句话是:"我明白,我也从我的兄弟那儿得到了施舍。"为什么说,施舍者非但没有给乞丐什么东西,反而从乞丐那儿得到了施舍?我想从杨绛先生的回忆看,老王大概没有享受到"兄弟"这样的一声称呼,这样一声人道主义的精神平等的称呼是多么的难能可贵!

"我"尽管在经济上资助过老王,但也曾经在精神上俯视过老王,在老王去世几年后,一个真正的知识分子不断拷问自己的灵魂,这里的"愧怍"表现的是一个真正的知识分子的良知,是知识分子在心灵深处对底层人光芒的仰望。

同学们的争论不断冲击在课堂中,但我认为这样的教学是有意义的,它是一种特殊的德育资源,它让学生更深入认识社会、理解人性,在尝试判断和选择中提升道德水平和能力。

在这节课里我饱含真诚饱含深情地带着学生去认识了两个人,一个是生活在社会底层却有着人性光芒的三轮车夫老王,一个是有着善良的品质还要不断反思自我的崇高学者杨绛。李老师期待并引领学生带着老王和杨绛所折射的精神力量泰然自若地面对苦难,真诚无私地付出情感,睿智地反省自身,走向人生的高境界。可以说,这节课成功点燃了学生智慧和情感的火把,让学生走出课堂还能回味和沉静思考——美好的人格和人性是怎样的,怎样去做一个善良的人。

最后,我以自己对本文的理解和收获,书写了一段文字,与学生共勉。

对老王和杨绛:不幸的年代里,

活命的你们啊,

各有各的不幸,

"幸"与"不幸"也只是相对的，

彼此的牵挂和温暖却是绝对的，

高贵的灵魂却是屹立不倒的！

对我们自己：身处幸福，常怀感恩；

心怀天下，常怀愧怍。

教学是一门遗憾的艺术，如何在日常语文教学中培养学生语文学科核心素养，今后我们需要作出更多的思考和努力！

本文参考文献

［1］中华人民共和国教育部.义务教育语文课程标准(2011年版)［S］.北京:北京师范大学出版社,2011.

［2］张定远.我对中学语文教学中几个问题的看法［J］.中学语文教与学,2003(9).

［3］林崇德.现在世界整个教育界关注的焦点之一就是"学生核心素养"［EB/OL］.2016-01-18.http：//sw.smez.net/JiaoYuZaTan/2016-01/3971.htm.

让学生站在课堂的中央

——"学本式卓越课堂"课例分析

英语组　蒋红梅

摘要:新课程标准最根本的变化是提出了总体与各学科"核心素养"。作为一线教师应该在实际教学中要尽可能地学习、领悟"核心素养"这一新理念,进而无形地落实、勇敢地创新。本文将阐述"学本式卓越课堂"模式中的英语学科"核心素养"是如何得到落实的。

关键词:学本式卓越课堂;核心素养;英语课堂

沙坪坝区首届"学本式卓越课堂"英语学科赛课,来自不同学校的 6 位教师参加了决赛。他们分别就重庆大学版高中英语第四册 Unit 3 的三种课型:阅读课、听说课和写作课进行授课,结合 Hope Project 话题展开教学。

一、对"学本式卓越课堂"的理解

1.两种课型模式:

所谓"学本式卓越课堂",其根本宗旨就是以学生为课堂的主体,在他们的独立自学和小组合作探究中,开拓学生的思维训练,在他们的思维碰撞和质疑对抗中主动、积极地学习知识,从而摆脱传统型教师主宰课堂,满堂灌的"填鸭式"教学模式(这种模式学生只是被动地接受,没有学生的思维活动和思维碰撞和质疑对抗的火花)。因此,我们应致力于发展"三力",即"提高课堂学力,激发学习活力,增强教学魅力。"为此,我们的课堂着力于坚持以下两种课型、四个环节:

1)自学——合作课型
　①情境自学——学生独自学习,完成《导学案》中的预习内容。
　②合作互学——小组合作学习探究,解决疑难。
2)展示——提升课型
　①激情展示——学生在小组互学中的学习成果展示。
　②提升引领——在展示的过程中,师生互动,思维碰撞,提升。

　　只有提高课堂的学习力,才能提高教学的品质。我们要以这样的课堂模式来改变学生以往传统的基于外部力量的要求、推动、逼迫而被动学习的状态,激发他们内在的兴趣,推动他们的求知需求,来提高课堂的学力。

　　2.“学本式卓越课堂”应该具有如下明显的特点:(以下理论来源于龚雄飞校长的讲座)

　　1)少教多学。教师少讲是最起码的要求,它可以解决两个问题:一是让学生有充裕的学习时间,强调静待花开的智慧;二是让学生有自由的思考空间,避免教师讲授统一学生的思考模式,主张先学后教,让学生拥有不受约束的思考自由。

　　2)问题导学。通过创设特定的问题情境,将知识目标化、目标问题化、问题层次化、层次梯度化、梯度渐进化,通过问题让学习任务具体化,让问题成为学生学习强大的“引擎”。

　　3)小组互学。让小组学习成为学生个体学习寻求帮助的常态形式,建立有效的帮扶机制。

　　4)展评激学。“展示学习”是教学模式的关键,优质课堂一定是学生展示才华的课堂,一定是师生追求幸福的课堂,一定是师生实现生命意义的课堂。在学生的展示、质疑、对抗和讨论中,学生之间智慧和知识的“广博性”和理解的“深刻性”相互感染,在分享同伴学习成果的同时,每个学生心里又充满了对学习的渴求和内化的强大动力,课堂就成为一种引力巨大的学习场。这样的课堂常常会发现无法预知的令人心灵震撼的场面,体现出教学的无限魅力。

二、课例分析(凤鸣山中学颜朝霞阅读课):

　　在2013年秋季沙坪坝区“学本式卓越课堂”高中组赛课中,凤鸣山中学颜朝霞老师的阅读课在“学本式”的特点体现方面是像模像样,设计新颖,亮点突出,课堂展示精彩纷呈。因此,以下我就对颜老师的一些课例进行分析,给大家抛砖引玉,大家来共同思考应对措施。

　　1.教学设计

Book 4　Unit 3　Reading 导学案

Learning Aims:

1. Learn about the star of Project Hope by using the reading skills of "prediction, skimming and scanning";

2. Learn to design exercises for detailed questions, meaning-guessing questions and inference questions(推断题) by understanding the passage;

Part One: Learning Research(学习探究)

Question 1: What do you know about Su Mingjuan in general?

【思维向导 1】

1. According to the picture, predict the following question.

   What happened to Su Mingjuan?

   A. Her family can't afford his school study because of poverty.

   B. Her parents didn't allow her to study.

   C. She didn't have enough money to wear beautifully.

2. Skim the passage, and then finish the following two parts：

   1）What did the author mainly tell us about Su?

      A. The girl lives a colorful life in college.

      B. The girl enters college with the help of Project Hope.

      C. The girl becomes a star.

   2）Check your prediction.

Conclusion（小结促学）：

   _____ is a very practical skill in English reading to know about the passage beforehand，so we had better practice the skill in daily exercises.

Question 2：How many details about Su do you know?

【思维向导 2】

1. Scan the passage and design exercises about Su. (Group work)

   1）Design a question according to the 4 choices. (Group 1 & 2)

      _____.

      A. Her big, bright and clear eyes

      B. Her dream of going to college

      C. Her picture named "I want to go to school"

      D. Her hope for life：Project Hope

   2）Design 4 choices for the following questions.

      ①Which of the following statements about Su is NOT true? (Group 3 & 4)

         A._____   B._____

         C._____   D._____

      ②What does "gained her a place" mean in Para 2? (Group 5 & 6)

         A._____

         B._____

         C._____

         D._____

> Guide：Questions can be different forms.

> Guide：Set the right choice first. Then as for the 3 wrong choices, make at least one confusing.

3) ①What can we learn/conclude from Su's story? (Group 7 & 8, either is OK)

  ②From Su's story, the goal of Project Hope refers to _____.

    A._____

    B._____

    C._____

    D._____

> Guide: Set choices which others can't find directly in the passage.

2.Show your work and give the reasons why you set such choices or questions.

Conclusion(小结促学)

 1) We often use questions for _____ or _____ questions to check how much you know about a passage.

 2) We often use _____ questions to check the understanding of the passage.

Question 3: Should the school be pulled down? (Group work)

【思维向导3】

Act as one of the 3 beneficiaries(受益者) or a reporter to state your reasons to the official.

    Group 1 & 2: Zhang Tianyi   Group 3 & 4: Hu Shanhui

    Group 5 & 6: Su Mingjuan   Group 7 & 8: a reporter

    You may begin like this:

> My honored sir,
>
>   I'm..., a beneficiary(受益者) of Project Hope. I think the school shouldn't be pulled down.
>
> The reasons are as follows. ...

Part Two: Homework

Part Three: Sum-up(总结提升)

Part Four: Test(达标检测)

    2.课例分析

    1)本堂课充分体现了"学生主讲,教师少讲、精讲"的原则。这节课的时间分布如下:

环　节	时间分布
①目标展示、Lead-in 及 prediction	0:00～3:50(约 4 分钟)
②学生自学的 Skimming	3:55～7:55(约 4 分钟)
③自学检测及 conclusion	8:00～10:20(学生讨论 1 分钟)
④Scanning、教师导语(Guides)、出题	12:15～18:25(大约 6 分钟)
⑤展示环节	19:00～35:00(共 16 分钟)
⑥话题讨论、展示	37:50～43:55(约 6 分钟)

从以上时间分布来看,学生活动占据共约 36 分钟的时间,教师的串词和引导只有 10 多分钟,完全达到了"学本式卓越课堂"要求的教师最多只能讲 15 分钟的要求。同时,学生在本堂课的学习中,自主学习,分类、概括信息;分析、推断信息的逻辑关系;在展示环节,有效使用口、笔语理性表达自己的观点,正确评判各种观点,具备了初步用英语进行多元思维的能力,充分体现了英语学科的"核心素养",即学习能力、思维品质、文化品格和语言能力。

2)整体设计思路:这堂课整体设计以一条爆炸性新闻为主线,引出希望工程海报女孩苏明娟,通过对其整体上和具体的了解,让学生明白她为什么不想这所希望小学被拆毁,并了解其故事所隐含的意义及从其故事我们能了解到希望工程的宗旨。其中达成了:

①知识与技能目标:贯穿阅读技能训练和思维训练。学生积极运用和主动调适英语学习策略、拓宽学习渠道、努力提升课堂学习效率的意识和能力,"核心素养"之"学习能力"得到体现。

②过程与方法目标:实施学法指导,培养团队合作意识,体现新课程改革以学生为主体的精神。

最后,让学生们角色扮演的活动让学生进一步明白希望工程对失学儿童以及整个国家的重要性,达成了"情感、态度、价值观目标",充分体现英语"核心素养"中的"文化品格"。

3)新课堂模式理念依据的实现:

①本堂课把"卓越课堂"的理念及特点展现得比较充分:把课堂还给学生,相信学生,依靠学生,发展学生,让学生在小组合作学习中进行探究,解决疑难,学习知识和技能技巧。

②强调小组合作学习,并据此对小组整体表现作出了评价。

三、课堂亮点

①对于让学生出题的 Question 1,在第一小组展示之后,第二组大胆地补充了他们小组的学习成果,进行了精彩的展示。这个女同学的展示是非常棒的,她毫不怯场,像教师一样,用启发性的语言(Do you agree with me? Do you think so? Who knows the answer? 等),带领大家齐读课文中的关键句子,引导他们思考,找出答案。最后甚至对教师给出的选项提出质疑(Maybe C is Miss Yan's answer. But our group think C is not wonderful. Now please turn to page…and read…together.),并给出他们觉得更好的选项(Her big, bright and clear eyes in the picture "I want to go to school")。

反思:我们暂且不对他们的质疑正确与否作出评判(确实也是更好的),单就他们敢于质疑的精神,不迷信教师的做法,我们都应该不吝啬我们热烈的掌声。这不正是我们这样的课堂所期望的吗? 他们正需要在这样的思维碰撞中见证他们积极的成长。长此以往,我们还用得着担心他们不会独立思考问题吗? 有了能力的提高,最后的成绩还有不提高的吗?

②第二个展示中的闪光点在第四题讲解中的那个男同学。虽然他在展示中的意图讲解时有点卡壳(即使是教师也都是具有挑战性的),表达不那么顺畅,但是他的语气自然、表情举止大方,而且灵活性比较强,在询问学生看不清楚的情况下,把他们的选项念了一遍,自然就会有更多的学生来回答他们的问题,课堂顿时就活跃了,学生的思维思考就产生了共鸣,举手答问的学生自然增多。在同学提示他用中文讲时,他却淡定地说:"我还是想尝试用英文"。听到这样的话,我禁不住为他鼓掌,我为这样的学生感到骄傲和自豪。有这样在众人面前不怯场、不怕丢脸的勇气,他怎么可能会学习不好?

③让学生出题(包括细节题,词义猜测题,推断题),逆向训练学生的思维能力。我们平时都是在学生课文阅读之后,让学生做各种题型,揣测出题者的意图,以提高解题正确率的可能性。但是本节课的设计进行了大胆的尝试,颠覆了传统,让学生站在出题者的角度来设计题目,这样的尝试之后,他们揣测出题者意图的能力岂不是就有所加强?那么解题能力自然也会增强。

四、课堂不足

1.课堂不足:

①体现在教师的纠错功能和引导跟进作用。比如学生展示了这样一道题:What did people be moved and let them want to help her? 这是一个有很明显错误的句子,教师既没有引导学生思考这个句子有无问题,也没有自己指出其错误。

②第四题学生展示的 C 选项中有单词拼写错误(opportunity—oppertunity),教师没有指出,也没有叫学生思考关注,下面也没有学生纠错。

③有的小组只给出了题目,学生简单回答之后给出了他们的答案,教师没有及时追问、点评:A is better. Why?

2.应对策略:

①教师在做课堂设计时,要充分预设问题,想好应对措施。

②在课堂上,要随时关注全局。

③教师必须平时加强业务学习,练就过硬、坚实的专业素质和灵活的应变力。

五、对颜朝霞老师课的思考

1.学生活动展示环节,既是学生学习成果的展示,也是对教师的考验。我们在这一环节欣喜地看到了课堂上学生的思维碰撞、质疑和对抗,也是本节课的最大闪光点。正是通过学生的学习探究活动:出题、答题,他们进入了文章的细节理解和对文章深层的理解,得出后面的 Conclusion(小结促学)就是水到渠成、轻而易举之事了。我们把 Skimming 和 Scanning 看作是输入的话,那么出题和展示就是输出,既有知识(出的题)的输出,也有语言的输出(展示讲解意图)。我们倡导的是"学生表现精彩",而不是教师讲得有多好(这在"学本式课堂"模式中是失败的课)。

2.看似课堂大部分时间是学生在活动,但实际上对教师的要求更高了。一方面,教师要随时关注全局(不能站在一边做旁观者),学生的一举一动都要尽收眼底,哪里有疑难,就要参与到他们的活动中去答疑解惑,启迪思考。另一方面,因为这样的课堂开放性很强,很多因素不是教师备课时所能预测的,所以从根本上来说,是对教师专业素质、基本功和应变能力的综合考查。只有专业素质过硬、坚实和有灵活应变力的教师才能驾轻就熟,但也都不能保证万无一失。因此,我们应该在从传统型授课到新型课堂模式的转变过程中,允许我们的老师有一个学习、变化、发展、成长的过程。今天的不成熟(无论是学生的还是教师的出错、不完美)并不可怕,可怕的是故步自封、墨守成规,不反思。只要我们首先在思想上接受这种新理念,才可能迈出探索的脚步。然后坚持这种理念和探索,接受、承认不完美,不断学习,不断完善,才能最终走向成熟、成功。

3.新课程标准要求广大一线教师及时学习、尽快适应新一轮的课程标准理念的最根本变化,即总体与各学科"核心素养"。因此,我们应该在实际教学中要尽可能地学习、领悟"核心素养"这一新理念,进而无形地落实、勇敢地创新,这样的课堂才是具有鲜明特点的、与时俱进的英语课堂。

乐于参与的英语写作课
——"魅力课堂"导学、互学和展学策略案例

英语组　邓少婷

　　摘要:语言是有声的、有形的、有情的。作为一门语言,英语教学的最终目标是培养学生的交际能力。听、说、读、写四项语言基本技能是英语综合运用能力的重要表现形式。听和读是输入,是理解和吸收语言信息的手段,只有达到足够的输入量,才能保证学生具有说和写的输出能力。所以,口头表达是书面写作的基础,书面写作是口头表达的提炼和升华。其中,写作能力是最难掌握的一项,学生能否运用已学的英语语言知识和基本技能进行书面交际,在写作中可以得到充分的体现。初中阶段对于英语写作的要求,实际上是"有指导的写作"(Guided Writing)。它通过提供情境(文字、图画、表格),让学生用学过的英语语言来描述事物或事件并表达一定的思想,以此达成和检验对所学英语语言知识的实践应用能力。客观地说,书面表达一直是我们英语教学的一个难点,也是学生应试的一个难点。本文拟通过整合听说课、阅读与写作教学,以听、说、读促写,是语言学习从语言输入到语言输出的一个质的转变,从而实现提高英语写作能力的目的。一般写作课容易显得枯燥,教学形式单一,让学生不感兴趣。笔者有效地结合凤鸣山中学实施的"四环两型魅力课堂",教学中要让学生不断投入课堂中,让英语的写作课也成为有温度的课堂!

　　关键词:语言写作策略;写作能力;问题导学;合作互学;展评激学;魅力课堂

【案例描述】

　　语言是人们思想交流的工具,有声语言和书写语言是语言交流的两种媒介。写作是学习者英语综合能力的体现。作为刚进入七年级的英语初学者,按照2014年的《英语课程标准》的三级要求:对英语学习表现出积极性和初步的自信心。能听懂有关熟悉话题的语段和简短的故事。能与教师或同学就熟悉的话题(如学校、家庭生活)交换信息。能读懂小故事及其他文体的简单书面材料。能用短语或句子描述系列图片,编写简单的故事。能根据提示简要描述一件事情,参与简单的角色表演等活动。能尝试使用适当的学习方法,克服学习中遇到的困难。能意识到语言交际中存在文化差异。依据这些基本要求结合我校的"四环两型魅力课堂",我在七年级上册的 Unit 5 结束了词汇教学和听说课后设计了一节读写课。

【问题导学】

七年级五单元学生在学习球类运动的话题中初步习得实义动词 have 和 like 的用法，并熟练掌握不同人称，同时还要初步表达自己的观点(运用形容词 interesting, fun, boring, difficult , easy, relaxing)。学生通过英语课程能够开阔视野，发展创新能力，形成良好的品格和正确的人生观与价值观。通过本节课的练习，学生将加深了解各种球类名词，体会与同伴一起运动能带来快乐和健康。

本节课一开始便介绍喜爱运动的新同学 Tom 和大家认识并一起观看一段孩子们感兴趣的各种球类运动的剪辑视频，在看视频的同时让孩子们大声地说出自己熟悉的球类运动，从而让学生们一下被吸引到课堂上。然后通过小组总结并展示所有学过的球类运动词汇，展示的时候还要同学补充了其他球类运动名词(billiards 台球，bowling 保龄球)，对于孩子们的学习是有益的拓展。之后，Tom 希望和大家交朋友先进行了自我介绍：

I like doing sports, I have one <u>basketball</u> and two <u>tennis rackets</u> and ten <u>tennis balls</u>. I think they're interesting.

然后介绍他的两个好朋友 Bill 和 Alice：

Bill has _____ and _____. He _____ sports. He thinks _____ are fun.

Alice ____ two ping-pong ____ and three _____.She ____ ping-pong, and ____ interesting.

【合作互学】

通过 Tom 的介绍已经巧妙地把本节读写课的重点和难点(名词的三人称单数、动词的单、复数以及形容词)融入其中。然后让学生们用这个句型结构介绍班上的同学们。因为运用本班同学的照片和话题，孩子们很感兴趣，积极投入练习并展示。同时也让我们的课堂进入了小组合作互学。紧接着我设计了一个任务(Group Work)，小组组织通过问答的方式对全组同学关于球类运动做一个调查。

Tom：What balls do you have?

Bob：I have…

Tom：How many soccer balls?

Bob：Two.

Tom：Do you like soccer?

Bob：Yes, I do.

Tom：Do you think it's interesting?

Bob：Yes, it's interesting.

然后根据小组实际情况填写表格：

Name	Balls	How many	Thinks

完成全组的调查之后到讲台上展示出小组的调查结果并向全班做一个 report，要求每个同学都要参与讲述，但不讲自己的情况，从而达到一般现在时三人称单数的运用操练。这一环节至少要让三个小组得到展示机会。

Tom 熟悉了班上的同学们，他很快乐。接着，Tom 想起了自己以前的朋友。这时我设计学生们听 Tom 写给朋友的信：

Dear friends,

How are you? My name is Tom. I'm an English student.

Sports are _____. I have many balls. I have six _____, three volleyballs and _____ ping-pong balls. I like sports, and I play sports _____ class. My friend Anna _____ a soccer ball, _____ she doesn't like soccer. She thinks it's boring and _____, and she only watch them on TV.

Life lies in movement. Can you play sports with me?

（生命在于运动。）

边听边填空，通过听力练习为作文提供了模板，并初步让学生感知了三段式结构和连词（and 和 but）的运用。

在前面进行了单词、句型和文章的感知的一步步操练之后，我们进入了这节课的最重要的环节——写作。

写作要求：根据提示介绍我和朋友 Tom 的运动及体育用品收藏情况。

提示：我和我的朋友 Tom 在同一所学校。我们不喜欢电脑游戏，但我们都热爱运动。它们有趣，让人放松。我们有许多（many）球。我有两个排球，三个足球，六个棒球，四个篮球。他有八个网球，十个乒乓球。我们下课后和同学们进行体育活动，我们也在电视上观看体育比赛。

要求：写一篇 50 词左右的短文，语句通顺，单词拼写正确。

课堂写作要求在 6 分钟之内完成。伴随着优美的音乐孩子们认真写着作文，我在教室里来回查看进度，直到大部分学生完成写作。我又布置给孩子们一个任务，根据我在《导学案》上给出的评价表格，小组与小组交换评价批改作文。

互评（填写要求：请勾选相应的评价内容）

评价项目	评价内容
要点	□齐全 □不齐全(差要点_____)
结构	□完整 □不完整(□开头 □主体 □结尾)
条理	□清晰 □不清晰(□ 连接词 □顺序)
语法	□正确 □错误(□人称 □时态 □句子结构)
拼写	□正确 □错误(□少 □多)
书写	□规范 □不规范(□大小写 □标点 □字迹)

互评得分:_____

在学生们评价批改的过程中,我要不断帮助或解答他们的一些疑问。

随着批改的完成,我开始提示希望有同学来展示所修改的文章,并讲解批改这篇文章的得分原因和优点与不足。这也就引领着这节课进入了展评激学。

【展评激学】

各个小组的学生们一边在激烈地讨论所改作文的情况,一边在表格中填写或在文章中改动。到了各组选出有代表性的作文(优秀的和问题突出的作文)进行展示时,每个组高高地举起手来。在展示的过程中,他们不断强调一篇好的作文要做到要点齐全、结构完整、条理清晰;同时语法要正确、单词拼写正确和书写规范。文章被扣分,扣分点在什么地方,如何修改会更完美……

随着互评展示的进行,孩子们对写作的领悟在不断深化,这时我又布置一个任务,让他们总结英语写作策略。让孩子们进一步清晰地明确:一篇完整的英语作文应该有好的Beginning、表述清楚要点完整的 Body 和精彩的 Ending。同时文章中的句与句之间还要注意连接,现阶段我们只会运用 and 和 but 这两个连词。

Writing Strategy (写作策略)

用上连词and和but

Outline(列提纲)

Beginning: (开头) Hello I have a friend...

Body: (主体部分)
I have... He has...
I don't have... He doesn't has...
I like... He likes...
I think it's... He thinks it's...

Ending: (结尾)
Do you play sports?
Can you play...with me?

【提升领学】 通过学生们自己的总结得出结论:

Summary(总结)写作策略:

1.文章要点要齐全。

2.一篇文章通常可分为三个部分,即开头、主体和结尾。

3.写文章一定要用连接词(如:and，but)。

4.文章的语法、拼写和书写一定要正确和规范。

5.用上名言名句，文章更出彩!

课后家庭作业要求他们根据所改问题结合我们写作所学的内容再次修改作文。并希望他们记住:"Life lies in movement.生命在于运动。""Sport is the source of the life.运动是生命的源泉。"这两句名言。

本节课是本单元的复习写作课，它是在 Section A、Section B 的基础上进一步学习和强化不同人称作主语时行为动词的运用，同时还要反复练习名词单复数及形容词，全节课分为自学互学，抢答单词、对话、小组调查和报告、听力到写作和评价多个部分，内容是与学生生活紧密联系的一节写作课。目的是在知识上让学生熟练掌握并能正确运用实义动词、名词单复数和形容词;在写作策略上让学生初步形成一篇文章的结构(开头、主体和结尾)，运用连接词(and 和 but)，还让学生了解运用英语名言对写作有帮助。我个人认为这节写作课较好地按照我校魅力课堂的要求，把自学、互学、展学、领学贯穿于整个教学活动过程，相互交融。我们的魅力课堂包括四个维度:教育宽度+知识密度+学科深度+课堂温度。在这节课中我有意识地培养了学生刚开始学习英语应该养成的良好习惯，尊重学生自主与合作学习，通过生生之间、师生之间的互动交流以及充分的展示、质疑、对抗，使教学充满吸引力，使课堂洋溢着生命激情，充盈着幸福体验，让我们的课堂变成了有温度的课堂!

提高小组讨论有效性,促进学生核心素养提升

数学组　龚圣龙

❦

摘要:小组合作学习一个很重要的环节就是小组讨论。课堂讨论组织得好,能极大限度地调动学生的学习积极性,充分发挥学生的主体作用。否则,将导致课堂讨论流于形式,不能收到良好的效果。本文力求从实践层面为课堂中如何提升学生核心素养提供一些参考。

关键词:核心素养;数学课堂;小组讨论;有效性

《数学新课程标准》强调:"数学教学是数学活动的教学,是师生之间、学生之间交流互动与共同发展的过程;动手实践,自主探索,合作交流是学生学习数学的重要方式;合作交流的学习形式是培养学生积极参与、自主学习的有效途径"。

最新出炉的"中国学生发展核心素养(征求意见稿)"透露,所谓"核心素养"是指学生应具备的适应终身发展和社会发展需要的必备品格和关键能力。核心素养已成为教育新的出发点。核心素养的达成,也依赖各个学科(领域、板块)独特育人功能的发挥、学科本质魅力的发掘,核心素养如何落地生根,需要通过教学这个环节进行转换。

我校的"四环节·问题导学式魅力课堂"的课堂组织形式就是小组合作形式。而小组合作学习一个很重要的环节就是小组讨论。课堂讨论组织得好,能极大限度地调动学生的学习积极性,充分发挥学生的主体作用。否则,将导致课堂讨论流于形式,不能收到良好的效果。那么怎样才能有效地组织课堂讨论呢? 笔者在教学中有所实践,下面以2015年高考数学福建文科卷第21题为例谈谈自己的看法。

已知函数 $f(x)=10\sqrt{3}\sin\dfrac{x}{2}\cos\dfrac{x}{2}+10\cos^2\dfrac{x}{2}$。

(I)求函数 $f(x)$ 的最小正周期;

(II)将函数 $f(x)$ 的图像向右平移 $\dfrac{\pi}{6}$ 个单位长度,再向下平移 $a(a>0)$ 个单位长度后得到函数 $g(x)$ 的图像,且函数 $g(x)$ 的最大值为2。

(i)求函数 $g(x)$ 的解析式;

(ii)证明:存在无穷多个互不相同的正整数 x_0,使得 $g(x_0)>0$。

一、搞清楚课堂讨论的目的是什么

数学课中,开展讨论的目的:一是激发学生的兴趣;二是变师生双向对话为生生多向对话,为学生融入课堂学习提供机会和平台。使学生动脑、动口、动手,在活动中主动学习,使那些对问题已经理解了的学生认识得到了深化,似懂非懂的学生顿觉豁然开朗,迷惑不解的学生消除认知的障碍从而发散逻辑思维和提高语言表达能力。三是解决具体的问题。

在本题中,因为是高三的学生,所以当然还是愿意挑战高考题的,教师预设困难应该是在最后一问里,学生可能想不到或者理不清。

二、课堂如何组织讨论

(1)给学生充分的时间独立思考

学生没有经过认真独立的思考或者思考时间不足,直接让学生讨论,学生会不得要领,抓不住关键,影响讨论效果。因此,本题在教学中我是先布置成前置作业让学生先做,第二天再在课堂上交流做的效果,看需不需要评讲。结果学生因为是独立做了的,都觉得只是最后一问需要讲。如果没有充分的时间做,他就不知道到底哪个问需要讲。

(2)精心设计讨论点

课堂上我就说,做不对这个题,那大家也不是一点步骤也写不出来,是卡在哪里了呢? 通过交流发现,学生的问题大概集中在以下几个方面:①一个4/5不是特殊角的三角函数值,如何处理? ②在物理中正弦值为4/5的锐角约是53°,这个能不能直接用?

这两个问题解决后,教师说由周期性可知存在无数个互不相同的正整数。然后马上有学生提出异议:在一个区间里找到了一个特殊的整数(比如1或者2)是满足题意的,然后由周期性可知有无数个不能理解,因为加的周期的长度是$2k\pi$,不是整数呀! 老师说对呀,这还真有问题,怎么解释呢?

这个时候很多学生在思考,还有些跃跃欲试了。实际上已经吊起学生的胃口了,他觉得是那么回事,但是又暂时说不清楚。这就是讨论的最佳时机了,教师通过观察可以知道很多学生试图说服别人,但是又说得不清楚,于是就在草稿纸上画图、计算等,边画图边给别人讲。最终通过学生讨论得出是因为第一个区间的长度大于1,这样大家都豁然开朗了,本题也就解决了。

这个过程中学生不仅大脑在思考、在运转,还在动手画、动口说,最终把问题理清楚了。这正是我们想达到的效果。

下图是学生讨论出的解答

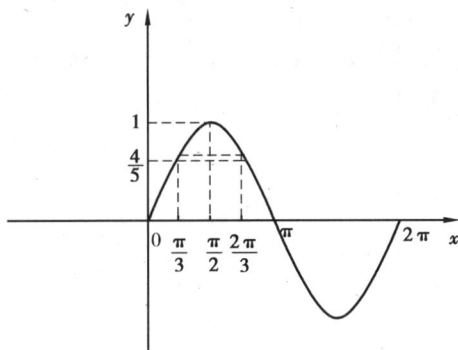

① 区间 $\left(\dfrac{\pi}{3}, \dfrac{2\pi}{3}\right)$ 中存在一个

② 区间 $\left(\dfrac{\pi}{3}, \dfrac{2\pi}{3}\right)$ 长度为 $\dfrac{\pi}{3} > 1$

下面是本题的参考答案。

【解析】（Ⅰ）因为 $f(x) = 10\sqrt{3}\sin\dfrac{x}{2}\cos\dfrac{x}{2} + 10\cos^2\dfrac{x}{2}$

$= 5\sqrt{3}\sin x + 5\cos x + 5$

$= 10\sin\left(x + \dfrac{\pi}{6}\right) + 5$。

所以函数 $f(x)$ 的最小正周期 $T = 2\pi$。

（Ⅱ）（ⅰ）将 $f(x)$ 的图像向右平移 $\dfrac{\pi}{6}$ 个单位长度后得到 $y = 10\sin x + 5$ 的图像，再向下平移 $a(a > 0)$ 个单位长度后得到 $g(x) = 10\sin x + 5 - a$ 的图像。

又已知函数 $g(x)$ 的最大值为 2，所以 $10 + 5 - a = 2$，解得 $a = 13$。

所以 $g(x) = 10\sin x - 8$。

（ⅱ）要证明存在无穷多个互不相同的正整数 x_0，使得 $g(x_0) > 0$，就是要证明存在无穷多个互不相同的正整数 x_0，使得 $10\sin x_0 - 8 > 0$，即 $\sin x_0 > \dfrac{4}{5}$。

由 $\dfrac{4}{5} < \dfrac{\sqrt{3}}{2}$ 可知，存在 $0 < a_0 < \dfrac{\pi}{3}$，使得 $\sin\alpha_0 = \dfrac{4}{5}$。

由正弦函数的性质可知，当 $x \in (\alpha_0, \pi - \alpha_0)$ 时，均有 $\sin x > \dfrac{4}{5}$。

因为 $y = \sin x$ 的周期为 2π，

所以当 $x \in (2k\pi + \alpha_0, 2k\pi + \pi - \alpha_0)(k \in \mathbf{Z})$ 时，均有 $\sin x > \dfrac{4}{5}$。

因为对任意的整数 k，$(2k\pi + \pi - \alpha_0) - (2k\pi + \alpha_0) = \pi - 2\alpha_0 > \dfrac{\pi}{3} > 1$，

所以对任意的正整数 k，都存在正整数 $x_k \in (2k\pi + \alpha_0, 2k\pi + \pi - \alpha_0)$，使得 $\sin x_k > \dfrac{4}{5}$。

亦即存在无穷多个互不相同的正整数 x_0，使得 $g(x_0) > 0$。

　　当然对于不同的课型、不同的学生,课堂中还有其他很多不同的组织方式来提高小组讨论的有效性。比如敏锐捕捉到学生的闪光点,在欣赏对比中讨论,组织有思维碰撞的讨论,在学生认知出现差错时展开讨论,多元评价机制等。

　　在课堂教学中,教中有学、学中有教、师非师、生非生、师亦生、生亦师、师生互动、生生互动。尽可能地鼓励学生参与到课堂中来,这应该是素质教育的基本特征。数学课堂教学就是让学生学习数学知识,并在学习数学知识的同时,让学生不断地体会和领悟其中的数学思想方法,从而潜移默化地提高自身的数学素质。在本题的教学中,虽然学生的解法与参考答案略有不同,但是学生真正参与了、体验了,这就一定程度达到了教学目标。

本文参考文献

中华人民共和国教育部.普通高中数学课程标准(实验)[S].北京:人民教育出版社,2003.

从类比推理教学看数学核心素养的培养

——《高中数学选修 2-2》2.1.1"类比推理"的研读与教学建议

数学组　邓世万

❧✦❧

　　创新意识是数学学科最核心的素养。高中数学课程改革不论是从理念、教材内容，还是到实施，处处都彰显出数学思维能力培养的要求。如何通过数学知识的学习，来培养学生的创新意识，这需要教师正确理解教材，恰当地处理教材，在教学实践中，合理创设问题情境，引导学生观察、猜想、类比、归纳，达到强化思维能力的目的。下面我就"类比推理"教学中如何培养学生的创新意识谈一点个人看法，与大家共勉。

一、对类比推理内容的理解和认识

　　1.类比推理体现了新课程的发展方向

　　推理是根据一个或几个已知的判断来确定一个新的判断的思维过程，常见的推理方法有演绎推理、归纳推理和类比推理三种。演绎推理是从一般性的原理出发一步步递推，推导出某个特殊结论的推理。演绎推理是必然性推理，逻辑严密、结论可靠，是培养学生严密的逻辑思维的好方法，一直受到我国传统教育的高度重视。归纳推理是根据事物的个别现象去归纳出事物的一般规律的推理，需要经过猜想、发现、归纳、总结的过程，是一种或然性的推理，容易犯不完全归纳的错误，结果不一定正确。因其推导过程的不严密性和所得结果的不准确性，与传统教育要求不相吻合，传统教材只作简单介绍，不是重要内容。类比推理是根据两个（或两类）对象之间在某些方面的相似或相同，推演出它们在其他方面也有相似或相同的推理。该部分内容是新旧教材的分水岭，我国传统数学教材中历来都没有类比推理内容，直到 2003 年第一次正式编入新版高中教材。该内容也是课程改革的争议热点，因为类比推理是一把双刃剑，一方面类比推理具有发现功能，它能让学生由旧知识通过类比去发现新知识，是很好的学习工具；另一方面是因为类比的内容灵活多变，类比对象有时不易寻找，容易造成机械类比、错误类比，难判断结果的正确性，容易给学生造成错误认识。

　　个人认为，类比推理虽然是一小节内容，只在理科选修 2-2（文科选修 1-2）中提及，也并没有深入地探讨和研究，但这并不影响它在教材中的重要地位，因为它是学习其他知识的"工具",在它的背后体现的是两种不同的育人目标。传统教育强调思维的严密性和结果的准确性,忽视了学生个性发展。让学生思想受到禁锢,学会接受、记忆,养成服从"规则"的习惯,限制了学生思维的发展。新教材突出对学生探索精神和创新意识的培养,彰显人的个性发展,从根本上改变了育人目标。从数学核心素养来看,是指把所学的数学知识都排除或忘掉后剩下的东西,即能从数学的角度看问题,有条理地进行理性思维、严密求证、逻辑推理并清晰准确地表达的意识与能力。当我们的学生离开课堂后,所学的数学知识可能会被忘记,但学生时代学会的类比方法将长期伴随,勇于猜想、敢于探索发现新问题的精神将对他们的一生产生重大影响。

2.类比推理是培养学生创新思维的手段

创新意识是数学学科最核心的素养。《普通高中数学课程标准》在课程的基本理念中指出:"学生的数学学习活动不应只限于接受、记忆、模仿和练习,在教给学生基本的数学知识的同时,更要引导学生去学习数学思想方法,感受数学理念,体会自主探索、研究、创新,让学生在学习数学和运用数学解决问题时,不断地经历直观感知、观察发现、归纳类比、空间想象、抽象概括、符号表达、运算求解、数据处理、演绎证明、反思与建构等思维过程",培养学生探索、发现、猜测的能力,发挥学生学习的主动性,提高学生的创新能力。由于我国传统数学教育只重视学生思维的严密性,忽视了对学生探索精神和创新意识的培养,使我国一代又一代中学生的好奇心和想象力受到严重束缚,严重影响了创造力的发展。2009年,教育进展国际评估组织对全球21个国家进行的调查显示,中国学生的计算能力排名世界第一,想象力却排名倒数第一,创造力排名倒数第五。在中小学生中,认为自己有好奇心和想象力的只占4.7%,而希望培养想象力和创造力的只占14.9%。美国几个专业学会共同评出的影响人类20世纪生活的20项重大发明中,没有一项由中国人发明。

类比推理具有较强的探索性和预测性,是各种逻辑推理中最富有创造性的一种。教学中,如果让学生养成类比的学习习惯,不断经历观察、猜想、类比、归纳等思维过程,将会养成积极主动思考,大胆探索创新的习惯,学生创新的意识和实践能力就会得到不断发展。

3.类比推理是重要的学习"工具"

类比推理是根据两个(或两类)对象之间在某些方面的相似或相同,推演出它们在其他方面也有相似或相同的推理。它既不同于归纳推理,也不同于演绎推理,类比推理可以在两个不同的认知领域之间达到认知的过渡,是旧知识通向新知识的桥梁,是信息转移的纽带。比起演绎推理和归纳推理,类比推理的操作更加便捷,方法更加新颖。在引入新问题时,先让学生"感知"新材料,"联想"旧知识,通过新旧概念的类比,得出新结论。其方法通俗易懂、简便易行,降低了学生理解新知识的难度。

在高中数学和日常生活中,很多复杂问题往往都可以由已经掌握的知识通过类比推理而得到。例如,我们可以由圆的性质类比得出球的性质,由平面内正三角形的性质类比出空间正四面体的性质等。类比可以使学生的认识产生迁移,起到由"熟"解"生",化难为易的作用。在解决问题时,我们常把数与形进行类比,把平面与空间进行类比,把高维与低维进行类比,把有限与无限进行类比。正如波利亚在他的解题表中的拟订计划中指出:"我们常常先选出一个类似的、较易的问题来解决它,改造它的解法,以便它可以用作一个模式,然后利用刚刚建立的模式,以达到原来问题的解决"。可见,类比推理发挥了学习的重要"工具"的作用,使学生思考问题的方法上了一个新的台阶。

二、对类比推理教学的建议

1.恰当使用类比教学,营造新型课堂气氛

课堂学习作为学生学习最核心的单位,是学生形成灵性知识与美好德行的沃土,在很大程度上决定着学生智慧和品格的未来走向。从这个意义上来说,课堂教学改革是新课程改革的核心。传统的课堂,教师居高临下,一人掌控课堂。很少有学生思考空间,学生长期地被动接受,造成思想压抑,学习态度消极,不能体会到数学带来的乐趣,渐渐丧失学习数学的欲望与兴趣。

类比推理要经历观察、比较→联想、类推→猜测新结论的思考过程。在这个过程中,很容易让学生展开讨论,进行争议、辩解、反驳等活动,使学生产生质疑对抗,思维碰撞,从而开展合作学习。改变传统的以教师课堂讲授为中心的基本形态,学生由被动学习变为主动学习,真正成为课堂的主人,这正是新课程理念需要的新型课堂模式。

类比推理内容贯穿整个高中数学教材,如果教师尽力挖掘教材,创设类比情境,让学生长期坚持用类比的思维去分析和解决问题,课堂就会不断地出现讨论、争议、质疑、碰撞的声音。让学生围绕着问题去猜想、去探究、去创新,在活动中相互合作和交流,体会新知识的产生过程,找到学习的乐趣。这样给学生一个思考的空间,让课堂"动"起来,打破传统课堂的"寂静",使课堂变成学生乐于学习的场所;给学生一个表现的机会,使课堂"乱"起来,让学生随便"插嘴"的声音打破传统课堂的"沉闷",在无拘无束的课堂气氛中畅所欲言,活跃思考的空间;给学生一个闪光的灵感,让课堂"火"起来,通过类比推理,让学生产生"奇思妙解",训练思维的灵活性,激活学生的灵感,使课堂绽放出智慧的"火花"。

2.类比推理应逐渐渗透,贯穿整个高中学习过程

对于简单的类比推理,中学生是很容易接受的。例如,由加法的交换律可以类比推出乘法的交换律;由等差数列的性质可以类比推出等比数列的性质等,以上两个类比推理中的两个类比对象的相似性一目了然,两组结论也很容易类比得到,因此学生是容易理解和掌握的。但是在两组复杂的对象之间进行类比时,就会给学生带来较大困难。例

如,在空间多面体中有三个面两两垂直的四面体中,三个直角面面积的平方和等于多少?如果用类比方法求解本题,其困难在于首先要弄清楚与谁类比;其次是要知道比哪里;然后是弄清求什么。解决这三个方面的问题,需要经过三次寻找类比对象的过程:第一次是要寻找与空间多面体进行类比的对象——平面多边形;第二次是要寻找与空间多面体中有三个面两两垂直的四面体进行类比的对象——平面多边形中有两条边互相垂直的三角形(直角三角形);第三次是要由已知的平面多边形中直角三角形已经具有的结论——两条直角边的平方和等于斜边的平方,类比出空间中有三个面两两垂直的四面体中三个直角面面积的平方和等于非直角面面积的平方。可见在条件比较复杂的类比推理时,学生是有一定困难的。类比推理应逐渐渗透,贯穿整个高中学习过程。

如何在物理课堂教学中培养学生的物理思维和方法

物理组　郑月刚

随着新课程改革的深入，以学科知识结构为核心的传统课程标准体系逐渐向以个人终身发展、终身学习为主体的核心素养模型转化，核心素养成为新课程改革深化的新目标。其中高中物理的核心素养有一个关键词——"科学思维"。

何谓"科学思维"？即是从物理学视角对客观事物的本质属性、内在规律及相互关系的认识方式，是基于经验事实建构理想模型的抽象概括过程；是分析综合、推理论证等科学思维方法的内化；是基于事实证据和科学推理对不同观点和结论提出质疑、批判，进而提出创造性见解的能力与品质。

高中物理知识理解、掌握较难已众所周知，但如何让学生在掌握物理知识的基础上养成科学思维，并进一步灵活运用这些思维和方法来解决物理问题乃至生活中的问题更是我们面临的挑战。当前很多参考书针对高考总结了很多方法，譬如针对某类型物理模型的"口诀"，或是某个知识范畴的"核心公式"，不可否认，这些方法在解决具体题目时很有针对性，对提高成绩很有帮助，但学习的本意不是为了应考，掌握知识也不是最终目标，更重要的是掌握分析、解决问题的基本步骤和思维方法，从而使得学生在以后的学习乃至生活中遇到各种问题时能够根据这些思维方法和步骤去应对，所以教学还是应该落脚到解决物理问题的思维方法培养上来。下面我们将就一些常见的物理思维方法进行探讨。

一、研究对象的灵活选取和分与合的辩证思维养成

在课堂学习中，由于学生会出现研究对象不清或研究时段选择不佳等问题，导致整个学习过程受阻，我们应该有意识地引导学生采用分与合的辩证思维，灵活地选取研究对象和研究阶段，降低难度，达到推进学习的目的。所谓分，是在思考时把事物分解为各个部分或各个属性，它主要着眼于研究事物的部分、局部、细节或阶段；而合则是在思考中把研究对象所有的各个部分和各个属性综合为一个整体，它主要着眼于研究事物的整体、全局和全过程。高中物理很多地方非常显著地体现了这一思想。不论是力学问题中研究对象选取的整体法和隔离法，或者是全过程与分阶段处理物理问题，又或是电路分

析中对电路的分层思想,都完美地诠释了分与合的辩证思维。有分则有合,有合则有分;分与合的观点以及由它产生的思维方式无不贯穿在高中物理学习的各个环节之中。

二、发散与收敛思维

在物理课堂教学中问题提出后,应给予学生充分思考、讨论的时间,并在展示环节有意识地引导不同角度、不同方向的意见发表,提倡一问多解,即使是幼稚的、错误的,也应该给予鼓励。最后还要引导学生从各种角度、多重解法回归物理问题本身,更深刻地认识物理过程和规律,这样有利于对学生的发散思维和收敛思维的培养。因为发散思维必须对问题的共性有一个全方位、多层次的把握,所以联系越多,发散也就越广,这样可以做到一题多解、一题多串、举一反三、触类旁通。而收敛思维必须对问题的个性有彻底的认识,认识和理解的深度越深,收敛得也就越准确,更有利于物理知识和物理规律的理解和内化。

三、形象思维与抽象思维的培养

形象思维和抽象思维在物理学中应用十分广泛,尤其在物理概念的形成和物理模型的建立中起着十分重要的作用。我们应尽可能让学生感受到从复杂的真实情境或语言描述中如何抽象出物理模型的过程和方法,譬如质点、匀变速运动、点电荷的模型建立,也应该让他们体会如何巧妙地将抽象的物理概念形象地呈现,譬如力的分析图、电场线、磁感线、等势面等。一开始学生可能会觉得困难,但唯有跨越这一难关,才能真正让学生学好物理。

四、等效代替思维

等效代替思维是以效果相同为出发点,对所研究的对象提出一些方案和设想进行等效处理的一种方式。这种方式具有启迪思考、扩大视野、触类旁通的作用。如力学中,分力是合力的等效替代,质点是物体的等效替代,分运动是合运动的等效替代,为研究的方便将变速运动等效为匀速运动,将变力的冲量等效为恒力的冲量,将变力做功等效为恒力做功等均是用等效的思维方法。在物理题的求解中还可以将复杂的物理情境、过程,通过等效代替的思维方法变换为简单、熟知的模型来大大提高解决问题的效率和准确度,例如等效重力加速度等。

五、极限思维

由于高中物理、数学知识的局限,有些物理问题没办法定量分析或者分析过程相当复杂,我们可以引导学生根据已知的事实规律,从边界性的原理出发,把研究的现象和过程外推到理想的极值加以考虑,使主要因素或问题的本质迅速地暴露出来,从而得出正确的判断。极限思维解物理问题,往往能化繁为简,化难为易,尤其是在选择题处理或定性推断时。

六、正向思维和逆向思维

有些问题,利用正向思维根本无法解决或解决起来很困难、烦琐,而利用逆向思维可以收到"山重水复疑无路,柳暗花明又一村"之效。例如,末速度为零的匀减速直线运动用逆向思维法转换为初速度为零的匀加速直线运动。

上述思维方法的表述仅仅是高中物理教学中众多思维方法的一部分,还有譬如图像思维、临界思维等多种思维方法,只要我们有意识地在课堂教学中引导学生去提炼、总结,就会在物理思维和方法的养成上迈出第一步;只有学生在学习过程中体会到物理思维及方法的精妙,物理课堂的魅力才会弥久芬芳。

"问题导学"在高中物理课堂教学中的功能

物理组　徐江涛

　　新一轮课程改革提出了变教师主体为主导,变单向关注为多向关注,变独立学习为合作学习等十大转变。教师是"导"的主体,学生是"学"的主体。怎样才能让教师的导与学生的学两个主体达到完美的结合,其中"问题导学"在高中物理课堂教学中对培养学生的科学思维、形成物理观念、推动实验探究等物理核心素养起着重要的作用。

　　"问题导学"指的是课堂教学中以"问题"为中心,以问题引导学生思考,以问题引领学生进行探究,适用于高中物理概念、规律、实验和习题的所有教学阶段。恰如其分的"问题导学"不但可以活跃课堂气氛,激发学生学习兴趣,而且还可以开启学生心灵,诱发学生思考,开发学生智能,调节学生的思维节奏,促进学生探究,培养解决实际问题的能力。

　　"问题导学"在高中物理课堂教学作用如下:

一、以问题入课,可激发学生兴趣,活跃课堂氛围

　　"知之者,不如好之者,好之者,不如乐之者。"在物理课堂教学中,如果教师能够精心设计问题情境,围绕问题情境创设直观、生动的问题,那么学生必然主动、积极地融入学习探究的活动中去。

　　以超重、失重的新课教学引入为例。教师先展播王亚平太空第一课视频,观察宇航员在完全失重下的生活情境,观看完全失重环境下几个有趣的力学实验。

　　教师提问:王亚平为什么处于一种飘浮状态? 太空睡眠为什么站着睡也"香"? 水膜为什么能变成水球? 这一切在地面上看来非常神奇的现象,其原因是什么呢?

　　学生回答:失重。

　　教师提问:失重是不是重力消失呢? 超重和失重现象的产生条件是什么? 超重和失重现象的本质是什么?

　　通过教师精心设置直观、生动的问题情境,并提出上述有针对性的问题,不仅使课堂活起来,而且必将激发学生的学习兴趣。

二、以问题引导学生思路，促进学生模型建构、科学推理、科学论证、质疑创新等物理思维的发展

仍以超重、失重的教学为例。在上面激趣、学生自学、探究的基础上，提出以下问题让学生进一步加深对超重、失重的理解。

如右图所示，弹簧秤上挂着一个 10 kg 的物体。下列各种情况中，弹簧秤示数各是多少？

A.弹簧秤以 2 m/s 的速度匀速上升。

B.弹簧秤以 2 m/s^2 的加速度匀加速上升。

C.弹簧秤以 2 m/s^2 的加速度匀加速下降。

D.弹簧秤以 2 m/s 的速度匀速下降。

若仅观察弹簧秤示数，哪种情况物体好像变重了？哪种情况好像变轻了？物体的质量果真发生变化了吗？变化的是什么？这种带有启发的提问，有助于学生思考超重和失重现象的本质，促进学生模型建构、科学论证、质疑等思维的发展。

三、以问题拓展探究，培养交流、评估、反思的能力

例如，在"楞次定律"的教学中，教材仅用了一句话"感应电流的方向是怎样的？"立刻叙述实验方法及过程，得出楞次定律。而笔者在讲述楞次定律时，就提出了如下两个问题：(1)怎么会想到感应电流磁场方向和原磁场方向有关？ (2)为什么通过教材图示实验就能得到结论？让问题促进学生去实验探究，让学生在众多的实验现象中处理信息、交流合作、概括总结、发现共性，得出"增反减同"规律，最终得出楞次定律的一般表述。

四、以问题获取反馈信息，调整教学

在高考复习过程中，我们强调要做到"知识成网、方法成套、习题成精"，这不仅要求教师有较强的业务能力，也要求培养的学生有较强的总结能力、理解能力。在这个情况下，教师可以让学生先进行知识的梳理、总结，再由教师补充。比如在复习能量时，就可以功能关系为主线，让学生回忆有哪几个功能关系，怎么应用。通过学生的回答，可以看出哪些是普遍存在的问题，哪些是个别的问题。获取反馈信息，有助于教学调整，在教师进行教学时针对性更强，也通过总结提升了学生对知识的掌握程度。

"问题导学"在高中物理课堂教学的反思：

1.要注意问题的有效性

问题或是要提高学生的学习兴趣，或是要引导学生思维，或是就疑难之处设问。不能让问题模棱两可，学生不知教师究竟要问什么。比如在研究带电粒子在磁场中如何运动这节知识时，若教师这样设问"带电粒子在磁场中怎样运动？"这就没法回答，考不考虑重力？带电粒子的初速度是怎样的？什么样的磁场？这样的设问没有效果。设问一定要注意有效性，表达清楚，让学生明白教师要问什么。

2.要注意问题的针对性

针对学生易错、易混、模糊的问题设问，要有典型性。比如在理解速度、加速度概念时可设如下一组问题："速度为零，加速度为零对不对？""速度大，加速度大对不对？""速度变化大，加速度大对不对？"。这样的提问针对性强，正是学生易错、易混的问题，经过提问，学生思考，学生才能真正理解速度、加速度概念。

3.要注意问题的阶段性

"问题导学"是分阶段的，引入新课的"问题"，进入正课的"问题"，拓展性的"问题"，复习总结的"问题"，各不相同，不能混为一谈。引入新课的"问题"的目的是激发学生兴趣，加强学生的注意力。进入正课的"问题"的目的是引导学生思路，启发学生思考。拓展性"问题"的目的是培养学生的思维能力，拓宽学生的知识面。复习总结"问题"的目的是提升学生的综合能力。

综上所述，"问题导学"对培养学生的科学思维、形成物理观念、推动实验探究等物理核心素养起着重要的作用。我们要积极发挥"问题导学"在高中物理课堂教学的功能，在课堂上教师要重视设问，善于设问。

高一物理教学核心素养的凝练

物理组　刘波涛

高一物理教学应在义务教育的基础上，进一步促进学生物理核心素养的养成和发展。学生通过高一物理课程的学习，能初步掌握基本物理知识和技能，形成基本的物理观念，了解物理概念、规律等在生产生活中的应用，关注科学技术的发展现状和趋势；经历科学探究的过程，掌握科学探究和科学思维的方法，发展科学探究能力、自主学习能力、实践能力和创新能力，以及利用科学术语与他人沟通交流合作的能力；保持学习和研究物理的内在动机，形成尊重事实、敢于质疑、善于反思、勇于创新的科学态度；理解科学的本质，遵守科学伦理和道德规范，理解科学、技术、社会、环境的关系，具有保护环境、推动社会可持续发展的责任感。但是现在在高一物理学习困难已经是一个相当普遍的现象。在学校里的学习中，学生不仅仅是学到必要的知识，更重要的是要学会学习，学会运用核心素养来指导将来的学习。从物理核心素养的"物理观念""科学思维""科学探究""科学态度与责任"四个方面来不断地引导和训练提升。学生一旦拥有了较高层次的学习策略，他们就能够有效地组织和控制自己的学习过程，从而保证物理学习的顺利进行，并能达到预期的效果。下面将探讨相应的教学策略，以便根据学生的具体情况并结合最新课标的要求有效地开展物理教学，培养学生的物理核心素养。

一、激发学生的物理学习兴趣，培养科学的物理观念

"物理观念"是从物理学视角形成的关于物质、运动与相互作用、能量等的基本认识；是物理概念和规律等在头脑中的提炼和升华；是从物理学视角解释自然现象和解决实际问题的基础；是从学生的第一印象入手，当他一开始接触就有很大的吸引力，正所谓"兴趣是最好的老师"。利用物理学史，通过质疑、实验、现代多媒体技术和课题研究等物理学习和实践活动，可以有效地培养学生的学习兴趣，使其产生强烈的学习欲望，形成学习的内驱力。

物理实验对中学生有很强的吸引力，极易唤起学生的直接兴趣。中学生天生好奇、好动，让他们观察生动有趣的实验，他们的注意力会高度集中，新奇的实验现象常常出乎他们意料之外，他们会兴趣盎然。在高一物理教材中有着很多的课堂演示实验，以及课外探究实验。在现在的教育改革中对教师的要求也增加了很多。我们在教学中还可以

通过自制仪器进行相关实验,这样既增加了学生的认识面,又在很大程度上提高了学生的动手能力,并且降低了教学成本。不仅体现在课堂上的教学效果,还体现在生活中学生的综合知识的运用,从而可以通过相关的训练更加全面地体现和落实现代教学的目标,甚至教师可以根据自己多年的教学经验选择难度适中、切实可行的实验课题,但同时也要考虑到学生自身的认知水平和认知风格。因此,教师应该让学生参与到实验选题中来,鼓励学生将自己在学习中遇到的问题或自己感兴趣的问题反映给教师,这些问题将是教师制订实验课题的重要依据,实验的选题应贴近学生,这将有助于提高学生的学习兴趣,最大限度地发挥学生的主观能动性。

教师的教学风格能激发学生学习物理的兴趣,培养物理学习困难学生的学习兴趣和好奇心是兴趣的先导,培养物理学习困难学生的学习兴趣,首先要激发他们的好奇心,尤其是高一教师应该课堂上多做实验,物理知识的应用尽量联系生活实际,使学生感到物理知识无处不在、无所不用,鼓励学生运用所学的物理知识去解释生活中的物理现象。比如,圆珠笔杆上的小孔有什么用?饺子或肉丸煮熟了为什么会浮起来?胸口碎大石的奥秘何在?闪电真的会把树"劈"开吗?把"熟视无睹"的物理现象突显出来,让学生体会到物理知识的应用价值,认识到学习物理的必要性。因此,教师在课堂上要运用自己的人格魅力想方设法充分地调动学生的学习积极性和主动性。

二、改变学生的学习方式,养成科学思维

学生获取知识的态度会影响物理学习的难度。我们的教学不仅仅教给他们知识,而更加重要的是应该教会他们获取知识的方式和方法,如何运用科学的思维去思考和解决相关的问题。学生有了自己的合理学习方式,严密的科学思维,才能更好、更有效地学习好物理。学习的主体是学生自己,所以他们应该从以前的教师灌输式学习中转化过来,要学会"自主学习",学生要明白为什么学习、能否学习、学习什么、如何学习等问题。首先在学习动机上,能够积极参与制订自己认为有价值和有意义的学习目标,而不是在外界的压力下被动、消极地从事学习活动。其次在学习方法上,学生在学习过程中能够努力摆脱对教师或者他人的依赖,主动对学习的各个方面进行自我选择,积极采取各种调控措施使自己的学习活动达到最优化,并独立地开展各种学习活动,从学习过程中获得积极的情感体验。最后在学习成果上,学生能够及时地对自己的学习成果进行自我检查、自我控制、自我判断,积极参与设计评价指标,并根据学习任务的要求作出相应的调整。因此在教学过程中,教师不仅要培养学生的认知策略,更要培养学生自己理清所学知识的能力,同时让学习的知识也由点到线,形成系统化,最后再运用到社会实践中去。当然,学习方法常常是联系在一起的,是相互贯穿的,不能把它们割裂开来,他们是一个有机的结合体。

三、提高课堂教学，引导学生探究

我们可以清晰地看到学生获得知识的主要途径来自课堂，我们就应该在课堂这个主要教学平台上让学生获得更多的知识，并且以此为基础多方面发展学生的能力，从而达到最新课标的物理核心素养的培养。课堂是以学生为主体，老师引导学生由浅入深地学习，尽量落实贯彻学习方式的多样性(探究性、合作性、开放性等)。主要体现在通过课堂的学习能够具有初步的物理观念，能从物理学的视角描述和解释自然现象，能应用所学的物理知识解决实际问题。运用科学的思维能对比较简单的物理现象进行分析和推理，获得结论；能使用简单和直接的证据表达自己的观点；具有质疑和创新的意识。能通过观察物理现象，提出物理问题；能根据已有的科学探究方案，使用基本的器材获得数据；能根据科学探究目的整理数据，得到简单的结论；能撰写简单的报告，陈述科学探究的过程和结果。培养科学态度和责任让其认识到物理学是不断发展的，具有相对持久性和普适性，但同时也存在局限性，是人类认识自然的方式之一；激发较强的学习和研究物理的内在动机，能主动与他人合作，自觉抵制违反实事求是原则的现象；在进行物理研究和应用物理成果时，能自觉遵守社会大众普遍接受的伦理道德规范，养成保护环境、节约资源、促进可持续发展的良好习惯。

我们在课堂上就必须通过教师的教学给学生以最简单的方式接受现实生活的物理概念和规则，很自然、简洁地培养学生物理核心素养的第一部分物理观念。当然学生拥有各种形式、各种层次的前概念，他们中的许多人只有对事物表面的、非本质的认识，确有与科学相悖之处。但教师不应忘记，孩子总是从自己的角度，根据自己的经验来观察和理解世界的，他们用的表达方式往往不为物理学家所接受，但这足以帮助他们理解某些特殊现象，并以此指导他们的生活。即便是那些从没进过学堂的人，也能以此理解诸如"车不拉不走""灯泡没电不亮"的原因。在建构主义者看来，这些"常识"属于个体的精神财富，是认识和理解生活中某些特殊现象的宝贵财富。因此，教师不应一味地指责学生的前概念，而应承认它是理解事物的一种方式，它不是一种低级的、学生胡编乱猜的概念，而是有别于其他理论的概念，它的存在有其特殊意义。教学实践也证明，学生头脑中的不少前概念会促进科学概念的建构与掌握。这样的前概念，对教师和学生来说都是一种资源。我们应把这种"资源"作为让学生理解新知识的"生长点"，引导学生从原有的前概念中生长出新的科学概念。例如"铁比木头重"是密度的前概念，"冬天，室外的铁块比木块的温度低"是热的良导体的前概念。教师应抓住时机，进行合理的探究以帮助学生建构正确的物理概念。物理学是研究物质最基本且最普遍的运动形态和物质的基本结构、相互作用及其运动的基本规律的一门学科。它是从生活中提炼出来的各种现象，经过我们的研究，知道它们的相互作用和规律，最后还是会回到生活中。因此我们在学习它的时候就应该学会怎样从生活中提炼和建立这种研究的物理模型。再通过学生的认知和接受新知识的规律和层次进行有效的引导，让学生学会的不仅仅是我们教材所要求的知识点，更要让他们学会对生活中的自然现象和自然规律进行探索、研究，从而作出合理的解释。

四、加强理论联系实际，培养科学态度与责任

高一学生的年龄大多数为十六七岁，这个年龄段的学生正处于体力和智力迅速成长的时期，他们精力充沛、敏而好学、易于接受新鲜事物；好奇、好动，对一切未知的事物都感到新奇，总想弄个水落石出，抽象思维、判断思维能力和独立思考能力较初中生有所提高，但总的来说，这一阶段的学生思维能力还处在发展阶段，思维中的具体形象成分仍然占据着主要地位。一些探索性实验正具有形象、具体、新奇等特点，教学中如能充分地加以利用，就能激发学生的学习兴趣，增强学生的探究意识。由于研究性学习体现了物理与生活、生产以及现代科技的紧密联系，反映了物理学习的时代特征，它能使学生学会运用现代观念看待物理知识，使他们意识到物理学在现代化科技乃至将来科技发展中所起的作用或将会起到的作用，学生会感到亲切，感到物理与社会、与生活密切相关，激发起他们求知的主动性，使他们产生思考与解答这些问题的兴趣与欲望，从而让他们产生一种追求科学的兴趣和好奇心。

上面我们多方面探究了具体的教学策略。多层次地挖掘学生的学习潜力，诱导和启发学生的学习热情，使他们在学习过程中体会到学习物理的乐趣，并真正使他们在心理上产生学好物理学这门课程的强烈意识，并且引导他们发现有效学习和探究研究问题的方法。不断地从"物理观念""科学思维""科学探究""科学态度与责任"四个方面来提高物理核心素养。

本文参考文献

[1] 孟昭辉.物理课程与教学论[M].长春:东北师范大学出版社,2005.

[2] 范蔚.基础教育课程改革[M].重庆:重庆出版社,2006.

[3] 中华人民共和国教育部.普通高中物理课程标准(实验)[S].北京:人民教育出版社,2010.

[4] 吴沁.学习学概论[M].长春:东北师范大学出版社,2000.

[5] 刘力.新课程理念下的物理教学论[M].北京:科学出版社,2007.

[6] 周军.教学策略[M].北京:教育科学出版社,2003.

[7] 宇文春燕.高中生物理学习困难的成因分析及教学对策[D].长春:东北师范大学,2007.

[8] 朱德全,易连云.教育学概论[M].重庆:西南师范大学出版社,2003.

[9] 李新乡,张德启,张军明,等.物理教学论[M].北京:科学出版社,2005.

[10] 何善亮.物理问题解决中"思维策略自我提示卡"的应用[J].教育科学研究,2004(4).

[11] 韩典荣,俞晓明.元认知理论在物理设计性实验中的运用策略[J].大学物理实验,2005(2).

[12] 赵强,刘炳升.建构与前概念(续)[J].物理教师,2001(8).

[13] 黄以明.浅谈"兴趣——内驱力"培养[J].现代教育科学,2007(4).

合作与分享,提升化学习题讲评效率

化学组　史向红

摘要:本文探讨在化学习题讲评中,采用合作学习讲评模式,充分发挥学生的能动性和教师的指导性,提高习题讲评效果。

关键词:合作学习;习题讲评

一、问题的提出

习题讲评课是化学教学,特别是化学复习的重要课型。传统的习题讲评课,教学流程一般都是:教师逐题念答案→教师逐题评讲答案→学生逐题听答案。这种课堂教学模式至今仍然是绝大多数学校和教师采用的主流模式,本人认为存在以下问题:

1.这种课堂教学忽视学生的主体性,忽视师生情感交流。学生的知识都是通过教师讲、学生听这种单向传递方式获得的。这样一来,课堂气氛沉闷,学生参与意识淡薄,难以达到学习兴奋点,难以形成良好的学习策略和思维能力,易造成学生精神疲惫。

2.这种课堂忽视了学生思维训练过程,忽视了学生解题能力的培养。教师"满堂灌"的讲评方式,导致学生思维出现惰性,缺乏对问题的深入思考、分析,对知识点的理解不到位、不深刻,因此做不到举一反三、学以致用。

3.这种课堂忽视了学生的差异性。教师给每个学生讲的内容相同,学生思考的时间相同、获得的信息相同。这种让不同层次学生接收同一种信息的教法,缺乏针对性,限制了学生个性的发展,尤其是限制了高才生的发展。

4.这种课堂忽视了教学的重难点,忽视了教学效率。逐题讲解的讲评方式,不仅费时,而且无中心,所有学生接受千篇一律的讲解,差学生听不懂,好学生不愿听或不用心听,造成课堂教学效率低下。

凡此种种,不一而足。用这种模式上课,教师讲着累,学生听着更累。鉴于此,我改变了原来的讲评模式,采用了小组合作学习的习题讲评模式,运用自我纠错—小组合作讨论—展示分享—精讲点拨—巩固提高五个环节,提高了习题讲评课的课堂教学效果,增强了学生的参与意识,使习题讲评课充满活力!

二、合作学习的理论基础

合作学习是指教学过程中以小组学习为主要形式,根据一定的合作程序和方法促使学生在小组中共同学习,从而利用合作、人际交往促使学生认知、情感的教学策略体系[1]。

两千多年前,我国就产生了合作学习的思想。《诗经·卫风》中指出"有匪君子,如切如磋,如琢如磨"[2];许多私塾都采取"高业弟子转相传授"的办法教学;书院更是盛行"切磋"之风;20世纪30年代,著名教育家陶行知先生大力倡导"小先生制"。这些提法、行为都体现了合作最基本的理念——互相帮助,共同发展。在西方,亚里士多德、柏拉图、奥勒留、托马斯·阿奎那等人都曾在著作里论述过合作学习的思想。如:亚里士多德认为营造一种合作式的宽松的学校气氛,能激发人求知的本性,有利于人潜能的发挥。

合作学习能体现新课程所提倡的理念,即"教学是教与学的交往、互动,师生双方应该相互交流、相互沟通、相互启发、相互补充"。合作学习能践行新课标所提出的使学生"具有较好的自主学习能力,具有较强的评价自己学习效果、总结有效学习方法的能力"的要求。合作学习,可使思考结果不正确的学生及时得到纠正;不愿思考的学生在小组学习的氛围中不得不去思考、讨论以找到问题的答案,激发了学生的学习兴趣,而成绩比较好的学生在与同学交流的过程中加深了对问题的思考,理解问题更为透彻,充分发挥了每个个体的主观能动性。

三、合作学习习题讲评课的准备

1.把学生按好、中、差分成若干个学习小组,一般每个小组6个人左右。

2.确定每组的学科学习小组长,明确小组长的职责。

3.制订小组评价机制、加分机制。

4.按照小组进行评价、奖励。

四、合作学习习题讲评课的基本环节

要求学生独立完成习题,教师进行批改,然后按以下环节进行习题评讲。

1.自我纠错

教师公布习题答案,学生根据答案自查自纠自悟,解决习题中做错的部分题目。自纠时尽量分析每道题做错的原因,是粗心造成的,还是真的不懂,对于自己还不能解决的题目做好标记,等到以后环节再处理。时间应视学生做题情况而定,但一定要充足。

2.合作讨论

合作学习强调学生在同组中学习,通过组员间的沟通、探讨,在彼此平等、彼此倾听、彼此接纳的基础上,通过理性说服甚至辩论,达到不同观点碰撞交融,激发教学双方的主动性,拓展创造性思维[3]。学生之间相互讨论,解决上一个环节中仍然不会的题,并由组长负责,向教师反馈本环节的共性问题。讨论过程中,个别同学可能会出现跟不上节奏的现象,教师要善于发现,分析其存在的问题,及时给予点拨。通过学生之间的交流、分析甚至辩论,不懂的同学往往能找到正确的答案,而对于原来做对题目的同学由于在辩论中产生思维的碰撞,往往会对题目有更深刻的认识,加深对知识的理解。

3.展示分享

各小组长将小组讨论后的不能完成的题目反馈给其他组。由能完成的组派组内代表在全班展示,组内成员进行补充,接受其他小组的提问和质疑。当小组同学把自己的讨论成果面向大家进行展示、表达与交流、成果答辩时,改变了原来教师问学生答,学生听这种方式,有助于学生克服胆小、懦弱等心理,培养自信心,为未来的发展奠定基础。此环节教师可以插话,对学生展示进行纠错、点拨、拓展升华等。对全班展示的小组加分。

4.精讲点拨

教师根据巡视辅导、学习小组反馈上来的信息、学生展示的情况,针对重点共性问题和学生仍然存在问题的题目进行精讲点拨。所谓"精讲"是指教师精讲归纳知识点,精讲学生在讨论过程中所暴露出来的问题,而不是面面俱到地讲。而"点拨"是点拨学生难以澄清的问题。而在这个过程中,教师要关注学生学习策略的指导,即导学,引导学生如何学,如何归纳,使学生独立地获取知识,形成技能,培养能力,发展智力。"导学","学"是核心,"导"是关键,把学生置于课堂学习的主体地位,教师则在"导"上下功夫,导的落脚点是使学生在迫切要求学习(即迫切想解决疑难问题)的心理状态下自己思考,理解,消化,吸收,从而达到"自奋其力,自致其如"的效果。

5.巩固提高

留时间让学生明确每一道习题考查课本上的哪些基础知识;反思解题的关键、困难在哪里,可总结哪些经验,逐步提高解题能力;让学生观察、比较,揭示隐藏在具体习题中的一般特征,推广为某一类对象的普遍性质,使其从不同的角度运用不同的知识和方法处理问题,把握问题的本质,揭示解题规律、提高分析探索能力和创造能力。

五、课例说明

人教版选修4化学反应原理第二章单元测试试卷讲评课。

试题:

①一定条件下,合成氨反应达到平衡时,测得混合气体中氨气的体积分数为20.0%,与反应前的体积相比,反应后体积缩小的百分率是(　　　)。

A.16.7%　　　　　B.20.0%　　　　　C.80.0%　　　　　D.83.3%

②1 mol A 气体和 x mol B 气体发生下列反应：$A(g)+xB(g)\rightleftharpoons yC(g)$，反应一段时间后，测得 A 的转化率是 50%，反应前气体密度在同温同压下是反应后的 3/4，则 x 和 y 的值可能为（   ）。

A.$x=1,y=2$　　　　B.$x=3,y=2$　　　　C.$x=2,y=3$　　　　D.$x=2,y=4$

③将 $H_2(g)$ 和 $Br_2(g)$ 充入恒容密闭容器，恒温下发生反应 $H_2(g)+Br_2(g)\rightleftharpoons 2HBr(g)$；$\Delta H<0$。平衡时 $Br_2(g)$ 的转化率为 a；若初始条件相同，绝热下进行上述反应，平衡时 $Br_2(g)$ 的转化率为 b。则 a 与 b 的关系是（   ）。

A.$a>b$　　　　B.$a=b$　　　　C.$a<b$　　　　D.无法确定

④某密闭容器中进行如下反应：$2X(g)+Y(g)\rightleftharpoons 2Z(g)$，若要使平衡时反应物总物质的量与生成物总物质的量相等，且用 X、Y 作反应物，则 X、Y 的初始物质的量之比的范围应满足（   ）。

A.$1<\dfrac{x}{y}<3$　　　B.$\dfrac{1}{4}<\dfrac{x}{y}<\dfrac{2}{3}$　　　C.$\dfrac{2}{3}<\dfrac{x}{y}<4$　　　D.$\dfrac{1}{4}<\dfrac{x}{y}<\dfrac{3}{2}$

⑤一定温度下可逆反应：$X(s)+2Y(g)\rightleftharpoons 2Z(g)+W(g)$；$\Delta H<0$。现将 1 mol X 和 2 mol Y 加入甲容器中，将 4 mol Z 和 2 mol W 加入乙容器中，此时控制活塞 P，使乙的容积为甲的 2 倍，t_1 时两容器内均达到平衡状态（如图 1 所示，隔板 K 不能移动）。下列说法正确的是（   ）。

A.保持温度和活塞位置不变，在甲中再加入 1 mol X 和 2 mol Y，达到新的平衡后，甲中 Z 的浓度是乙中 Z 的浓度的 2 倍

B.保持活塞位置不变，升高温度，达到新的平衡后，甲、乙中 Y 的体积分数均增大

C.保持温度不变，移动活塞 P，使乙的容积和甲相等，达到新的平衡后，乙中 Z 的体积分数是甲中 Z 的体积分数的 2 倍

D.保持温度和乙中的压强不变，t_2 时分别向甲、乙中加入等质量的氮气后，甲、乙中反应速率变化情况分别如图 2 和图 3 所示（t_1 前的反应速率变化已省略）

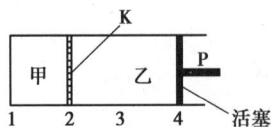

图 1

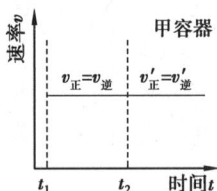

图 2

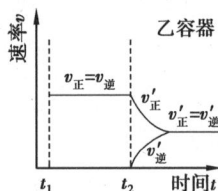

图 3

讲评流程：(1) 老师公布答案；(2)学生自我纠错；(3)合作讨论，小组反思；(4)展示分享；(5)教师点拨；(6)学生自主整理。

对于①②，绝大多数学生能够独立完成。对于③，经小组合作后，也都解决了。对于④只有两个组的同学完成，于是找了一个组展示。对于⑤学生不能解决，由教师讲评，并对此题涉及的知识点进行归纳、梳理、提高。

六、教学体会

通过合作学习,进行习题讲评,突显了学生的主体地位,使学生学习更加主动。原来两次课才能解决的习题一次课就能完成,学生不再被动接受教师的讲授,而主动参与整个过程,学生情绪高涨,讨论热烈,合作意识浓厚,集体荣誉感强烈,原来上课时表现被动的同学也都被调动起来,原来讲完后还有同学不懂的问题不再出现。通过合作学习,进行习题讲评,学生的团队合作精神以及与他人交流的能力得到了提高。小组内成员,小组与小组之间的相互学习,相互帮助,分享成果,形成了和谐竞争的氛围,达到了双赢的目的,学习的效率更高了。通过合作学习,进行习题讲评,促使了教师专业的发展。学生通过分组讨论,提出的问题可能超过教师的知识储备或涉及课外的知识领域,而教师又必须对问题作出恰当的点评,这就要求教师要有过硬的专业知识,迫使教师必须不断地去思考、去学习和探索,一定程度上促使了教师专业的发展。

通过实施小组合作学习,化学习题讲评课取得了初步的成效,提高了讲评课的效率,增强了讲评课的活力,受到了学生的欢迎!我认为这种充分发挥学生的潜力,让学生教学生,相互促进、共同提高的教学方法,是提高课堂效率的一条有效途径,更是体现新课改理念的一种有效课型。

本文参考文献

[1] 王坦.合作学习的理念与实践[M].北京:中国人事出版社,2003.

[2] 李海燕.浅谈合作学习在大学英语阅读教学中的问题[J].科技致富向导,2011(14).

[3] 陈效兰,张岩.师生互动式研究型教学对创新型人才培养的探索[J].教育探索,2008(10):35-36.

创新实验教学,为"魅力课堂"添彩

化学组　谭冬梅

❦

摘要:化学实验是化学学习中的重要手段,也是化学学科的一大特点。提升课堂魅力,教师就必须注重实验的创新与探索性,要把学生学过的知识转化为自己的知识,而实验是一条必经之路。创新实验教学不仅能培养学生的创造能力、探究能力,而且还能逐步完善学生化学学科的核心素养体系。

关键词:化学实验;魅力课堂;实验设计;创新意识;探究实验

新课程改革如同一阵春风,给学校带来了勃勃的生机和活力。它改变着学生的学习生活,也改变着教师的教学生活,面对学校实施的"魅力课堂"的教学模式,作为新形势下的一名化学教师,挑战与机遇并存,我们必须作出深刻的思考:教师在实践中应如何实施新的教法和学法,通过哪些方式来辅助完成魅力课堂的任务?本人通过这一段时间的教学实践,有如下几点思考和体会。

一、以小组为单位创新演示实验,激发学生的创新意识,培养创新能力

创新教育需要创造性的教与学。让学生创新演示实验,不但使学生掌握了有关的化学知识,而且培养他们不迷信课本,敢于对科学方法进行创新的精神。激活创新意识,进而达到培养学生创新能力的目的。下面举例说明学生创新设计的制备 $Fe(OH)_2$ 沉淀演示实验装置图:

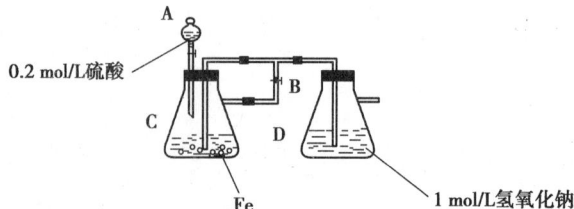

小组学生展示演示时,先打开弹簧夹 B,再打开分液漏斗 A 的活塞,滴入稀硫酸开始反应。请大家观察容器 D 中有什么现象发生?反应一段时间后,再关闭弹簧夹 B,容器 C 中的反应仍在进行。请同学观察容器 D 中有什么现象发生?通过这样的改进,大家可以

在容器 D 中成功地观察到白色的 $Fe(OH)_2$ 沉淀生成,同时还能保持较长的时间。学生引导其他组观察完毕后,他们还请一位学生打开容器 D 的活塞,一会儿学生可以观察到白色沉淀迅速变为灰绿色,以后逐渐变为红褐色。最后,让学生将改进后的实验与书本上的方法比较对照,分析对比优劣,并诱导学生思考是否还有其他改进方案,对设计较好的方案进行鼓励表扬。通过创新演示实验有助于克服思维定式的影响,开拓学生思维,提高学生分析问题、解决问题的能力,激励学生敢于标新立异地提出富有新意、与众不同的实验方案,激发了学生勇于探索的精神,增强了学生的创新意识。

二、以小组为单位改验证性实验为探索性实验,培养学生的创造性思维

例如,在学习化学能与电能时,可以首先提出这样的问题:你们知道手机电池是怎样产生电流的吗? 问题是真实的,看上去很简单,接着教师用一个水果电池使一张没有电的音乐贺卡放出美妙的音乐,这样学生便会迫切想探究原电池的工作原理,然后让学生以小组为单位探究铜-锌原电池接的电流表的指针偏转,接着设计如下几个思考探究问题:

问题一:铜片上产生的是什么气体? 是否说明 Cu 失电子给 H^+ 使其得电子? 为什么? 反应中,哪种物质失电子? 哪种物质得电子? 得到的电子是从哪里来的?

问题二:Zn 失电子可电子却到了铜片上,电子是从溶液传递的还是导线传递的? 铜片不参加反应,起什么作用?

问题三:稀硫酸是电解质溶液,对整个装置形成闭合回路有重要作用。溶液中的 H^+ 向哪个电极移动? SO_4^{2-} 向哪个电极移动?

问题四:电流表的指针发生偏转的原因是什么? 此装置将什么能转化为什么能呢?

这样的问题情境就为接下来的学习奠定了良好的基础。同学们的积极性又会得到调动,探究问题的积极性也会得到极大的发挥。恰到好处的问题情境极大地提高了课堂效率。

在探究原电池的构成条件时,可设计分成小组分别探究如下 8 种情况是否发生指针偏转:①Fe/Cu、稀硫酸;②Zn/C、稀硫酸;③Zn/Zn、稀硫酸;④Zn/Cu、蔗糖溶液;⑤Zn/Cu、酒精溶液;⑥Fe/Cu、一个柠檬;⑦Fe/Cu、两个橘子;⑧C/Cu、稀硫酸。通过各小组学生对比汇报分析不难得出原电池的构成条件,在教师的指导下进行探索性实验,不仅体现了"教为主导,学为主体"的关系,而且还培养了学生的自信心,激发了学生的探索兴趣,同时,还培养了学生思维的独立性、发散性和创造性。

三、以小组为单位引导学生设计简易的趣味实验,培养学生的创造性心理品质和创造实践能力

事物从始态到终态的途径有很多,因此,解决问题的对策也不止一个,所以要加强培养学生多途径地解决问题的能力。照方抓药式的实验能提高学生熟练操作的程度,但不

能培养和锻炼学生的创新精神和创造能力。通过引导学生根据实验目的和原理自行设计实验,独立完成有关实验,不但可以有效地培养锻炼他们的实验能力,并在实验操作过程中,使他们创造性思维得以发展,培养创造能力。

下面举出几例学生以小组为单位设计的简易化学实验:

(1)证明 HClO 漂白性改进实验:往集气瓶中装入少许高锰酸钾,然后滴入几滴浓盐酸,立即盖上玻璃片,片刻,放入鲜花一串红,一会儿后鲜花被漂成一串白(图1)。

(2)证明 SO_2 的漂白性改进实验:取火柴棍 4~5 根,用小刀刮下火柴头的药剂,放入试管内,然后放在酒精灯上加热,在试管上方放入鲜花一串红,火柴头被加热点燃后,产生的 SO_2 将鲜花漂白(图2)。

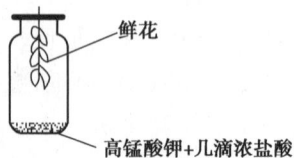

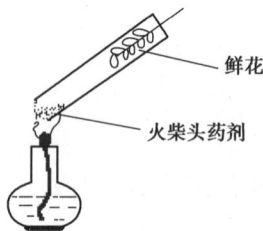

图1　　　　　　　　　　　　　　　　图2

(3)浓硫酸吸水放热简易证明实验:取一支温度计,先读出它的刻度值,然后把温度计下端放入浓硫酸中蘸一下,取出悬在空中一会儿,发现温度计的刻度值升高 10 ℃左右。

总之,鼓励学生设计与众不同的实验步骤,是发展学生个性与培养其创新思维的重要环节。这一过程使学生的心、脑、眼、手充分调动起来,让学生始终处于不断探索的情境中。通过讨论、设计、实验,充分发挥了学生的想象力,创造性地综合应用已有的知识,并在探索的实践中获取了新的知识,同时培养了创造能力。

当然,小组合作实验设计的过程,是一个不断优化实验、优化思维的过程。学生能从问题出发,通过发现和提出有探究价值的化学问题,依据探究目的设计并优化实验方案,完成实验操作。这样既可让学生享受创新成功的快乐,提高创新兴趣,又可使学生受到实际锻炼,培养创新意识和能力。随着新课改的不断深入,学生的动手能力越来越被重视,化学实验也在化学课堂中发挥着不可替代的作用,化学实验在我们的课堂中绽放着无穷的魅力。

本文参考文献

[1] 刘怀乐.中学化学实验与教学研究[M].重庆:西南师范大学出版社,1996.

[2] 重庆市凤鸣山中学《关于推进"四环节导学魅力课堂"改革的指导意见》凤教〔2011〕
　　1 号.

化学教学中"学生主体性发挥受阻"成因及对策

化学组　贺中琳

摘要：在化学教学过程的某些环节上，由于教师对教学过程简单化处理，或设置了问题情境，但没有留下足够的思考空间，问题坡度设置不合理等原因，造成学生在学习过程中主体性发挥受阻。

关键词：主体性发挥受阻；互动性；开放性

基于新课程理念下学生主体性发展的化学教学观，目前化学教学研究已不再停留于理论层面的"应然"性探讨，而是运用科学的教学理论深入具体教学行为中的"实然"性操作。建构主义理论认为：学生是认知的主体，是教学的中心，是知识意义的主动构建者。所以，调动学生积极、主动地参与化学教学活动，让学生在主动探究、观察、分析、猜想、验证、归纳的过程中实现知识意义建构和能力的发展，是教师面临的重要课题。但是在教学过程中有一种现象不容忽视，那就是：教师精心设计，倾力实施的教学内容，在某些环节由于学生的主体作用被忽视，缺少学生积极主动的参与过程，学生在学习过程中主体性发挥受阻，使得学生对知识的掌握情况并不好，在知识目标和能力目标的达成上存在着一定的缺陷。关注并思考这一现象的成因，对化学教学具有一定的现实意义。

一、中学化学教学中"学生主体性发挥受阻"现象

学生主体性发挥被阻碍的现象在化学教学中并不少见，究其形成原因，从课堂教学和课外辅导两个方面，大致有以下几种情况：

1.在化学基本概念、基本理论的教学过程中，"学生主体性发挥受阻"现象。由于课时分配不足，为完成课堂教学计划，教师对概念和基本理论的引入进行简单化处理，把本来可以通过实验得出的结论，却直接地给出课本上的叙述，让学生在毫无感性认识的前提下去死记硬背，使学生失去了通过实验探究来辨析概念、理解原理的机会。比如在引入"电解质及其强弱电解质"等概念时，直接给出它们的定义虽然省时、省力、省事，但却让学生失去了通过实验，根据现象理解概念本质的机会。使得学生对这些概念的掌握是死板的、片面的、肤浅的，缺乏伸缩性，在以后的学习中就无法灵活地运用这些概念，更谈

不上对这些知识进行拓展延伸。这样的教学方式,学生是被灌输的对象,是一种容易引起学生厌烦的被动学习,违反了建构主义关于学生是知识意义的主动建构者的理论。从而造成学生对"电解质及其强弱电解质"等概念的认识只停留在抽象的文字意义上,缺乏实际的经验支撑,形成的知识体系是不完整的。又由于失去了利用实验进行探究、通过分析推理、比较得出概念的机会,也使学生失去了实验能力、分析对比能力、逻辑推理能力等得到提升的机会,造成能力发展的缺陷。这些缺陷的存在,导致学生在以后学习中,如果碰到关于区分强弱电解质的验证性实验或实验设计、评价等需要依靠切身实验体会才能解答的题型,将会觉得无从着手。但如果上述教学过程改为:相同条件下将等浓度盐酸、醋酸、氢氧化钠、氨水、氯化钠、蔗糖、酒精等溶液进行导电性实验,根据溶液是否导电,很容易就可以得出蔗糖和酒精的溶液不导电是因为蔗糖和酒精是非电解质的结论。更重要的是学生在实验探究的过程中,可以通过逻辑思维形成一系列的问题:不同电解质溶液在相同条件下所连灯泡亮度为什么不同? 导电能力为什么不同? 电解质溶于水后发生了什么变化? 电解质溶液靠什么导电? 相同条件下不同电解质为什么离子浓度不同? ……这一系列问题的产生不仅揭示出教材所研究的问题,而且激活了学生的思维,调动了学生自我探究的主动性和积极性,使学生充分掌握了概念的内涵和外延,同时,使学生的实验能力、逻辑推理能力、对比分析能力得到了训练和提高。

2.课堂教学进度太快,教师采取平铺直叙、照本宣科的教学方法,在值得探索的关键问题上自问自答,从而造成在思维发展上的"学生主体性发挥受阻"现象。多数情况是教师虽然提出了很有启发性的问题来激发学生思考,但却没有留下足够的思考空间,往往自问自答,急着说出结果,使学生"知疑—思维—释疑"的自主思考过程被掐断,剥夺了学生主动思考的主体权。例如:在学习了金属钠的性质后,教师要求学生分析钠与硫酸铜溶液反应的情况并用化学方程式表示反应过程。教师强调要学生全面考虑钠的化学性质,却又不由自主地脱口说出钠与硫酸铜溶液反应首先与水反应的事实,这样一来,就使学生失去了"犯错误"的机会。如果教师不那么"性急",让学生先自己去思考并作出判断,也许就会有以下结果出现:$2Na+CuSO_4=Na_2SO_4+Cu$,这时教师可以让学生展开讨论,自然学生的观点会分成两派(一派认为以上方程式所表示的反应是对的;另一派则认为钠应先与水反应),两派都会为了证明自己的观点是正确的而找出各种"理由",不管"理由"是否正确,这都是学生对已有知识进行再现和运用、思维能力得到锻炼的过程。然后教师可以当堂演示(或学生自己做)这个实验,让学生亲身体验知识产生和发展的过程。出乎意料的实验现象与学生原先的思路产生了矛盾,引起学生认知上的冲突。这一悬念式的教学情境可以使学生学习积极性异常强烈,注意力高度集中,自主探究的意识处于"觉醒"状态,对其中的知识原理有"顿悟"的感觉。接着教师可以再让学生思考将一小块钠投入三氯化铁溶液中的反应情况,使学生从上面教学过程中获得的知识进行整合运用、正向迁移,有利于知识的深层次理解和意义建构。在这种可以让学生主动参与的课堂教学情境中学习,学生所掌握的有关金属钠性质的知识体系是灵活的、有张力的。

3.化学教学课堂中,由于问题坡度设置不合理,造成"学生主体性发挥受阻"的现象。

化学教学课堂中设计了可以发挥学生主体性的问题情境,但问题坡度设置过大,虽然留下了思考的空间,但由于缺少必要的引导或学生的知识和能力所限,使学生的思维受阻,无法实现学生的主动探究,造成事实上的学生主体性发挥被阻碍的现象。例如,教师在讲授"浓硫酸与碳在加热条件下的反应"时,设置了如下问题:如何设计实验,证明有关产物? 这是一个很好的可以引导学生去主动探究的问题,但是问题比较难,想让学生完整地设计出实验过程和实验装置,要求过高,学生根本不知从何着手,课堂的气氛就会出现冷场,这种状态下的探索活动形同虚设,从而达不到提出该问题的目的。心理学研究表明:学生课堂的探究活动能力总有一定的"限度",心理学家称为"最近发展区"。如果课堂提问难度过大,超出了这个区域,即使活动情境设计得再精妙,也只能使学生无所适从,而且会让学生产生畏惧心理,使学生在学习上的主体性受挫。

4.对"非标准思路"的排斥和压制,在发展学生创造性能力上造成的"学生主体性发挥受阻"现象。科学始于问题,问题是思维的起点,是发明创造的源泉。培养学生创新精神的立足点是引导学生发现新问题,发现分析问题的新思路和解决问题的新方法。但是某些时候,教师在备课时已对问题准备了所谓的"标准答案",这样在课堂上以一种"定式思维"来组织教学,当学生提出不同想法时,可能由于学生的想法不切实际或教师怕打乱既定的教学计划,采取不予理睬甚至批评压制的武断做法,这样做不仅可能使一些有价值的问题流失,更重要的是使学生感到自己没有被教师承认,也许从此失去质疑的勇气和信心,变得不敢质疑和不想质疑。那么,学生的求异思维、批判性思维和创造性思维就会被束缚、被扼杀,作为学习主体的学生其主体性便无从发挥。

5.忽视课外辅导过程中学生的主体作用,从而造成"学生主体性发挥受阻"的现象。课堂教学是教学活动的主阵地,但是要巩固课堂教学效果,离不开学生课后的复习练习和教师的耐心辅导。当学生在课后的练习中碰到疑问请教教师,多数时候学生通常是拿着做不出的题目问教师怎么做,如果教师也一五一十地将"正确答案"告诉给学生,只能使学生在短期内靠死记硬背记住答案,并未帮学生从根本上找出其知识掌握的薄弱环节或知识运用迁移受阻的原因。学生学习上存在的问题因缺乏其主动参与思考的过程,仍然得不到解决,长此以往,学生的问题越积越多,而其解决疑难问题的能力却越来越差。科学的做法是:当我们为学生解疑时,还是要注意充分发挥学生的主体作用,重点放在引导学生的思路上,引导他们去充分挖掘题目给予的信息,找出已知和未知之间的联系以及从已知到未知所用到的知识,要给予学生充足的思考时间,教师在其中只是起到点拨的作用,问题的解决最终还是要靠学生自己来完成。疑问解决后,还应要求学生进行反思,找到自己对知识理解和运用上的不足。例如,以下有关化学平衡移动的习题:在一密闭容器中:反应 $aA(g) \rightleftharpoons bB(g)$,达到平衡后,保持温度不变,将容器体积扩大一倍,当达到新的平衡时,B 的浓度是原来的 60%,则( )。

A.平衡向正反应方向移动了　　　　B.物质 A 的转化率降低了

C.物质 B 的质量分数增加了　　　　D.a>b

许多学生碰到这个题目时会选出相反的答案,而且不知道自己错在哪里。在解答学生的这个疑问时,我们可以引导学生思考以下几个问题:①题目情境中 B 的浓度发生了怎样的变化?②平衡移动的起点在哪里?③由于平衡的移动引起 B 的浓度发生了怎样的变化?从这三方面去考虑,学生顿时就会明白自己做错题目的原因所在,同时也掌握了分析该类题目的方法。这样做不仅解决了学生当时的疑问,同时还使学生感到自己是解决问题的主要参与者,不仅让学生认识到自己对知识掌握和运用上的不足,更重要的是给了学生解决问题的方法和信心,有利于提高学生解决实际问题的能力。

二、"学生主体性发挥受阻"现象对化学教学的启示

教学活动中学生要通过自己的主体性集中和组织自己的心向系统去倾听、去理解、去接纳教师发出的教学指令和教学信息,并且要运用自己原有的知识体系和认识结构对教学指令和教学信息中那些并不熟悉和相容的知识予以破译,以达到理解、消化和吸收的状态,并充分调动自己的主体性因素将这些信息和知识与自己原有的知识体系和认知结构打通和融合,以内化为自己的新的信息和知识能量,进而形成新的知识体系和认知结构。化学教学中学生主体性发挥被阻碍的现象看似一种偶然的、无意识的行为,但实质上有其一定的必然性,这与教师的教学观念和教学风格分不开。这种在教学中零星发生的学生主体性发挥被阻碍的现象长期积累后,造成的不良后果难以弥补,是与新课程体系下的教学理念背道而驰的。防止这种情况的发生,显然不是一种轻而易举的短期行为,而是需要教师在教学中不断反思、修正自己的教学行为,逐步发展、与时俱进,为了减少此类现象的发生,在教学中应该注意做到以下几点:

1.改变传统的教学观念,对教学效果的追求要从重视教学结果转移到注重教学的过程。在教学活动中要建立新型的师生关系,注重学生在教学活动中的主体性,教师应该成为学生学习的组织者、合作者、引导者和促进者。可以把教师与学生的关系看成是导演与演员的关系,要给学生充分表现自我的空间。教学过程是一个动态发展的过程,不确定因素很多,具有明显的非线性发展的"自组织性"。教师的教学活动要尊重这一事实,那么首先应尊重课堂教学的"互动性""开放性""自主性"等原则,为充分发挥学生的主体性营造一个宽松、和谐、民主的氛围,使得教学过程趋于多重整合,而不是一味地追求"严谨性""有序性""完整性"。在课堂教学中,教师还要采取各种有效措施唤起学生的主体意识,尊重学生的个性,挖掘他们思维的闪光点,接纳他们各种不同的想法,为学生营造一种从心灵上感觉自由、安全的质疑氛围,鼓励学生提出问题,充分发表自己的意见,活跃课堂气氛,创设一种宽松民主又有竞争性的教学相长、共同提高的学习氛围。

2.改革传统的教学方法,重视问题性教学,重视感悟学习,使"学重于教"。教师备课的重点要放在挖掘发挥学生主体作用的切入点上,使学生成为教学活动的主体,引导学生主动学习,探究知识,去感悟知识的产生和形成过程。教学程序的设计不要受固定模式的限制,要有开放性,能体现出以学生的"学"为中心,突出对学生学习思路和学习方法的引导。设计的问题要有梯度,有较高的思考价值,富有启发性和较大思维空间,可以让

不同层次的学生参与不同的问题,以激发全体学生主动学习的积极性。这就要求教师要精心创设能发挥学生主体作用的条件:(1)创设和谐民主的问题情境,自由、合作的教学氛围。师生一起进入问题情境,彼此之间建立一种平等积极的协作关系;(2)科学地设置问题,使问题具有主题性、开放性、适度性和延伸性;(3)给学生留下足够的思考与探索的空间,课堂上凡是能让学生自己动脑、动口、动手的,教师不要包办代替。比如上文提到的在"浓硫酸与碳在加热条件下的反应"知识点的教学中,教师提出:"如何设计实验,证明有关产物?"这一问题时,由于难度较大,导致学生的思维过程无法继续深入,从而阻碍了学生主体性的发挥。但如果教师在此教学过程的设计上注意了问题的梯度,就可以避免以上现象的发生。比如将上面"如何设计实验,证明有关产物?"这一问题分化设置成以下一些"渐进性"的问题:(1)用什么试剂和装置证明 CO_2 和 SO_2 的存在?(2)能使澄清石灰水变浑浊的是否一定为 CO_2?(3)如何除去 CO_2 中的 SO_2?(4)思考整套装置的连接顺序及其理由?这样学生就可以由浅入深、由表及里、层层推进,通过主动探究设计出完整科学的实验方案,让学生体会到成功的喜悦,更进一步激发学生主动学习的积极性,使学生主动探究的价值得到充分的体现。

3.重视实验教学,利用化学实验提高学生进行科学探究的能力,激发学生的主体性和创新意识,化学是以实验为基础的自然科学,化学实验的直观性教育功能是无法替代的。所以要强化实验教学,以演示实验、学生实验、探究实验等多种形式,引导学生利用对实验的观察、研究和分析获得的感性认识去思考问题、探索问题,从而揭示化学现象的本质。同时,培养学生的实验操作能力、观察能力、科学探究的能力。例如,在"原电池原理及其构成条件"一节的教学中,教师可以设置以下实验:

按照5个实验装置类型(装置图投影),学生进行实验探究:

A.用导线连接铜片与锌片(其中串联一个电流计),两极平行插入 $CuSO_4$ 溶液中。

B.用导线连接铜片与锌片(其中串联一个电流计),两极平行插入酒精中。

C.用导线连接铜片与铜片(其中串联一个电流计),两极平行插入 $CuSO_4$ 溶液中。

D.用导线连接石墨与锌片(其中串联一个电流计),两极平行插入 H_2SO_4 溶液中。

E.铜片与锌片不用导线连接,平行插入 $CuSO_4$ 溶液中。

设疑:

(1)通过实验指出以上哪种装置可以形成原电池?

(2)通过以上做的几个实验,总结一下构成原电池的条件。

(3)指出以上原电池的正、负极上各发生了什么变化?并用电极反应式表示。

(4)指出形成的原电池中电子的流动方向?

(5)思考原电池的工作原理。

以上教学过程中,将重要的基本原理教学设计成了以一组学生实验为平台,让学生通过实验探究获得直接经验,再通过对比分析,归纳出规律,最终得出组成原电池的三个必要条件,同时总结出原电池的工作原理。这样不仅使学生观察到了明显的实验现象,还能使学生直接参与知识的获得过程,获得直接的学习体验,提高了学生在实验设计、收集信息、分析现象、发现本质和总结规律等方面的能力,突出了教学过程中学生的主体性。

本文参考文献

[1] 刘成坤.走出新课程实施过程中认识误区[J].中学化学教学参考,2010(6).

[2] 毕华林.化学新教材开发与使用[M].北京:高等教育出版社,2003.

[3] 仇忠海.化学课程资源的开发与利用[M].上海:上海科技教育出版社,2007.

以心理学效应提升学生的心理资本

——"魅力课堂"教学改革中的心理学实践

生物组 陶应忠 贾 艳

摘要：心理资本强调激发和培养人脑中潜在的心理能量，使之得到开发和提升，从而产生巨大的内在动力和智能，形成个体和团体的竞争优势，大大提高工作绩效。在遵循教育规律的前提下，教师借助心理学效应可以有效地提升学生的心理资本。"四环节·问题导学式魅力课堂"魅力的绽放，正是由于遵循了心理学规律，应用了心理学效应，提升了学生的心理资本。皮格马利翁效应是"魅力课堂"建立的核心心理学效应，牧羊犬效应是"展评激学"环节实施加分原则的心理学基础，情绪效应、登门槛效应是"提升领学"环节有效实施的理论指导，心理饱和效应、从众效应、马太效应是"魅力课堂"可以有效避免出现的心理学效应。

关键词：心理学效应；心理资本；魅力课堂

教育教学的顺利开展，首要的是要对学生、课堂进行管理。因此，提升学生的心理资本同样可以帮助教学收到事半功倍的效果。在遵循教育规律的前提下，教师借助心理学效应可以有效地提升学生的心理资本。

2013年2月，联合国教科文组织发布报告《走向终身学习——每位儿童应该学什么》。该报告基于人本主义的思想提出核心素养，即从"工具性目标"（把学生培养成提高生产率的工具）转变为"人本性目标"，使人的情感、智力、身体、心理诸方面的潜能和素质都能通过学习得以发展，提升学生的心理资本可以有效地促进学生核心素养的形成。

不同的年段，人的核心素养要素有所不同；同一"核心素养"，不同的年段，具体的内涵也不尽相同。就"思考"来说，小学更多的是能提出自己的问题，中学更多的是提出反思与不从众；就"友善"来说，小学更多的是善良和诚信，中学则更多的是尽责与担当；就"独立"来说，小学更多的是培养儿童的自信心，中学更多的是耐挫力和坚持。

"'四环两型'问题导学式魅力课堂"（简称"魅力课堂"）模式就是借助心理学效应有效提升学生心理资本，培养学生核心素养的一个成功案例。

"魅力课堂"是由重庆市凤鸣山中学首先提出的新课改课堂教学模式，2010年3月全校启动，至今已有六年半的时间。"自主学习—合作互学—展评激学—提升领学"四个环节的课堂中,学生通过"情境自学"能自己解决50%~60%的问题,通过"合作互学、展评激学"能内化80%~90%的内容,教师点拨最后10%左右的问题。只要给学生机会,他就会回馈给你惊喜,这就是新课堂的魅力。这些惊喜与魅力缘于新课堂遵循了教育学、心理学基本规律,有效应用了心理学效应。皮格马利翁效应是"魅力课堂"建立的核心心理效应,牧羊犬效应是"展评激学"环节实施加分原则的心理学基础,情绪效应、登门槛效应是"提升领学"环节有效实施的理论指导,心理饱和效应、从众效应、晕轮效应是"魅力课堂"可以有效避免的心理效应。

一、借助"皮格马利翁效应",帮助学生获得积极向上的动力

皮格马利翁效应(Pygmalional Effect),也有译"毕马龙效应""比马龙效应",亦称"罗森塔尔效应(Robert Rosenthal Effect)""期待效应""爱的效应"。暗示在本质上,人的情感和观念,会不同程度地受到别人下意识的影响。人们会不自觉地接受自己喜欢、钦佩、信任和崇拜的人的影响和暗示。对一个人传递积极的期望,就会使他进步得更快,发展得更好。反之,向一个人传递消极的期望则会使人自暴自弃,放弃努力。

皮格马利翁效应可以用"自我实现"理论来解释。三大心理学流派之一的人本主义,其代表人物马斯洛·罗杰斯提出了"自我实现"理论。该理论认为:人类行为的心理驱力是人的需要,他将其分为两大类、七个层次,好像一座金字塔,由下而上依次是生理需要、安全需要、归属与爱的需要、尊重的需要、认识需要、审美需要、自我实现需要。正因为这些需要,赞美、信任和期待具有一种能量,它能改变人的行为,当一个人获得另一个人的信任、赞美时,他便感觉获得了社会支持,从而增强了自我价值,变得自信、自尊,获得一种积极向上的动力,并尽力达到对方的期待,以避免对方失望,从而维持这种社会支持的连续性。

在学校教育中,受教师喜爱或关注的学生,一段时间内学习成绩或其他方面都有很大进步,而受教师漠视甚至是歧视的学生就有可能从此一蹶不振,这就是皮格马利翁效应对学生心理影响的体现。

建构主义认为,学习者不是空着脑袋走进教室的,在以往的学习、生活和交往中,他们形成了自己对各种现象的理解和看法,而且他们具有利用现有知识经验进行推论的智力潜能。基于这一理念,新课程强调学生要参与活动,鼓励学生对教科书进行自我解读、自我理解,尊重学生的个人感受和独特见解,并使其获得学习体验。重点强调教学要从学生的学习兴趣出发,发展学生的综合运用能力,使学习过程成为学生形成积极情感体验的过程,在此过程中,与教师建立平等和谐的师生关系。教师尊重、认同、鼓励、关心学生,能帮助学生获得积极向上的动力,使他们身上的闪光点更加明亮。

"魅力课堂"中,"自主学习—合作互学—展评激学—提升领学"四个环节无不充满了对学生的信任和尊重。皮格马利翁效应是"魅力课堂"建立的核心心理效应。

二、借助"牧羊犬效应",促进学生在竞争中成长

牧羊犬效应是指让跑得快的羊吃到最新鲜、味美的草,让鞭子始终抽打在落后的羊身上。讲的是竞争,能力强的才能混到饭吃,按功劳大小计酬,落后就要挨打。教师要做一只优秀的牧羊犬,不仅要让学生有自由活动的空间,还要管理好羊群的正常生活秩序,引导完成一些指定的任务,让羊儿吃得饱、吃得好。

"魅力课堂"的"自主学习和合作互学"环节就是教师在让学生自己吃草,"展评激学"环节会通过加分的方式激励并管理学生,这就是教师在用鞭子牧羊。笔者实施的基本加分原则是:敢于发言的小组,说法正确加 1 分,有精彩的分析、独到的见解、有效分工合作的小组加 2 分,回答、分析错误的小组因为错误示例成为"药方引子",也应给予 0.5分的奖励。一堂课下来,积极思考并积极表达的小组可以得到 5 分左右,也有小组 1 分都没有得到,一周结束,统计一次,一月结束,汇总一次,班级评选出优秀小组,学校、班级对优秀小组都有一定的奖励,并与评优评先挂钩。

教师要成为优秀的牧羊犬,科学地引领才能既省力又有效。教师不仅要引领学生与知识的对接,还要引领学生与学生间的合作,教师与学生间的合作。在小组展示过程中,教师要引领其他小组学生学会倾听,并倡导质疑、发现错误、补充不足,对这样的"小老师"给予加分奖励,让课堂充满探讨与分享的精神。同时,在激烈的讨论中,教师也要留心倾听,仔细观察学生探索活动的情绪和表现,从他们的言语、表情、眼神、手势和体态等方面观察他们的内心活动,分析他们的思维状态和概念水平,捕捉各种思维现象,以便随时调整教学进程。同时留给学生充分展示和质疑的时间和机会,做到含而不露,指而不明,开而不达,引而不发,创设适于学生创新和动手的教学环境,唤起学生内在的学习动力。实在争执不下,无法说服对方时,教师再给予帮助,并进行简洁、准确的点评,此时,教师已成为"学生和教师共同讨论、共同寻求正确答案"的引领者,成为"苏格拉底方法"的实践者。

三、借助"情绪效应",用愉悦带领学习

情绪效应又称情感效应(Emotional Effects),是指一个人的情绪状态可以影响到对某一个人今后的评价。古希腊有个杰出的哲学家叫德谟克利特,他总是笑脸迎人,不摆架子,被人美称为"含笑哲学家"。如果教师带着热情走入课堂,多给学生以笑脸,给学生以信任,为学生的成长创造一个宽松的心理环境,带着愉悦的心情与学生共同学习,学生也将回馈良好的情绪,学习效果也自然事半功倍。其实,能产生情绪效应的并不只是微笑、发亮的眼睛、有力的手势、稳健的神态、幽默的语言等,都能加强课堂的情绪气氛,加深学生的印象,引起心理的共鸣,有效地引起良好的情绪效应。

四、借助"登门槛效应"，增强学生攻破难点的信心

登门槛效应（Foot in the Door Effect）又称得寸进尺效应，是指一个人一旦接受了他人的一个微不足道的要求，为了避免认知上的不协调，或想给他人以前后一致的印象，就有可能接受更大的要求。这种现象，犹如登门槛时要一级台阶一级台阶地登，这样能更容易、更顺利地登上高处。

心理学家认为，在一般情况下，人们都不愿接受较高、较难的要求，因为它费时费力又难以成功，相反，人们却乐于接受较小的、较易完成的要求，在实现了较小的要求后，人们才慢慢地接受较大的要求，这就是"登门槛效应"对人的影响。

如对学习有困难的学生，教师不宜一下子对他们提出过高的要求，而应先提出一个只要比过去有进步的小要求，当学生达到这个要求后再通过鼓励逐步向其提出更高的要求，学生往往更容易接受并力求达到。课堂提问时，教师必须根据教学内容和学生的认识规律，由浅入深、由易到难地设计问题，问题设置形成难度梯度，一步步开启学生思维的大门，从而培养学生探究问题永不满足的追求精神。

"登门槛效应"蕴涵的是一种教育的理性、教育的智慧。"随风潜入夜，润物细无声"，不经意处见匠心。

五、避免"心理饱和效应"，借助新奇引领学生对知识的渴望

心理饱和效应（saturation effect）是指持续使用同一刺激材料导致刺激效果递减的心理现象。其基础是适应水平效应，即人的神经系统会适应某一特定强度的刺激，一定时间后继续重复这种强度的刺激，只会使刺激效果越来越小；要维持最初的高水平刺激效果，需不断增强刺激物的刺激强度。

心理饱和现象在生活中随处可见，数学教师布置100道题，学生开始做作业时，动作快，做得也正确，但做到后来，速度慢了，还常出差错，同时出现厌烦情绪。在生物学教学中也可看到，学生对教师拿着常用工具进教室无动于衷，一旦听到去实验室上课就会欢呼雀跃，这就是一个明显的例子。因此，在教学中长期采用单一方式教学，即使曾经被证明非常有效的方式，学生也会感到厌倦。

心理学研究表明：学生喜欢富有变化的刺激。当刺激使人兴奋时，人的思维、意志和力量会达到最佳状态或超常发挥。新课程强调要在活动中获取知识、培养能力和获得情感。"魅力课堂"中"合作互学"与"展评激学"环节通过学生互助和竞争，有效地产生刺激，避免心理饱和现象。因为在同学的交流中，新观点、新角度在不断生成；在同学的互动中，矛盾观点的产生又促使思维冲突在不断发生，新颖与冲突永远都是最好的刺激。

孔子曰："知之者不如好之者，好之者不如乐之者。"兴趣永远是最好的老师。如何设置学生感兴趣的问题情境，创设有意义的活动情境，这要求教师要扎扎实实地备课。

六、避免消极的"从众效应"，倡导学生的个性化思维

从众效应（conformity），也称乐队花车效应，是指当个体受到群体的影响（引导或施加的压力），会怀疑并改变自己的观点、判断和行为，朝着与群体大多数人一致的方向变化，也就是通常人们所说的"随大流"。

在实践中，笔者发现从众行为非常普遍，如对教师的盲信，对优生的盲信。

促使一个人在合作中产生从众行为的因素有多种，一般认为，一方面，小组里有较大优势的学生存在；另一方面，较弱个性的特质者，如智力较低、胆小、顾虑多、意志不坚定、自信心差、过于重视他人并依赖他人者等。

毋庸置疑，从众有利于形成统一的小组意见，合理的小组环境可以促进或潜移默化地使落后的小组成员形成正确的思想与行为。但应该指出，在不合理的小组环境里，由于从众效应表现为趋向学习结论一致，而不一定是学习结论正确；部分学生容易与自信或学习优秀的小组成员的观点、思维方法形成一致，而忽视自己的观点、思维方法正确与否，小组合作的结果可能是以虚假的多数形成错误的小组结论。可见，从众效应容易压制正确思想的形成，窒息小组成员的独创精神；合作学习有时有弱化独立思考的趋势，个体在群体中容易丧失了对自我的控制，失去了个体感，使得"人云亦云"。我们需要的是具有积极意义的从众效应，我们反对的是消极的、盲目的从众效应。

"魅力课堂"因为倡导合作互学，首先实施了分组围坐的形式，"异组同质，同组异质"的原则合理组建合作学习小组，既保障了各小组的平衡，又保障了小组内的合作可能，"魅力课堂"还倡导教师注重培养学生独立思考的习惯；创设问题情境，注意答案的多样化，以扩大学生的思维空间；鼓励不同小组发表不同见解并加分奖励，以提高学生的批判能力。笔者在实施中体会到，这些措施能有效避免消极从众效应的发生。

七、避免"马太效应"，保障全体学生平衡发展

马太效应（Matthew Effect），是指强者越强，弱者越弱的现象。其名字来自《圣经新约·马太福音》中的一则寓言："凡有的，还要加给他叫他多余；没有的，连他所有的也要夺过来。"社会学家从中引申出了"马太效应"这一概念，用以描述社会生活领域中普遍存在的两极分化现象，"马太效应"与"平衡之道"相悖。

在学校教育中，"马太效应"的作用是消极的。例如，一个品学兼优的好学生，学校领导称赞，班主任表扬，连课堂上回答问题，教师们也总是抽他（她），如此优越的成长环境，带给他们的也不都是欢乐。"教师就想着他一个，什么好处都是他的。""教师就夸他能力强，经常出风头，能力能不强吗？他有缺点，但教师还要护着他。""什么三好学生，优秀团员和干部，都是他得的，教师就是戴着有色眼镜看人。"这就是学生们的评价。只重视和培养少数拔尖学生，忽视和放弃大多数学生，形成少数和多数的隔膜、分化、对立，形成自

傲和自卑的对立。这就是马太效应在教育中的消极作用。

教育中的"马太效应"使得少数学生成为精神"贵族",多数学生成了受冷落的"被弃者",我们应该防止这一教育的副作用。用反"马太效应"的方法,尊重每个学生,对学生一视同仁,树立"手心手背都是肉"的教育观念,更多地照顾后进学生,发掘他们身上的闪光点,给他们以帮助和温暖。就课堂教学而言,教师在课堂提问时要尽量扩大学生的参与面;注意设置难度梯度,较基础的问题、难度大一些的问题要分配给不同能力水平的学生;实验课倡导学生学会互助,学会取长补短,等等。这一系列措施,笔者认为可以有效地避免马太效应的出现,在课堂上为学生的健康成长创造一个良好的心理环境。

有效的教学需要教师因人、因事、因时、因地而灵活地进行,因为学生、班级、学校以及相应的社会环境各有不同,教学内容、教学时段、教学方法等也各有不同,这正是教育的灵活性与复杂性所在。但充分认识到学生是学习的主体,开发提升学生心理资本,激发和培养学生潜在的心理能量,将达到事半功倍的效果,积极反思、善良诚信、自信担当、勇于坚持、敢于不从众等优秀的心理品质也就在潜移默化中形成了。

例谈生物课堂科学素养的渗透

生物组　冯汉茹

摘要:通过对概念教学、科学史教学、活动教学等具体案例进行分析,培养学生的求知能力,达到建构知识体系、增强追求知识能力、渗透科学素养之美的目的。

关键词:科学素养;概念教学;活动教学

2016年重庆生物高考按全国模式进行,突如其来的考试模式的变化需要教师重新思考课堂教学。"高考"的影响力,毋庸讳言,牵一发而动全身。命制比例、命题动向、命题意图的捉摸不定,让教师、家长如坐针毡。肩负着教育使命和教学任务的教师,理应走在时代前列,备好万全之策。那么,教师该如何准备方能处变不惊呢? 毫无疑问,课堂是学生的阵地,教学的生产基地,师生互动的主要场所,抓住了课堂,就找准了源头。

全国卷偏重思考性、探究性、开放性,作答较为灵活,要求学生具备阅读提炼能力、数据统计分析和总结能力、教材知识在"新型载体"中的变式能力,理论与实践结合的能力。命题特点和考查要求无一不是在"召唤科学素养要扎根课堂"。加之,《全日制义务教育生物课程标准(实验稿)》明确指出把提高学生生物科学素养作为高中生物新课程理念。科学素养包括了对科学本质的理解,对科学知识的理解,对科学技术的理解。可见,科学素养在于"求知",在于"理解",在于"科学情怀",在于对"一节节课堂的把握"。苏格拉底说:"我之智慧,是因为我知道自己很无知。"求知是人类探索一切事物的本性。如何"求知"才能让学生生成智慧? 培养学生科学素养不仅能获得生物知识,还能了解科学方法。这些优势刚好与"求知"一拍即合,也与重庆本土高考近况不谋而合。

本文立足具体教学案例,从概念教学、科学史教学、活动教学三个角度来培养学生的求知能力,丰富课堂,挖掘教材,以期形成问题意识、质疑意识、思维意识,增强追求知识的能力,渗透科学素养之美。

一、概念教学注重知识结构的完整性，渗透科学体验

高中生物学课程中有大量概念,如细胞全能性、细胞分化、光合作用、细胞呼吸、渗透作用等核心概念,它们是整个知识体系的基础,概念教学往往是课堂阵地的第一关。

【教学案例】

细胞全能性概念

人教版必修一"细胞全能性"概念：已经分化的细胞，仍然具有发育成完整个体的潜能。多数教师处理为：先观察《胡萝卜经组织培养产生完整植株示意图》，找出概念关键词后，辅以练习题，往往到此为止。但学生分析问题时，常常似是而非、懵懵懂懂，质疑"受精卵不是分化细胞，但可以发育为一个个体，具有全能性吗？是课本概念出错了吗？""利用胡萝卜种子长成植株的过程，体现了细胞全能性吗？"类似上述情况，往往是教师固守课本，过于注重对概念文本识记的真实反馈。虽便于在短时间内积累知识，但教学手段过于单一，学生头脑中留存较多的是知识碎片，时间一长，不能"随意迁移"，更别说"应用提升"，易形成思维惰性。

概念即是精心淬炼生物学基本事实而来，可从概念形成过程入手，通过"提出问题→结合事实→推理思考→解决问题→形成知识体系"等教学手段，挖掘概念外延、内涵，完善认知结构，感悟科学概念，增强科学体验。设计如下：

以高等植物、高等动物体细胞为例	
提出问题	解决途径
1.在已有"全能性终点是个体"背景下,提问:具有全能性必须是一个已经分化的细胞吗?	列举事实: 事实1:胡萝卜韧皮部细胞已经分化,由形成层细胞分化而来。 事实2:离体胡萝卜韧皮部细胞体外培养为一个完整植株。 事实3:受精卵未发生分化。 事实4:受精卵可发育为一个完整个体。 学生对比得出:具有全能性者不一定是一个已分化细胞。
2.如果不是一个分化细胞,是怎样的细胞呢?	再次利用上述事实→分析讨论: 已分化植物细胞,未分化的植物细胞都具有全能性。
3.已分化和未分化细胞之间,有什么共性让其具有全能性呢?	列举事实: 事实5:高等植物成熟的筛管细胞,已分化,无细胞核,在适宜条件下离体培养,不能得到完整的小植株。 学生对比分析:细胞核是具有全能性的关键。
4.既然细胞核是具有全能性的关键,那么,结合全能性概念,"已分化的细胞"如何修改?	学生相互讨论,整理如下: "已分化的细胞"修改为"结构完整的细胞"。
5.联系5个事实,你认为细胞具有全能性的根本原因是什么?	学生对比思考5个事实,理清思路: 细胞具有全能性的关键是具有细胞核,因为细胞核含有全套的遗传信息。
6.既然细胞核是具有全能性表达的关键,可否利用细胞核作为材料之一获得个体?	学生联想事实:克隆羊"多莉"产生过程→结合细胞核功能"细胞核是遗传信息库"→说明可以利用细胞核作为全能性表达的材料之一。

续表

以高等植物、高等动物体细胞为例	
7.若仅提供细胞核和适宜的实验条件，能培养出克隆羊吗？为什么？这对于理解之前"结构完整的细胞"有何帮助？	教师播放《克隆羊'多莉'产生过程》视频： 学生发现：乳腺细胞提供的细胞核和去核卵细胞形成一个重组细胞，是培养克隆羊的关键之处。看来，全能性的表达与细胞结构完整性密不可分。
8.简化实验，能否直接用乳腺细胞获得克隆羊？说明理由？为何用重组细胞作为全能性表达的起点？	列举实验： 实验1：1962年，Gurdon将蝌蚪"肠细胞核"注入去核蛙卵中，培育成正常蛙。 实验2：1978年我国科学家童第周将黑斑蛙"红细胞核"移入去核黑斑蛙卵，发育成正常蝌蚪。 事实6：到目前为止，还没有将单个已分化的动物体细胞培养成个体的成功案例。 学生结合实验→分析对比→获得新知： 已分化的动物体细胞"在适当条件"，如重组细胞，可以像受精卵那样恢复到"起始状态"，具有全能性。
9.你对全能性概念有何理解？这对于理解生命活动离不开细胞有何意义？	学生对比分析两个动物细胞全能性实验→获得新知： 结构完整是细胞具有全能性最起码的条件；体细胞而言，植物细胞全能性比动物细胞高。再次印证了生命活动离不开细胞，生命从细胞开始。

在概念文本之上借助科学事实提出层层递进的9个问题，用表格形式呈现，将蕴藏的隐性知识显性化，形成概念完整内涵。

二、科学史教学注重思维能力的培养，渗透科学思想

科学史在人教版高中生物教材中，以"资料分析""科学史话""科技探索之路""探究历程"等多种栏目出现。科学史往往浓缩了几十年至几百年前人研究成果、研究历程，蕴含大量科学研究的同时，也饱含形成严谨的科学思维、养成务实的态度。正如德国哲学家叔本华所说："记录在纸上的思想就如同某个人留在沙上的脚印，我们也许能看见他走过的路径，但若想知道他在路上看见了什么东西，就必须用我们的眼睛。"基于此，有效借鉴、分析科学史，可以积累生物学事实，也能培养思维，形成学科悟性。

【教学案例】

促胰液素的发现

"促胰液素的发现"在必修三"通过激素的调节"里以"资料分析"栏目呈现。虽在本节首位，但常常不被重视，"对比分析沃泰默和斯他林、贝里斯实验过程后得出结论"是司空见惯的处理方式。草草了事的处理使学生遇到诸如"促胰液素的发现证明了激素调节的存在，那胰液分泌只受激素调节吗？还受神经调节吗？分泌促胰液素的场所在胰腺

吗?"等问题时,常常不会分析,易思维混乱。

　　实际上,"促胰液素的发现"蕴含着科学方法,使用得当,不仅知识脉络清晰,也能"培养学生的思考能力",是培养科学素养的好材料。借助主线"促胰液素发现历史"的讲述,补充每一段历史时通过"实验历程→实验分析→已解决的问题→未解开的问题→形成结论"逐次展开,体会到科学发展需要严谨、缜密思考的同时还需要持之以恒的毅力。设计如下:

促胰液素发现历史		
实验历程	已解决问题	未解决问题
1.1850 年,法国实验生理学家克劳德博尔纳(Claude Bernard)发现酸性食物进入小肠引起胰液分泌现象。可惜,该发现并没有得到重视,直到 1894 年巴甫洛夫实验室有人证实。	酸性食物进入小肠引起胰液分泌。	未找到引起胰液分泌的原因。
2.1894 年巴甫洛夫实验室道林斯基(Dofinski)发现:把相当于胃酸浓度的盐酸或其他酸溶液输入小肠后, 能引起大量的胰液分泌。	胃酸刺激小肠的神经,神经将兴奋传给胰腺,促使胰腺分泌胰液。	未分析引起胰液分泌的原因。
3.1896 年,巴甫洛夫的学生帕皮尔斯基(Popielski)发现:胰液分泌与局部反射相关。		胰液分泌与神经调节相关,只受神经调节吗? 还有没有别的调节方式呢?
4.1901—1902 年,沃泰默(Wertheimer)和 Lepage 经过盐酸溶液注入实验→阿托品阻断实验→小肠祥神经全切实验,发现:胰液分泌还是与局部反射相关。		
5. 1902 年,斯他林(Starling)和贝利斯(Bayliss)经过重复狗小肠祥神经全切实验→深信神经切除是完全的→设想"在盐酸作用下,小肠黏膜内产生了一个化学物质,被吸收入血后,随着血流被运送到胰腺,引起胰液分泌"→注射狗空肠黏膜粗提取液实验→获得发现:刺激胰液分泌的是某种化学物质。	肯定神经调节胰液分泌的同时,得出了某种化学物质也能刺激胰液分泌的结论。	这种化学物质是什么呢? 能否分离纯化?

　　思维心理学告诉我们:思维是从问题开始的。结合上述历史,教师除了引导已解决的问题、未解决的问题之外,还需要设置变式问题,引导学生往前思考,品味科学方法的形成,举一反三,活跃思维:

　　1.若用适宜电流刺激通向胰腺的神经,胰腺分泌胰液的量有何变化?

　　2.切断通向胰腺的所有神经,当食物经胃消化进入十二指肠时,胰腺分泌胰液的量有何变化?

　　3.切断通向胰腺的所有神经,当食物不经胃消化直接进入十二指肠时,胰腺分泌胰液的量有何变化?

　　4.切断通向胰腺的所有神经,从别的动物胃内取出少部分已被消化了的食物,引入十二指肠,胰腺分泌胰液的量有何变化?

5.切断通向胰腺的所有神经,用适量的稀盐酸直接引入胰腺,胰腺分泌胰液的量有何变化?

6.你认为胰腺分泌胰液受哪些因素的影响?

三、活动教学注重发现能力的培养，渗透科学方法

活动教学可以结合教学情境、游戏活动、模型制作、合作讨论等多种表现形式开展,常应用于导课、突破重难点、完善知识体系,不仅能丰富课堂资源,还能获得意想不到的教学互动,促进教师加快专业成长,达到教学相长的境界,获得课堂生产力。活动教学,要求学生积极参与的同时,特别注重学生发现,具备一双善于发现的眼睛是成功课堂、渗透科学素养的关键点。正如达尔文所说:"我既没有过人的智力.也没有过人的理解能力,我只是对那些别人视而不见、稍纵即逝的日常现象具有更强的好奇心,具有更敏锐的观察能力,并从中发现问题。"

【教学案例】

细胞免疫

"细胞免疫"在人教版必修三"免疫调节"中继体液免疫之后出现,经教师引导和补充背景资料,学生能结合教材文字和细胞免疫图,以病毒为例画出细胞免疫简化图。经过合作讨论,学生从细胞免疫的核心细胞、细胞免疫的活性物质、联系生活三个角度提出以下问题:

围绕"T细胞"——细胞免疫核心细胞:

1.T细胞与效应T细胞、记忆T细胞有何关系?

2.在简化图中,看到病毒并没有直接刺激T细胞,病毒可以不经过吞噬细胞,直接刺激T细胞引发细胞免疫吗?

3.细胞免疫简化图中的T细胞与体液免疫中的T细胞是同样的T细胞吗?

4.T细胞有何作用? 如果破坏T细胞,对细胞免疫有何影响? 对体液免疫有何影响?对特异性免疫有何影响?

围绕"淋巴因子"——细胞免疫活性物质:

5.细胞免疫中,效应T细胞分泌的淋巴因子化学成分是什么? 有何功能? 能杀死靶细胞吗?

6.除了效应T细胞分泌淋巴因子,还有别的细胞可以分泌淋巴因子吗? 有何功能呢?

7.细胞免疫中的淋巴因子与体液免疫中T细胞分泌的淋巴因子有何区别?

围绕"病毒"——与生活联系:

8.在课本细胞免疫示意图中,当病毒攻击宿主细胞时,宿主细胞上的"蓝色部分"是什么结构? 有什么作用? 病毒上的"紫色三角形"是什么结构? 有什么作用?

9.注射灭活的病毒疫苗,属于什么免疫?

10.人体感染了一定量的活病毒,体内有哪些免疫器官发挥防卫作用?

学生提出的十个问题,部分是教师始料不及的。在惊讶、惊喜之余,看到了活动教学的张力。"师者,所以传道受业解惑也"。"教的对象"由"惑"而来。"惑"从何而来呢?是教师根据课本重难点认定吗?是教师做教学设计时的困难预设吗?不是。"惑"由学生而来。学生结合教材、已有知识储备、实际能力,按照发现问题再到提出问题的方法获得疑惑,为有效师生对话找准"话题",从而解决问题、获得新知,成就课堂的生产力。

社会发展、科技进步依靠的不是一成不变的知识,而是在前人研究基础上能运用知识解决实际问题的能力,解决问题首先离不开发现问题。爱因斯坦说过:"提出问题往往比解决一个问题更重要,因为解决一个问题也许仅仅是一个数学或实验的技能而已,而提出问题,却需要创造性的想象力,而且标志着科学的真正进步。"一言以蔽之,发现问题→提出问题→师生对话→分析问题→解决问题→获得新知→发展能力,这就是展现课堂生命力和自由创造的种子。

综上所述,在不同的课型中生物课堂结合科学素养,因"课"制宜,以便充分调动学生的积极性,在"求知"的过程中发展追求知识,完善思维,最终生成知识,以期形成自我发展、终身发展的蜕变。正如普罗塔戈所说:"教育最终的目的是要把为人的独特本质的创造精神释放出来,使其成为能够自觉、自由创造的人。"

本文参考文献

[1] 周敏.对有关促胰液素发现的详细解析[J].中学生物教学,2011(1):127-128.
[2] 郭元捷.科学素养之概念解析[J].比较教育研究,2004(11):12-15.

让历史课堂"活"起来

历史组　成　绩

摘要：历史既是一门知识，也是一种文化，具有极强的人文性，与素质教育的内在要求是一致的，体现了历史学科的核心素养。要由对知识的知晓转化为对知识的理解，对史事的记忆转化为对历史的思考，对知识的接受转化为对历史的探究，对教材的复述转化为对历史的建构。历史课堂教学必须适应新课改的要求，注重发挥教师主导和学生主体两个作用，切实转变传统的以"满堂灌"、死记硬背为标志的教与学两种方式，让学生们"动"起来，使历史课堂教学"活"起来，提高初中历史课堂教学质量。

关键词：历史教学；主导作用；主体作用

历史是过去的现实，现实是未来的历史。历史课程是人文社会科学中的一门基础课程，历史教育是提高学生人文素养的重要途径。发挥教师的主导作用和学生的主体作用是素质教育的题中应有之义。对知识的知晓转化为对知识的理解，对史事的记忆转化为对历史的思考，对知识的接受转化为对历史的探究，对教材的复述转化为对历史的建构，对升学的追求转化为对素养的培养，正是历史教学改革的重点、难点、突破点所在，也是效率、效果、认可度体现，更是历史学科核心素养的本质所在。初中历史教育教学必须适应新课改的要求，找准找到存在的主要问题，着力激发学生学习历史的兴趣，认识了解人类社会的发展历程，初步学会从历史的角度观察和思考社会与人生，从历史中汲取智慧，更好地认识当代中国和当今世界，实现"知识与能力""过程与方法""情感·态度·价值观"的有机整合和统一，逐步树立正确的世界观、人生观和价值观，提高综合素质，得到全面发展。

一、当前初中历史教学中存在的主要困惑

忘记历史就意味着背叛。历史教育教学的重要性不言而喻。然而，现实中初中历史教学面临着诸多困惑：从历史学科的地位看，不少学生、家长、教师和学校领导把历史当作"副科"，可有可无，课时被挤占和挪用的情况时有发生，其重视程度远不如语文、数学、英语，中考分数占比不高。从教师教学的实践看，重结论、轻过程，一张嘴、一支粉笔、一张挂图，讲述、板书、布置练习成为最主要的教学方法，一套讲稿用多年，"填鸭式""满堂

灌"，久而久之，容易形成枯燥、乏味、呆板的理论说教和单纯语言讲解的教学模式；重考分、轻育人，高度关注学生的考试成绩，相对忽视学生的思想品德和行为习惯。从学生学习的氛围看，不少学生学习历史的兴趣不浓，态度不够认真，仅仅死记硬背一些重要历史人物、历史事件、历史时间和历史现象，满足于应付考试，得过且过，缺乏学习历史的积极性、主动性和创造性。从教学改革的情况看，历史学科的教改努力也明显落后于其他学科，凡此种种，归结起来就是，没有正确处理好教师的主导作用与学生的主体作用、教与学的关系。

二、初中历史教学面临困惑的成因分析

初中历史教学面临困境的原因是多方面的，既有历史原因，也有现实影响；既有主观原因，也有客观因素；既有教师原因，也有学生因素。笔者认为，最主要的还是思想认识和教与学方面的原因。

（一）思想认识偏差是影响初中历史教学的重要原因

其一，历史无用论思想盛行。社会上一些人对历史教育人、引导人、培养人、塑造人的作用认识肤浅，总以为历史就是让人记住一些重大历史事件，掌握一些历史知识，历史教学就只是教会学生讲述一些历史故事的方法而已。特别是改革开放以来，在以经济建设为中心的当下，历史知识既不能直接带来经济效益，也不能培养学生求生挣钱的本领和技能，不少人感到学习历史用处不大，学与不学一个样，学多学少一个样，学好学坏一个样，更有甚者认为，历史学好了，将来除了当历史老师、做历史学者、搞点历史研究，就再也没有其他的就业渠道了。这些不正确的思想认识，既直接影响着学生学习历史的态度，又间接影响到社会、家长和教师对历史教学的态度。

其二，历史无须学观念泛滥。一些人没有认识到历史既是一门知识，也是一种文化，领悟不到历史所具有的极强人文性。想当然地认为，科技信息高度发达的今天，人们通过互联网、手机、微博、电影、电视、文学作品、课外书籍等就能获得一切历史知识，历史教学没有必要；有人说，学生只要能识字就能学好历史，只要是教师都能教好历史。正是因为有了历史无须学、太好学的错误观念，容易导致学生上课不认真听讲，课后不花时间和精力去思考，不利于历史思维能力的训练和正确历史价值观的形成。

（二）教师主导与学生主体二者关系出现了偏差，教学方式方法落后和学生缺乏学习历史兴趣是初中历史教学面临困境的根本原因

第一，教师的主导作用过于突出。长期以来，以教师为中心的封闭式的初中历史教学方式，使得有的教师习惯于上课"一言堂"，搞"灌注式"教学，从上课到下课，整堂课都是教师一个人在讲。讲什么、怎么讲，全由教师说了算，根本不管学生是否想听、愿听、爱听，是否听得懂、听得明白、听进脑中，学生始终处于被动地位，基本没有机会独立思考。

缺少学生的参与,历史课给人的印象总是枯燥乏味、死气沉沉。

第二,学生的主体作用相对弱化。课堂上,大多数学生只是一味地听教师讲,死记硬背一些重要历史人物、历史事件、历史时间、历史现象和历史观点,以应付考试;学习历史兴趣不浓,缺乏主动参与的意识和能力,既不能发现问题、提出问题,也不能参与研究问题、解决问题,更不敢大胆发表自己独特的见解,始终没有自己的知识结构。"高分低能"现象就是一个最好的例证。

第三,教与学的脱节。教师为"教"而教,学生为"学"而学,"教"本来是手段却变成了目的,"学"本来是目的却变成了手段。教师的"以讲为主"取代了学生的"以学为主","教"不从属围绕于"学",本末倒置。一切以学生为中心、一切为了学生、一切依靠学生,实际上成了一句时髦的标语口号。

三、提高初中历史教学质量的对策建议

(一)着眼课程改革,加强教育培训,充分发挥教师的主导作用

教学改革、素质教育、新课改要求,倒逼着历史教育教学改革。对于为什么改、改什么、怎么改这些根本问题,落脚到初中历史教学上,最根本、最核心的依然是历史课堂教学改革,而历史课堂教学改革的关键最终要取决于教师的素质能力。师者,所以传道受业解惑也。离开了教师,历史课堂教学改革就无从谈起。

1.加强教育培训

百年大计,教育为本;教育大计,教师为本。教育发展,教师是关键;教师素质,师德和能力最重要。要加强师德教育,规范师德考评,使师德评价成为教师职业操守、事业追求和价值取向的标准。要加大对教师特别是骨干教师、新教师的培训力度,科学制订培训计划,合理安排培训内容,着力突出培训重点,把职业道德培训、课改理论培训、信息技术培训、教科研培训、课堂教学技能培训作为对教师培训的重中之重,以加强培训的针对性、实用性。可采取以老带新、结对帮带、示范教学、评教议教、外请专家学者讲授、送院校培训等多种形式途径,拓宽教师的知识结构,积累实践教学经验,使教师不仅具备扎实的专业知识,而且具备丰富的教育知识。

2.更新教学观念

思想是行为的先导,观念是行动的灵魂。教育观念对历史教学改革起着指导、支配和统率的作用。要牢固树立面向全体学生、促进学生全面发展的观念;关注学生学习状态、培养学生创新精神和实践能力的观念;以学论教、先学后教的观念等新的教学观念。坚持"智育""德育"并重,"知识""能力"并举,"结果""过程"统一,使教师不单纯是知识的传授者,还是学生学习的组织者和引导者,成为学生学习过程中的参与者,从而激活课堂气氛,提高教学效果,融洽师生关系。

3.转变教学方式

摈弃传统历史课堂教学中的"教师负责教，学生负责学"，教师是课堂的主宰者，学生沦落为知识的"接收器"，努力变教师讲学生听、教师问学生答、教师写学生抄的单边活动为教与学的双边活动、双向互动，即教师与学生双方相互交流、相互沟通、相互启发、相互补充，分享彼此的思考、经验和知识，交流彼此的情感、体验与收获，丰富教学内容，提升课堂教学水平，从而达到共识、共享、共进的效果，实现教学相长、教书育人、共同发展，真正落实教与学的统一。

（二）激发学习兴趣，转变学习方式，切实发挥学生的主体作用

1.培养学生学习历史兴趣

心理学研究和实践证明，初中学生年龄尚小，注意力不够稳定集中，意志力比较薄弱，关心什么、关注什么，往往凭兴趣好恶来认识事物。对感兴趣的学科，不用教师说，表现得比较热情专注；对不感兴趣的学科，教师怎么讲，都不太在意。历史学科的学习同样如此。兴趣是最好的老师。如何培养学生学习兴趣，可谓仁者见仁、智者见智，有关这方面的研究、论述、经验、体会举不胜举。笔者以为，历史本身就由无数生动活泼的故事构成，只要用好用活，定能培养起学生的兴趣。可运用历史故事激发学生学习兴趣，如讲商朝历史时结合《封神榜》的故事讲，能使学生听得津津有味，下课了还意犹未尽。情境设置激发学生学习兴趣，如讲《明清时期文化》时让学生自己讲述喜欢《三国演义》《水浒传》中哪一人物、好汉，描绘一下《西游记》中唐僧、孙悟空的性格，如何看待《红楼梦》中贾宝玉和林黛玉的爱情故事，既培养了学生的艺术欣赏能力，又激发了学习兴趣。挖掘现实生活资源激发学生学习兴趣，如"台独分子"鼓吹台湾地区独立，妄图建立"台湾共和国"，编织"一边一国""两国论"的谬论，引导学生回顾历史上大陆与台湾地区的关系的史实；利用《世界历史》中的《开罗宣言》《波茨坦公告》关于台湾问题的决议等，这些事实无可辩驳地指出了台湾在历史上就是中国的固有领土，有利于学生认清台湾问题的实质。方法很多，只要巧妙运用，何愁学生没有学习历史的兴趣。

2.转变学生学习历史方式

要改变学生单一的记忆、接受、模仿的被动学习方式，把学习过程中的发现、探索、研究等突显出来，使学习过程成为学生发现问题、提出问题、分析问题、解决问题的过程，引导学生学会自主学习、合作学习、探究学习。要着力抓住课前预习、课堂学习和课后复习三个环节。课前预习要让学生初步了解学习内容、明确重点、提出难点、发现疑点，以便较好地与教师课堂教学相配合；课堂学习是学生获取知识，培养各种能力，提高自身素质的主阵地，通过学生提问、教师反问、课堂讨论、相互辩论、课堂表演等形式，让学生开阔视野、主动思考，大胆发表自己独特的见解，活跃课堂气氛；课后复习要让学生巩固知识、培养能力，可通过布置作业、指导学生撰写小论文、开展社会实践活动等方式，实现知行合一。

(三)充分运用现代化教学手段辅助历史教学

伴随科技信息技术的快速发展,以计算机为核心的现代教育技术进入课堂教学中,它以其特有的优势显示出强大的生命力和巨大的发展潜力。幻灯片、投影、录音、录像、影片、多媒体等声光电一体,图文结合,声情并茂,形象直观地重现历史原貌,其鲜明逼真的动态画面、情感丰富的音响效果会极大地刺激学生的视听神经,使学生眼见其人,耳闻其声,既有利于强化学生感性认识和理解记忆,又有利于活跃课堂气氛、提升课堂教学效果。

本文参考文献

[1] 中华人民共和国教育部.普通高中历史课程标准[S].北京:人民教育出版社,2010.

[2] 方国才.新课程怎样教得精彩[M].北京:中国科学技术出版社,2006.

[3] 苏霍姆林斯基.怎样培养真正的人[M].北京:教育科学出版社,2001.

[4] 蔡汀.走进苏霍姆林斯基[M].北京:教育科学出版社,2007.

[5] 彭景华,高鹏飞.中学历史教学法研究[M].成都:四川大学出版社,2000.

[6] 赵恒烈.论历史思维和历史思维能力[J].历史教学,1994(10).

[7] 白月桥.历史教学问题探讨[M].北京:教育科学出版社,2001.

青春得意思无涯,三年折得蟾宫花

——历史"魅力课堂"问题教学再思考

历史组　李　娜

꧁꧂

我校"四环节·问题导学式魅力课堂"模式突出"问题"的重要性:学生自学时,能够"发现问题";教师备课时,问题设计力求"典型、有层次、有梯度";合作互学时,希冀"学生有序、有效解决疑难问题";展评激学时,注重"围绕核心问题及重难点知识,积极展示"。在生本理念下,许多优秀的魅力课堂中,学生表现得有热度、有温度、有活跃度。但更多课堂特别是常态课中,学生不为"魅力"所动。冷静思考,却发现学科问题设计引发的思维内动发育畸形,学生未受到有力的思维"挑战",不屑、不愿回答"低级"问题。

历史学科在践行魅力课堂理念方面也突出问题教学,但结果却如陶行知先生所说:"发现千千万,起点是一问。智者问得巧,愚者问得笨。"如何在常态课中设置"问得巧"、真正引发学生共鸣的问题成为历史教师迫在眉睫却不易得解的顽疾。笔者根据自身教学实践,总结几条解决顽疾的新途径。

一、常规思维上深挖一步

一位语文教师说:"细读文本的终极意义就是细读自己。你的精神倒影有多深,你对文本细读就有多深;你的精神倒影有多远,你对文本的细读就有多远。"历史学科何尝不是在解读文本?细读文本,在常规思维上深化解读,在常规史料中深挖一步,那么对文本的细读便会渐行渐远,有思维含量的问题便增多。

【教学案例】

川教版七年级上册《原始农耕文化的遗存》一课中,讲到陕西西安半坡遗址。为更直观地了解原始居民的生活状态,教师往往会展示很多半坡原始居民的生活器具图片,其中一张便是当时的汲水工具——尖底瓶(如图1),许多教师到此为止,而我却要深挖一步。

【问题设计】

半坡原始人为什么要设计这样的尖底瓶来取水呢?

图1　半坡原始人使用的尖底瓶

【课堂效果】

课堂一下子热闹了,学生各抒己见,连从不讲话的同学都起劲地表达自己的意见。最后通过小组内部讨论、整理,大家各显神通地摆出一种或几种理由,五花八门。

【教学反思】

这个问题的设计充满趣味性和开放性,有广阔的思考空间,充满丰富的想象力,因此全体同学能够参与其中。虽然很难有人想到全面的答案(尖底瓶利用重力和重心原理,使之打水时倾斜以便水的灌入,满水时竖起;细颈便于手握和肩背,灌满水后不易漫出;双耳用于穿绳,汲水或闲置时挂起;尖底便于插入土中,实用性强),但这样的问题深挖让学生真正地思维内动,并惊叹于原始居民的科学智慧,达成情感态度价值观的要求。

二、规定范畴内外延一步

优秀的问题式教学鼓励教师成为一个思维看似天马行空,却始终攥紧一根收缩自如的心弦之线的引导者。如果按照预定的知识范畴解读史料,那么问题设计多半已不能体现学生思维内动(学生通过阅读教材已了解相关信息)。横向或纵向扩展知识范畴,在更广阔的范围内思考问题,学生的思维将更有深度。

【教学案例】

人教版高中历史必修二"罗斯福新政"一课中,罗斯福的医生医治山姆大叔的漫画是历史课上的常用史料。如图2中,手拿礼帽的人即是罗斯福医生,病人则是坐着的代表美国的山姆大叔,旁边的桌子上摆满了药瓶,低眉顺眼的护士便是国会。在常规解读中,教师关注的是医生和病人及形形色色的药瓶,但这样的解读没有难度,正对应本课的知识——罗斯福新政。假如此时思维外延一步,不单看医生和病人,也注意到护士,那学生的思维就会随着知识的迁移被冲击。

图2 "罗斯福新政"漫画

【问题设计】

按照美国三权分立原则,国会为什么要对总统低眉顺眼?

【课堂效果】

学生先是一惊,继而由必修二经济史联系到必修一政治制度史,进行知识迁移与重组,最后不自信地得出应与美国处在经济大危机恢复期有关。

【教学反思】

好的问题可以激起思维千层浪,有效促进学生深度思考。这个问题必须联系旧识,反常规思考,得出"国会(即护士)的表现表明特定的经济关系决定政治关系的微妙变化"。虽然个别学生意识到了这一点,但找不到相应的预设答案,学生便表现出不自信,这缘于对教材的膜拜和不敢质疑。因此,适当扩大知识外延,对培养学生的创造性和发散性思维功不可没。

三、刻意求异思想的培养

郭沫若说:"教学的目的是培养学生自己学习,自己研究,用自己的头脑来想,用自己的眼睛看,用自己的手来做这种精神。"

由于惰性或自身知识储备不足,学生往往提不出问题或提出的问题不合理,而后者易被称为"刻意求异"。既然教学是培养学生自己动脑、动手,那"刻意求异"不失为一种思维训练的好办法,至少比僵尸思想好得多。所以我尝试解放"师道尊严"的顽固思想,鼓励学生畅所欲言,即便我一时回答不上。人的思维呈现多样性,经过"刻意求异"产生的问题,也许五花八门,更有甚者问不对题,但总有高质量的问题,更调动了学生的思维活动。

【教学案例】

人教版高中历史必修一"卓尔不群的雅典"一课中,主要学习雅典的民主政治发展历程——经过梭伦、克里斯提尼、伯里克利的改革,雅典民主政治进入鼎盛时期。学生在提问阶段,问苏格拉底之死说明什么?

【课堂思考】

教材中并未提及苏格拉底,但习题中涉及。学生能提出这个问题,说明已感性地感知到雅典民主政治与苏格拉底之死存在某种关系,但又不会理性分析,这是学生天马行空般思维下提出的高质问题。苏格拉底生活在雅典民主政治繁盛时期,而民主的雅典却判处苏格拉底死刑,最终使得这位伟大的哲学家、思想家、教育家饮毒而死。他的死证明苏格拉底对雅典直接民主的担忧是正确的,他正是死于自己的这种担忧。苏格拉底之死说明雅典模式下的民主存在很大弊端,这正与课堂内容息息相关。

【问题设计】

从苏格拉底之死看雅典民主政治。

【教学反思】

思维使得学习成为一个极富个性化的过程,所以教师要容忍学生各种水平的思考与提问。通过鼓励学生刻意求异,把思维从狭窄、封闭的体系中解放出来,在一个新的思维领域中对学生进行思维创造性、开拓性的培养,这本身就是很大的收获,何况学生的问题有时也会打开教师的思维定式。

历史具有巨大的包容性,一栏表格、一幅图片、一则史料都包含着丰富的信息,通过层层剥笋,由浅入深,由狭到广,逐层展开设计问题,鼓励学生无疑而生疑,有疑而思疑,思疑而解疑,解疑而心悦!"授人以鱼只给一饭之需,授人以渔则终身受用无穷",思维无定式,却让其一生受益!如此"思无涯",又何愁不能蟾宫折桂?

论中学地理课堂教学的问题设计

地理组　廖文惠

❧❀❧

　　"打造有魅力的课堂,追求有良知的高效"是重庆凤鸣山中学"魅力课堂"的基本理念,也是我校每位教师孜孜以求的奋斗目标。"魅力课堂"包括"情境自学—合作互学—展评激学—提升引领"四个环节,各环节实施过程中要求改变传统的课堂教学模式,强调教师的"主导"和学生的"主体"地位。那么,怎样才能在教学各环节中体现"魅力"和"高效",怎样才能发挥教师的"主导"和学生的"主体"地位呢?

　　经过多年的实践,我认为重要途径之一就是"问题导学"。问题是思维的纽带,是教学过程中教师主体向学生主体转化的桥梁,它把学生置于探索者的地位,并通过自主学习,合作探究获得进步和发展。因此,课堂问题设计的质量高低是一堂课成败的关键。

　　地理学科兼有文科和理科性质,学科问题的设计与其他学科相比,更具有开放性、探究性和实践性。下面,我结合教学实际,从情境自学和合作互学两个阶段,就地理学科问题设计的方法和技巧进行一些说明,仅供大家参考指正。

一、情境自学阶段

　　该阶段,主要为学生自主学习。教师以问题为引子,引导学生阅读教材,独立思考,完成教材的基础学习。

　　1.认真解读课标,提高问题的针对性

　　课程标准是教学的指南,理解课标,是问题设置的前提。

　　例如,高一地理必修一课题:"大气热力环流"。这一课标要求:①大气热力环流是大气不均匀受热的结果。大气不均匀受热主要是由太阳辐射的纬度差异和下垫面热性质差异引起的。大气不均匀受热是大气运动的主要原因,大气热力环流则是理解许多大气运动类型的理论基础。②掌握热力环流。小到城市热岛环流,大到全球性大气环流,都可以用大气热力环流的原理来解释,学习和说明大气受热过程,需要借用一些原理示意图,如大气温室效应示意图、大气热力环流形成示意图等。③风的形成和分类。风是大气的水平运动,有高空风和近地面风两类,学习和理解风的受力和风向知识,并结合实际生活例子进行说明。

对于"热力环流",设计针对性强的系列问题引导学生逐步学习,步步深入。①对流层大气垂直方向上的密度和气压有什么变化? 它们之间有什么关系? ②水平方向上空气如何流动,为什么? ③热气球运动说明了空气有什么性质? ④为什么城市和郊区温度有差异? 在城市和郊区布局工业应该遵循什么原则呢? ⑤海风和陆风有什么不同? ⑥高空风和近地面风有什么不同?

学生通过这一系列问题的学习和思考,就可以完成这一课标对知识和能力的要求。

2.结合实际生活,提高设问的趣味性

地理教学与学生的日常生活相关性强,如果课堂设问从学生接触的生活实际出发,可将枯燥的理论转化为生动新鲜的日常情境,则能大大激发学生的学习热情。

例如,高一地理必修二课题"人口的数量变化"一节中,人口政策的理解,是本节课标内容的重点。针对这方面的内容,我充分利用学生自身情况进行问题设计。①你知道每天的各类生活所需(粮食、蔬菜、肉类和日常生活用品等)的来源吗? 从这些物品的来源出发,你认为人和环境之间到底有什么密切关系? ②若人口数量增长过快,环境一时难以供应足够的资源,那么人类会采取哪些不合理的方法来满足需要? 由此会带来什么后果? 从社会生活的角度,还会产生哪些问题? ③你认为当今世界发达国家(如德国)和发展中国家的人口问题有何不同,分别会对其社会、经济产生什么影响? 采取的对策有何不同? ④你是否属于独生子女? 我国为什么要实行计划生育政策? ⑤你认为,我国现行的计划生育政策是否需要调整,为什么?

二、合作互学阶段

这一阶段,是学生合作探究的重要过程。各学习小组围绕教师事先设计的问题或在自主学习环节中不能解决的问题进行讨论交流。这是一个让学生深入知识内涵和规律,基本达成学习目标的过程,设计的问题要有一定的深入性和思维性。

1.钻研教材,提高问题的可探究性

一个好的探究问题设计至少具有三个特征:首先,这个问题必须是一个需要学生进行解释并能够为学生所解释的问题;其次,这个问题必须能激发学生的好奇心和探究的欲望,能使学生产生强烈的参与意识;再次,这个问题有一定的难度,对学生的研讨和思维能力的提升是有效的。因此,这个环节问题设置的要求更高,教师必须深钻教材,寻找体现教材精髓的问题。

例如,高一地理必修二课题"人口的合理容量"一节,我的探究问题有以下两个:

问题1

比较一些我们熟悉的国家,我们不难发现,发达国家和发展中国家的人均消费水平差异较大,请大家思考:①能不能用目前发达国家和发展中国家的消费水平来确定人口合理容量的标准,请说明理由;如果不能,消费水平标准应该怎样确定? ②如果我们要保持世界人口的合理容量,发达国家和发展中国家应该分别注意哪些问题?

分析:

(1)确定的消费水平标准不同,人口合理容量不同。人口合理容量是一个虚数,难以精确计算,但同时又具有相对确定性。

(2)从发达国家和发展中国家存在的人口和消费问题方面进行思考。

问题2

了解你生活的地区的人口状况和生活状况,你觉得未来100年内,你所在地区环境人口容量和现在会一样吗? 原因是什么? 比较我国西北内陆和东部沿海地区环境人口容量并分析原因。

分析:

影响人口容量的因素很多,每个因素经常变化,因此环境人口容量具有不确定性。但在一定的历史阶段,影响因素相对稳定的情况下,可大致估算。

这两个问题,密切结合教材,进行原理的分析、知识的铺垫,学生步步深入,积极思考,最后在掌握理论知识的同时,能力得到了提升。

2.利用有深度的问题,通过学生辩论研讨,拓展课堂,提高知识的实际适用性

学习"生活中的地理知识",是地理新课标的要求,也是现在高考考查的重点之一。利用课堂组织形式,让学生关注自然和社会,培养学生学以致用的能力。

例如,高中地理必修一课题"自然地理环境的差异性"(第一课时)的课标中,要求"利用身边的例子,理解日常生活中的地域分异现象"。结合此目标,设计下面的问题。

问题:登山运动是观察地球表面各种自然景观的捷径之一。如果一座足够高的山地位于水热充足的赤道地区,那么这座山上将会出现一个完整的类似于从赤道到极地排列的自然景观带谱。表现在植被上,可能会出现热带雨林、亚热带常绿阔叶林、温带落叶阔叶林、亚寒带针叶林等森林植被。假设你是一位登山爱好者,请观察和思考下列问题:

(1)怎样区别热带雨林、亚热带常绿阔叶林、温带落叶阔叶林、亚寒带针叶林呢?

(2)地中海式气候区的植被为什么是常绿硬叶林?

(3)温带落叶阔叶林和亚热带常绿阔叶林叶子有什么异同?

(4)亚热带常绿阔叶林落叶吗? 什么时间落?

又如:高中地理必修一课题"自然地理环境的差异性"(第二课时)的课标中,要求"能分析理解山地垂直地域分异规律的形成和相关规律;了解人们在农业生产中怎样合理利用地域分异规律。"于是设计如下问题:

问题:我国国土面积广大,自然条件差异明显,受其影响,各区域的人类生产活动差异大,请分析说明我国自然环境的地域分异规律和农业生产活动的地区差异。

一堂课的魅力,体现在多个方面。而作为践行"魅力课堂"的地理教师,应该充分发挥主导作用,认真领会新课程的要求,精心设计具有知识性、趣味性、开放性和创新性的系列问题,这个过程对促进学生发展,提高学生整体素质具有深远的意义。

让"道德人物"走进思想品德课堂

政治组　苏小燕

摘要:研究目的,是想研究现实生活中鲜活的材料在课堂上的反馈,对提升学生的情感态度价值观的意义;研究方法:调查法、讨论法等;研究的结果是学生对道德人物有一定的了解和感悟,感染社会的正能量,积极成长为社会的正能量。

关键词:道德人物;导入;自学;互学;展学

为了弘扬中华民族的传统美德,为践行社会主义核心价值观,为了弘扬社会正气,我国开展了各种各样的精神文明创建活动,其中涌现出一大批道德品质突出的道德人物。

例如,就全国而言,有全国道德模范的评选,至今已有五届,评选出道德人物上千人。是中华人民共和国成立以来规模最大、规格最高、选拔最广的道德模范评选。该评选分为"助人为乐""见义勇为""诚实守信""敬业奉献""孝老爱亲"5个类型。时代进步需要健康向上的道德风尚来引领,社会发展需要道德楷模的力量来推动。全国道德模范评选活动的举行不仅感动人们,更使人们坚信了道德的力量。

还有,全国感动人物的评选、"中国网事"感动人物的评选,等等。

各个地方的评选活动也如雨后春笋,重庆有"重庆好人"、重庆感动人物的评选;四川有四川好人的评选,成都有感动武侯十大人物的评选,泸州有"醉美泸州·最美职工"评选;北京有感动社区人物的评选,有感动石景山年度人物的评选;上海有感动上海十大人物的评选;安徽有"心动安徽·最美人物"的评选,等等。

各个行业的最美评选也开展得如火如荼。例如,最美乡村教师的评选、最美乡村医生的评选、寻找最美消防员的评选、最美少年的评选,还有最美岳西人、海淀区最美中学生的评选,等等。

各种道德人物,可能有的就在你的身边,发生的事就在最近,非常接地气、非常"近距离",各种"人物""最美"的出炉,选出了人们心目中的真善美,选出了人们心中的道德标杆,成为了当下社会风气的风向标!是啊,"感动人物"感动着你我,"最美"陶醉着你我,他们就是我们学习的榜样,就是我们精神文明建设、道德建设的范本,值得我们去颂扬!

多好的教学素材呀!

在我们七、八年级的思想品德课教学中,有许多地方是值得我们去引用道德人物材料的,尤其是在我校开展的魅力课堂中,教师的导学环节、学生的自学环节、展学环节都特别需要借助各种道德人物去感知、去领悟、去升华!

一、在道德人物的感人事迹中导入教材主题

在我校魅力课堂中,导学是课堂开始的环节,所谓"万事开头难""好的开始,是成功的一半"。对于七、八年级的同学而言,有趣生动的视频、故事、诗歌、动漫等,最刺激感官,甚至触动心灵、发人深省,最能够激发学生的学习兴趣和热情。

在"诚实守信"的导学中,我采用了现实生活中最真实的诚信视频。诚信本是中华民族的传统美德,"路不拾遗、夜不闭户"曾经是美谈,"季布一诺"是经典,"一诺千金"是信条,"诚实守信"应该是社会的主流,但是"注水肉、毒大米"等假冒伪劣产品充斥在我们的周围,"最低价"坑蒙拐骗可能与我们不期而遇,"39元虾子"等上当受骗的事情至今还在发生,不诚信的现象层出不穷、冲击着人们的信心,几乎要冲垮了人们的信念,我们的社会风气似乎发生了惊人的逆转,人们人人自危,不诚信成为了常态! 不良的社会风气遭到人们的诟病,人们的心态都有点扭曲了,"假作真时真亦假,真作假时假亦真"!

应该让孩子面对怎样的社会现实,应该让未成年人建立怎样的诚信理念,应该让我们的祖国的"未来"如何去"相信"? 如何去建立"信任"? 这不是一个简单的话题。

只有用现实生活中活生生的案例才能帮助同学们树立这种诚信信念。

"重庆好人"、重庆市道德模范:吴恒忠,男,汉族,1946 年 5 月生,重庆市潼南区花岩镇龙怀村村民。

儿子车祸去世后,吴恒忠忍着老年丧子之痛,上山开荒种粮,日夜辛劳,节衣缩食,替子还债 15 万余元。由于长年劳累,自己却落下一身病,但他仍在兑现自己的诺言。

生活在一个贫困的小山村的吴恒忠,曾经是一名军人,身材不高却精神矍铄。2001年,儿子吴君自立门户,没过多久因家庭贫困,儿媳丢下不满周岁的孩子,离开了这个家。为了养大孩子,吴君借钱买了辆货车跑运输,却不幸于 2003 年因车祸去世,留下了一个 4岁的孩子和 19 万元的债务。

儿子走了,吴恒忠没有沉浸在白发人送黑发人的悲痛中,而是很快擦干眼泪,主动扛下儿子那 19 万元的债务。儿子下葬那天,他在儿子坟前哭着说:"你放心,你的债,我来还,孩子,我来养。"为了这个承诺,吴恒忠的生活彻底变了样。面对亡子欠账,吴恒忠老爹不躲不藏。他拿着写满了借钱人的姓名和金额的账本,一户一户上门向债主承诺:"人死账不能了,请你们放心,我一定想办法把儿子欠的债还清,绝不赖账。"债主们的顾虑打消了,可 19 万元的债务对于吴恒忠来说无疑是个天文数字。

吴恒忠家里还有残疾的妻子和年幼的孙子,他无法外出打工,就只能种地,他将山上的撂荒地都开垦出来,一个人耕种了 52 亩地,成为了当地的种粮大户。只要有了一点积

蓄,他就拿去还债。"吴君以前借了我3万元钱,他父亲都来还了8次了,最多一次还了3000元,最少一次只有500元。"债主陈维文说,他不忍心看老人家这样辛苦,曾多次主动说不要还了,可吴恒忠总说:"借了钱就一定要还,再说,我答应了我儿子的。"吴恒忠专门有个还债本,上面详细记载了还账的情况,生怕少还、错还别人一笔钱。

就这样,10年来,吴恒忠靠自己勤劳的双手为儿子还债15万多元,将孙子送进了技校,而他自己平时却连肉都舍不得吃,一家人穿的衣服都是别人送的。现在,债即将还完,吴恒忠却因长期过度劳累落下一身的病,特别是腰椎间盘突出,一下地干活就痛得直不起腰,可他咬牙忍受着,因为他答应过儿子、答应过债主。

他的事迹感染了很多人,也得到了很多人的帮助。加拿大华侨徐女士从《多伦多周刊》上看到吴恒忠的事迹后,汇来了800元加币,还来信表示要认吴老爹为亲人。"今生不欠来生账,子债父还道德高。诚信老爹吴恒忠,信义无价美名扬。"这是当地百姓对吴爹的由衷赞叹。

最后,吴恒忠总说:"借了钱就一定要还,再说,我答应了我儿子的。"多么朴实的话语,多么简单的承诺,吴恒忠用了几十年的时间来完成。

吴恒忠老人在2013年9月26日被评为第四届全国道德模范——全国诚实守信模范。

同学们一下子点出了他最高尚的品德——诚信!同学们被他的"大龄、高龄和坚持"所折服,被他的诚实守信高贵品质所感动。同学们是这样评价他的:在这样艰难的条件下,在这样持久的时间里,还完钱真是需要毅力和坚持,这是一种了不起的诚信品质;有同学说,诚信让他获得了内心的平静,这样做是值得的;有同学说,我们要向他学习,一次诚信可以做到,一辈子诚信需要强大的力量;等等。同学们认识到诚信受到大家的尊敬,不诚信会遭到大家的谴责;诚信让自己的品质得到升华,不诚信让自己丢掉信任。同学们发出了自己的诚信誓言。

二、在道德人物的感人事迹中互学和领悟

魅力课堂的合作互学强调学生的全员参与和学生之间的相互合作。通过对学、讨论或小组内互帮,让学生深入知识的内部,领会知识的内涵,发现知识生成的初步或基本的规律,基本达成学习目标。同时用集体学习的动机促进内化的方法,使知识与思维、情感、态度真正成为学生生命的有机成分。

在欣赏与赞美一课中,我们除了乐意欣赏美丽的外表,还要欣赏美丽的心灵,这是欣赏的最高境界。为此,在互学环节中我引用了"2013年感动中国十大人物""最美女教师——张丽莉"的事迹。

张丽莉,女,28岁,从哈尔滨师范大学毕业后,应聘到黑龙江省佳木斯市第十九中学任初三(3)班班主任。

2012年5月8日,放学时分,张丽莉在路旁疏导学生。一辆停在路旁的客车,因驾驶员误碰操纵杆使车失控,撞向学生,危急时刻,张丽莉向前一扑,将车前的学生用力推到一边,自己却被撞倒了。

车轮从张丽莉的大腿碾压过去,肉都翻卷起来了,路面满是鲜血,惨不忍睹。被轧伤后她有时清醒,有时昏迷,在送往医院的途中,还对大家说:"要先救学生。"昏迷多天后,张丽莉醒来的第一句话是:"那几个孩子没事吧!"

经过抢救,张丽莉被迫高位截肢。她的亲人和医护人员都不敢想象她知道真相的后果会是怎样,但张丽莉很快接受了事实,还反过来安慰父亲说:"当时车祸的场景我还记得,很幸运,如果车轮从我的头碾过去,你们就看不到我了,我救了学生,也保住了命,今后一定会幸福的。"

有人问张丽莉,"你后悔吗?"她回答:"不后悔。这样做是我的本能。我已经28岁了,我已和父母度过28年的快乐时光。那些孩子还小,他们的快乐人生才刚刚开始。"

看完她的事迹之后,我先请同学们在小组内说说自己的感受,然后为她写颁奖词,在全班展示,了解同学们对"欣赏与赞美"的领悟。

有的同学是这样写的:你没有美丽的外表,你没有无数的财产,你也没有强壮的身躯,但这不重要! 你有一颗纯洁无瑕的心灵,因为你用双腿换来了孩子们的生命。纵然是这样,你却依然乐观,你却惦记着孩子们,你生理上残缺了,你的心灵却更加完美! 谢谢你!

有的同学是这样写的:是你,用纤细的双手将学生推向了生的彼岸;是你,用双腿换来了几个孩子的生命;你苏醒的第一句话是牵挂的孩子! 你感动了全中国! 千言万语,都不足谢,谢谢你,美丽的张老师!

有同学是这样写的:你是一位无惧的老师,你缺少了一双腿,却换来了几个生命。让我们向你学习! 学习你那美丽的心灵!

在互学中,同学们竭尽自己的文字表达能力,各自写出了自己的真情实意,渗透出自己对这位美丽老师的真诚赞美与由衷的欣赏。同学们发现了欣赏与赞美的最高境界就是:欣赏与赞美美丽的心灵和高贵的品质。

三、在同龄道德人物的感人事迹中去展学与碰撞

展学是魅力课堂的关键。为了自己的"展示"能获得认可和好评,学生必将为此作好充分的准备,这就会大大激发学生"自学"和"互学"的积极性。每个人都有获得尊重和认可的需求,都有自我实现的需求。在展示的过程中,成员之间,小组之间相互讨论、质疑、对抗,学生之间智慧和知识的"广博性"和理解的"深刻性"相互感染,在分享同伴学习成果的同时,每个学生心里又充满了对学习的渴求和内化的强大动力。

洪战辉,男,汉族,河南省西华县人,中共党员。1982年出生,2011年中南大学研究

生毕业后留校任教。

1994 年，洪战辉的父亲突发间歇性精神病，母亲受伤骨折，妹妹意外死亡，家里欠下巨债。随后，父亲又捡来了一个和妹妹年龄相仿的女婴。面对沉重的家庭负担，母亲离家出走了。年仅 13 岁的洪战辉，默默地挑起了伺候患病的父亲、照顾年幼的弟弟、抚养捡来的妹妹的家庭重担。这副重担，对于成年人来说尚且不易，更何况一个 10 多岁的孩子！但洪战辉没有退缩，一挑就是 12 年。为了挣钱养家，他像大人一样，做小生意、打零工、拾荒、种地。他利用课余时间卖笔、书、磁带、鞋袜，在学校附近的餐馆做杂工，周末赶回家浇灌 8 亩麦地。在兼顾学业和谋生之时，他牺牲了几乎所有的休息时间。为了带好捡来的妹妹，洪战辉费尽心血。每天晚上，他都让妹妹睡在内侧，以防父亲突然发病伤及妹妹。妹妹经常尿湿床单、被子，他就睡在尿湿的地方，用体温把湿处暖干。从高中到大学，他将妹妹一直带在身边，每天都保证妹妹有一瓶牛奶和一个鸡蛋。在怀化念大学的日子里，他安排妹妹上了小学，每天不管学习多忙，都坚持接送妹妹，辅导妹妹功课。为了治好父亲的病，洪战辉吃尽苦头。

2002 年 10 月，父亲突然发病，因为没有钱，他不得不在一家精神病医院门前跪求治疗，在他孝心的感染下，2005 年年底河南第二荣康医院主动将他父亲接去诊治。父亲的病情已明显好转，出走的母亲、打工的弟弟也相继回家，一家人终于重新团聚。

在自强不息的教学中，我选用了这段感人材料。洪战辉的感人事迹发生在中学时期，同学们现在也正处在这个年龄段。

同学们是在惊讶、敬佩、感动、赞叹中看完的，并且议论纷纷！

我请同学们思考一个问题：你在现在这个年龄会做些什么？他的一路艰辛，你可以承担和承受吗？请同学们交流、讨论，然后上台展示自己的结论。

同学们上台踊跃发言，都感叹自己难以做到。认为自己现在除了读书外，就会点家务，过着很优越的生活；有同学说自己什么都不会，在爸爸妈妈的呵护下幸福地生活着；有同学说，他的困难太大、太多，他的坚强与努力触动了自己，觉得自己不会的太多了。

是啊，同学们生活得幸福是一件幸运的事情，我们要学会珍惜现在美好的生活；我们要学会自强不息，克服生活中、学习中的各种困难；生活中不叫苦、不叫累；学会心疼和关心父母；等等；有的同学眼里饱含着热泪，同学们真的被感动了、被触动了。

之后，我又给同学们介绍了洪战辉今天的发展。

2006 年以来，已成为公众人物的洪战辉，又将爱洒向了社会。为资助贫困学生，他在学校和政府的帮助下建立了教育助学责任基金。为推动青少年思想教育，他应邀在全国各地作了 150 多场励志报告，并欣然出任"中国宋庆龄基金会青少年生命教育爱心大使"。他还多次到湖南、河南等贫困山区与困难学生交流，捐赠学习用品。他说："我要力所能及地帮助需要帮助的人。"在不到两年的时间里，关于他的书籍出版了 6 本，其中《中国男孩洪战辉》发行 250 多万册。

"风雨过后见彩虹"，自强不息让洪战辉的人生更加精彩。

洪战辉自强不息的感人事迹是多年来教学的经典素材。

四、在魅力课堂中，与道德人物成朋友

在魅力课堂中，在我们的导学、自学、互学、展学等环节中，道德人物是鲜活的教学素材。

我在教学中还引用了 2015 最美乡村教师朱敏才、孙丽娜；2015 科学先驱师昌绪；2014 年崇仁厚德的刘盛兰；2014 心比金坚的陈俊贵；2013 感动中国人物：捐献肝肾的 12 岁女孩何玥；2013 感动中国人物守礁 20 年的南海卫士李文波；2014 重庆感动人物：乐观感恩的乖女儿周润柳；2014 年自信阳光的聋人博士郑璇；等等。

道德人物在教学中鲜活地运用，不仅增添了教学的时代感，增加了课堂的丰富性，还宣扬了中华民族的传统美德，传递了社会的正能量，明确了人生的真善美、世俗中的是与非，给出了我们一个明确的价值判断、良知的判断标尺、行为的准则与选择。

大道无言无形，看不见、听不到、摸不着，需要通过我们的思维意识去认识和感知它。要实现中华民族的伟大复兴，实现中国梦，要让中华民族屹立在世界的东方，我们一定离不开道德的无形力量。提高中华民族的道德素质，需要我们不断去感知、去领悟、去实践、去升华！

道德人物是思想品德课取之不尽、用之不竭的教学资源！

在各种道德人物的不平凡事迹中，我们去熏陶、去领悟、去学习！道德人物永远是思想品德教学不可或缺的部分！是我们看不见的朋友！让我们一起用自己的美好道德去感动世界、推动世界的发展！

本文参考文献

重庆市凤鸣山中学.关于推进"四环导学魅力课堂"改革的指导意见.凤教〔2011〕1 号.

中国古典益智游戏与课堂的有机融合

——在课堂教学中开发、利用优秀传统文化

综合组　谢　宇

~⚜~

摘要："中国古典益智游戏"系列玩具中蕴含博大精深的知识、原理以及我国古人非凡的智慧。中国古典智力玩具对世界的有巨大影响,世界也对中国古典数学玩具非常重视。教学中应充分利用开发其益智的功能,通过综合实践活动课程培养学生的跨学科素养或生活素养。通过"中国古典益智类游戏系列玩具"的实践学习,让学生在"玩"中学习,"玩"中开动脑筋,"玩"中动手操作,培养学生的实践能力、创造能力、合作能力、交往能力等核心素养。

关键词:古典;益智;核心;素养

说到游戏,我们这辈人也就是"70后",想起自己的童年总有种幸福的感觉,也许物质方面不如现在的孩子,但说到课余自由自在的玩耍、田间院坝的游戏,女孩儿跳橡皮筋、踢毽子、扔沙包、跳格子、翻花绳等;男孩儿滚铁环、抽陀螺、玩弹珠、拍纸画……那简直是玩得不亦乐乎,忘乎所以。这种幸福、快乐的体验一直留在了记忆深处。

如今的孩子们也就是"00后",他们都是被家庭万般呵护而成长着,物质方面的要求都得以最大限度地满足,生活在这个时代是他们的幸也是一种不幸。由于社会的进步,电子技术的高速发展和互联网的普及,他们很多和电子游戏、网络游戏结下了不解之缘,甚至有的深陷其中不能自拔。

接触到学校初一年级的劳动技术课,发现进修校给学生配备了数套"中国古典益智玩具"的教具,一套有五样:七巧板、鲁班锁、孔明锁、九连环、华容道,同时附有相关图例和说明书。当时也没在意,认为小孩的玩具,在开学第一讲的课程概述课上,留下半节课的时间,发给学生让他们玩玩。

学生们非常感兴趣,99%的学生从来没玩过这类中国古典智力游戏,临下课还在玩,还想试图破解其中的奥秘。最后统计结果是:330名学生中,在第一节课没有教师讲解的情况下成功拆装孔明锁的有2名,拆解九连环的有3名,走出华容道的有1名。享受到成功喜悦的寥寥无几。

学生们大呼其"好难解",本来最初的教学设计就是把这数套"中国古典益智玩具"

的教具拿来给学生热热身、练练手,只是引发学生对本课程的兴趣。显然激趣这个目的是达到了,但却给学生留下了困惑和失败的情绪体验。

课后反思:笔者根据实际学情做教学设计内容的调整,于是准备把"中国古典智力游戏系列"作为专题备课。接下来查找相关资料,结果自己被这些看似简单的玩具蕴含的博大精深的知识、原理以及古人的智慧深深地震撼了。

其中,七巧板涉及了数学中的几何学,九连环包含拓扑学和图论,华容道深含运筹学,鲁班锁中暗含中国传统建筑土木的榫卯结构和原理。它们的历史悠久,在发展流变中对古今中外的数学、科学、艺术、工业、建筑等方面都有积极而深远的影响。

西方有时将它们统称为"中国的难题"(Chinese Puzzle)。著名英国皇家学会会员李约瑟博士在《中国科技史》中,称七巧板是"东方最古老的消遣品之一"。日本《数理科学》杂志将华容道称为"智力游戏界三大不可思议之一"。国外称九连环为"中国环",称鲁班锁为"六根刺的刺果谜"。美国智力大师马丁·佳德纳认为,西方著名的智力玩具"驴的魔术"的灵感来自中国的"四喜人"。由此可见,中国古典智力玩具对世界的巨大影响和世界对中国古典益智玩具的重视。

越深入下去,越觉得不可思议,每一个种类的古典智力游戏都可以做独立的课题研究。在感叹的同时很为自己羞愧,不得不反思那种厚今薄古的观念,总认为古人是愚昧落后、封建迷信的。我们的老祖宗创造了这么有价值的宝贝,却被弃之如敝屣。作为教育工作者更应该有责任、有义务把优秀的中国传统薪火相传下去。

在了解了相关知识背景后,笔者开始自己动手拆装、破解这些中国古典智力游戏。不得不说,笔者头都大了,一整天一整天地耗费时间和精力,始终不得入门要领。好在这个时代也有它的便捷,互联网上有各种解密讲解和视频,静下心来慢慢学习,终有所获。

每一个学生均置身于两个相互联系的世界,即生活世界和学科世界,由此构成学生相互联系的两类课程,即综合实践活动课程与学科课程。

落实到"中国古典益智玩具"的主题时,主要想通过这种实践性的学习,让学生在"玩"中学习、"玩"中开动脑筋、"玩"中动手操作,充分体验亲身经历的乐趣,深刻认识基于经验、生活,以活动、问题为中心的综合实活动课程与以知识、逻辑为主要内容,以书面符号为载体的学科课程的巨大不同。进一步明确要在以后的综合实践活动课程中有意识且有目的地发展自己作为现代人和完整的人的实践、创造、尊重、合作等核心素养。

一、静观其变是导入

在没有任何知识背景的提示下自由实践操作,引发学生强烈的学习兴趣。

大部分学生一看到教具,就有强烈的好奇心,都想要亲自动手试一试,这是人之常情,成人也不例外。看到学生闹哄哄、热烈地各干各的,这时你只需要静观其变,切忌硬生生地把他们的注意力打断,给他们的思想套上绳索,非要拉到执教者身上来。教师应给学生自由空间,让他们自己探索。

这应该是劳技课与文化课很明显的不同之处和优势之所在,不需要教师煞费苦心地创设课堂情境,学生自然就进入求知探索的心理势态。

例如:学生会用七巧板自发地玩起拼图游戏。学生会自己尝试拼装鲁班锁(孔明锁),对九连环、华容道也同样如此。

二、因势利导作讲解

学生们想得简单,教具看起来简单,玩起来却不那么简单了。慢慢地大家的动作慢下来了,有的已经停手了,有的在抬头找老师,有心急的已经在喊:"老师,这怎么弄?"

学生的思绪如奔腾的江水被巨石堵住了,停滞了。先前的思绪是如脱兔般无序的、混乱的、盲目的,现在要把它梳理得清清楚楚、明明白白。接下来,教师介绍七巧板、鲁班锁、孔明锁、九连环、华容道的历史沿革和发展流布。

七巧板来源于宋代大学士黄长睿为了招待不同人数的宾客精心设置的"七星案几"。传统七巧板是在"七星"创作的基础上应用"勾股之形、三角相错"的古代数学原理设计而成的,主要有方式七巧板、燕式七巧板、蝶式七巧板,明清时期就已成为世界性的玩具。

华容道是一个流行于中国的战略滑块游戏。其"战场"是一个长方形的平底盘,大方形滑块代表曹操,其他的九个滑块代表要擒拿曹操的官兵们,在盒底处的开口代表华容道出口。战局开始时,代表曹操的滑块被其他九个滑块围困在盘子的顶端。游戏者的任务是帮助"曹操"从华容道滑脱出去。

九连环是中国杰出的益智游戏。长期以来,这个益智游戏是数学家及现代的电子计算机专家们用于教学研究的课题和例子。九连环由九个相互连接的环组成,这九个环套在一个中空的长形柄中。九连环的玩法是要将这九个环从柄上解下来。解下所有九个环需要解341步,因此人们需要有耐心。但是,九连环的解法是很有规律的,一旦琢磨出或学会解法,解九连环就不难,而且不会忘记。

鲁班锁游戏通常是由六根插在一起的条棍组成一个立体十字结构。鲁班被认为是中国木匠的祖师及细木工技术的创始人。鲁班是春秋(前770—前476)时期的人物,传说他发明了锯、刨和墨斗。这个游戏虽然被称为"鲁班锁",但没有确切的史料证明这个游戏是鲁班发明的。这是因为人们常将一些智巧的发明附会在历史上智巧的名人身上。这个游戏还被称为"六子联芳""六道木"和"孔明锁"。

鲁班锁的条棍相互穿插在一起,成为一个稳定的结构,不会散开。鲁班锁的一些条棍中有凹去的空间,因此当它们穿插在一起时,它们的整体结构的中间是实心的。通常会有一根完整的条棍要最后一个插进结构,使其稳定,因而"锁"住结构,这个条棍也叫"锁棍"。将一个鲁班锁打开比较容易,但是要将它们插和起来则需要一定的空间思维能力和足够的耐心。

三、小组团队合作探究

首先通过对七巧板、鲁班锁、孔明锁、九连环、华容道的成品和各组成部分的分析,师生共同探讨、总结它们的构造。然后小组成员尝试动手操作七巧板、鲁班锁、孔明锁、九连环、华容道,总结它们的拼接、拆卸、破解原理蕴含的规律。最后小组展示、竞赛活动和相关的拓展应用视实际情况灵活运用。

下面以七巧板拼图活动为例详细介绍活动项目设计思路。

(一)按样拼图

①操作方法:学生——领到七巧板后在班级里组织一次比赛形式的活动。教师——准备好3~10张卡片,每张卡片让学生拼3~7分钟。即兴比赛,同时要求学生学会缩小比例画出答案的技巧。

②活动目的:让学生先模仿,反复组拼、分解列举的卡片,熟悉各拼板间的几何关系,初步了解组拼方法,以提高学生的参与兴趣和竞争意识。

③活动过程:

第一,同桌合作按照七巧板正面的"示范图案"练习拼搭。

第二,比一比,哪一桌最快?拼的时候既要快又要能记住图案的名称。

第三,小组之间开展比赛,看哪一个同学拼得快?在拼装中,熟悉七巧板各拼板之间的几何关系。

第四,了解七巧板的组拼方法。

(二)专题设计

①操作方法:有意识地让学生专题设计动物、人物、日常用品等;也可以让学生专题设计某个"名称"的图案,如"人物造型""汽车"等。以飞机为例,教师瞬间公布几十种人物造型的卡片,然后让学生自己设计,看谁设计得更多、更好。

②活动目的:培养学生的丰富想象力,发明与创新的意识。

③活动过程:

第一,以"人物造型"为例,发挥丰富的想象力。

第二,尝试拼装。

第三,在此基础上,"瞬间公布"几十种人物造型卡片。

第四,学生再次自行设计,看谁设计出更多、更好的"人物造型"。

第五,同桌合作按照"示范图案"练习拼搭。

第六,比一比,哪一桌最快?拼的时候既要快又要能记住各种人物造型的图案。

第七,小组之间开展比赛,看哪一个同学拼得快?

第八,教师在巡视中发现问题的图案或学生拼搭困难的图案,让会拼的学生上台演示或教师在投影仪上讲解。

（三）拓展活动

1.观察创造

在多次接触七巧板,学生基本熟悉了智力七巧板的组拼规律和技巧,引导学生进入创作阶段。我们生活中的许多事物:动物、自然景观、日常生活用品等,经过抽象化后,均可作为创作题材,并用"智力七巧板"表现出来。

活动目的:培养学生的抽象思维能力。

活动方法:

第一,借助挂图,注意观察。

第二,分析结构,将所观察到的事物抽象化。

第三,将抽象化的图形用"智力七巧板"表现出来。

第四,学生专项训练。

2.举一反三

观察到的事物—抽象化的图形—七巧板表现—举一反三。

让学生将一个图形进行自我揣摩,并在此基础上稍作改变,移动板块,转换成类似的多种图案。这就是七巧板活动中的举一反三。

活动目的:培养学生的发散性思维。

活动过程:

第一,按图一拼装汽车:卡车、敞篷车、客货两用车。

第二,在拼装的过程中,记录自己的发现。

第三,比一比,哪一桌最快?

第四,请快的合作伙伴说说自己快速的秘诀。一个图形稍作改变就可以拼成另外一个图形。

3.一图多拼

活动目的:同一图案可以通过智力七巧板不同的结构组合拼搭出来,有利于培养学生用多种方法解决同一问题的思维方式。

活动过程:以滑梯为例,让学生用多种不同的方法拼装出来。

第一,公布拼装内容:滑梯。

第二,用多种完全不同的方法拼装。

第三,给予充足的时间进行练习。

第四,如学生拼装的种类不多,教师可给予适当的提示。

学生整体的生活世界包括相互渗透的三个方面,即人与自然、人与社会、人与自我,由此形成综合实践活动课程开发的三个维度——自然维度、社会维度、自我维度。

这既是综合实践活动课程的基本内容,又是其要培养的核心素养。这些目标包括:

发展自然探究能力与生态伦理的素养,培养关爱与尊重、学会合作与共处的素养,培养思考与判断、学会选择与负责的素养。"中国古典益智玩具"综合实践活动课程主题,重点在后两个维度及素养上。

本文参考文献

刘瑞儒.网络游戏对陕西青少年的影响现状调查与对策研究[J].延安大学学报:自然科学版,2011(2).

初中体育课中"魅力课堂"小组建设的困惑与思考

体育组　冯　川

❦⟡❦

摘要:体育学科学习是一个不断锻炼的过程。在初中体育教学中,以学生为主体建设小组形式互动学习是一种行之有效的方法,能有效提高学生的核心素养。"魅力课堂"小组建设给学生提供了很好的互助学习平台,提高了学习效率及学习积极性,但是也给我们留下了一些困惑:一切初中体育课堂是不是都需要小组活动? 如何开展小组活动能产生锻炼价值、教育价值? 如何开展小组活动才能更有效? 这些都值得我们认真思考。

关键词:小组建设;核心素养;困惑;思考

时光荏苒,学校"魅力课堂"改革已经实施三年,作为体育与健康学科,我们在践行改革的历程中感受到了课改带来的激情,尝到了学生主动动起来的甘甜,但同时也由于学科特殊性遇到了一些困惑。学习小组是"魅力课堂"的基本组织形式,我们不难发现,通过小组合作、互动、评价使学生激情四射,但在这样热闹的氛围下我们体育教师对这样八九个小组很难客观、公平地进行指导和评价,学生的思维和行为在操场上如同奔腾的骏马,在小组建设这个方面着实让我们又爱又恨。

困惑一:一切初中体育课堂是不是都需要小组活动?

我们在许多课堂教学中看到,小组合作让课堂热热闹闹,但是在课后学生似乎并没有掌握技能技巧,甚至危险指数直线上升……现在,教师讲得越少越好、小组合作越多越好、运动越激烈越好,让学生动起来固然是体育课的精髓,但是以下情况值得体育教师深思:

镜头一:垫上运动学习鱼跃前滚翻,教师在讲解示范技术动作之后强调了保护与帮助,然后分了8个小组进行,同学们兴趣很高也跃跃欲试,小组长也很负责地在一旁保护帮助,但毕竟学生们的协调性、上肢力量等比不上教师,小组长也没有教师的长期保护与帮助的经验,手受伤的、头受伤的、害怕尝试的情况屡屡发生……

镜头二:羽毛球课学习正手发高远球,分小组练习后不难发现原本教师教的正确的握拍动作、摆臂击球动作突变为了"握苍蝇拍""拿菜刀""乒乓球打法""网球抛发球",教师提醒大家将错误动作改成正确动作,但是在初学阶段,很多同学由于无法掌握要领,无法打到球,所以坚持用错误的方法发球,还自以为是,不以为然……

思考:为了有效提高学生的核心素养,学生应当是学习的主体,但教师作为引导者、参与者的作用不可抛开。由教师正确引导和有师生共同参与的学习过程才是能真正促进学生体育、体质发展,最大限度地提高学生的核心素养。教师不能为彰显小组氛围而"放羊"。根据笔者的教学反思,认为在体育教学上合理地安排小组合作才符合学科特点,而危险性高、基础技术要求强的运动项目应该在学生比较熟练之后再进行小组的合作,让同学们优势互补而非"瞎子牵瞎子",需要根据不同的对象和教学内容,在尊重学生、重视学生主体性的前提下各得其所、各显其能,以便协同配合实现最佳的整体教学效果。

困惑二:如何开展小组活动能产生锻炼不断、教育价值?

我们看到了很多的小组建设方式,例如,体育公开课、教研课运用多媒体让学生在操场上分小组观看篮球比赛的视频,再小组合作互学。再如,分小组围坐在一堆,用笔用纸写出认识多少足球明星或者默写蹲踞式起跑的技术动作要领……不可否认,体育教学应当紧跟时代步伐,但是这些小组建设的设计是否恰当合理?学生爱好体育课到底是因为什么?什么样的小组活动才能切实让学生达到"健康第一"的教育目的?……

思考:笔者认为小组合作并不是调节课堂气氛、使课堂热闹的手段。为讨论而讨论,追求形式,讲究过场是无益的,是一种表象的核心素养提高,我们的体育教学应是一门艺术,要根据学科特点与学生年龄特点,设计出有价值、有效率的小组合作。体育课是唯一不在教室上的学科,那么我们应当给这些处于身心发展关键期的学生快乐的运动空间,让他们动起来的同时学到知识,体会团队精神,培养思考能力,提高斗志!

困惑三:如何开展小组活动才能更有效?

我们在课堂中实施小组合作时不难看到,教师来回走动,粗浅地点评指导和鼓励,学生七八人一组,不知是在思考讨论、锻炼,还是在讲话、嬉戏打闹?教师只注意到个别精英同学的精彩展示和全情投入,而忽视了那些原本就身体素质欠佳的同学。是不是每个小组成员都参与锻炼了?是否都通过锻炼技术进步了,技术要领掌握了?是不是形成了浓厚的小组氛围,培养了团队精神?一不小心我们的体育小组合作就成了个别同学表演的舞台和高傲的资本,让后进生更加胆怯和自卑了。

思考:为了有效地开展小组合作活动,笔者经过了很多教学实践,认为小组合作在具体实践时可采用以下实施策略:

①分工要明确落实。让每一个学生都要参与锻炼,特别是要充分发挥优秀生的作用,甚至优秀生的分工就是负责辅助其他同学的锻炼,当好"小老师"的角色。

②合作内容要有层次,要让学生不断挑战,终极合作任务必须是全组共同合作才能完成的,这样才能让学生都体会到合作的意义和价值,并且能够体会运动锻炼带来的无限乐趣和团队归属感。

③活动时间要充足。任何小组合作都需要时间,就像教师要开教研会,不可能浅尝辄止,5分钟随便聊聊就结束了,至少需要15~25分钟让学生们逐渐地全情投入。

④教师要发挥作用,评价要及时全面。体育课是在操场上的学科,学生分组后范围较大,教师要克服一切困难,不要成为了小组的旁观者,而应当成为学生学习的向导、榜

样和促进者,如果没有教师的评价指导,那么和"放羊"教学就没有区别了,在小组合作的时候,教师巡视指导应当抓住重点、敏锐观察,提升领学,精辟点评。

结束语:

"魅力课堂"课改模式让我们体育教师眼前一亮,充满了斗志,想要给予学生们更好的教学效果,通过课改切实地提高学生的核心素养。我们的体育课堂是在大自然中进行的科学教育,我们为的是锻炼出拥有更强体魄的祖国栋梁,培养出更具团队精神的中国人,教育出全面发展的学生。新课程改革强调导学、自学、互学、升华,这是教与学未来发展的必然趋势,但如何有效地开展活动,还需要我们体育教师努力提高自己对活动的指导水平,不断反思不断进步。一份耕耘,一份收获,只要我们教师付出了努力,我相信,我们的学生一定会茁壮成长!

后 记

　　自 2011 年启动"魅力课堂"改革以来,重庆市凤鸣山中学迸发出了惊人的能量,取得了跨越式发展,令市内外教育同行刮目相看。2014 年,教育部颁布了《教育部关于全面深化课程改革落实立德树人根本任务的意见》,我们与时俱进,乘势而上,围绕"立德树人"和"核心素养"的育人目标,进一步深化了我校的"魅力课堂"改革。

　　作为凤中校长,我特别感谢全校教师这些年来在这场改革中所付出的艰辛努力。在学校迎来六十华诞之际,我们将教师们在学校发展中的思考和实践进行全面梳理、深入挖掘、精心提炼,以论文集的形式,形成了《含英咀华　凤翔九天——重庆市凤鸣山中学基于核心素养的课程改革成果集》,也算是献给学校六十周年校庆的一份礼物吧!

　　在本成果集的成书过程中,我们先后得到了多位领导、专家的关心和指导,多位老师、同仁的支持和帮助!在此,要特别感谢西南大学原常务副校长宋乃庆教授对本书提出了许多中肯的建议。学校陈洪龙副校长为本书框架的拟订提出了很好的建议。课程中心杨春芳副主任、龚圣龙副主任花费大量时间完成了本书的校稿及定稿工作,郑月刚副主任为本书提供了大量的技术支持,熊元红老师为本书做了许多基础工作。廖成群副校长、田红副校长、聂晓红主任、史向红主任等也始终关心着本书的写作进程,并直言不讳地提出了许多重要的意见。为本书供稿的各位教师不仅大力配合本书的多次校稿工作,还为本书的编写提出了不少好的建议。在此,对他们付出的劳动和智慧,一并表示由衷的感谢!

　　在选编的日子里,我透过那些浸着教师们汗水和心血的鲜活文字,看到了大家在取得成功经验或面对挫折遗憾时的思维顿悟,还有那渴望专业成长的心路历程。为此,我震撼,我欣慰。唯愿同事们能理解、谅解我们在选编过程中的挂一漏万。

　　仅以此纪念凤鸣山中学建校六十周年!